新一代人工智能 2030 全景科普丛书

智能商务

熊友君　编著

科学技术文献出版社
SCIENTIFIC AND TECHNICAL DOCUMENTATION PRESS
·北京·

图书在版编目（CIP）数据

智能商务 / 熊友君编著 . —北京：科学技术文献出版社，2020.9
（新一代人工智能2030全景科普丛书 / 赵志耘总主编）
ISBN 978-7-5189-6420-8

Ⅰ . ①智… Ⅱ . ①熊… Ⅲ . ①电子商务 Ⅳ . ① F713.36

中国版本图书馆 CIP 数据核字（2020）第 023566 号

智能商务

策划编辑：郝迎聪　　责任编辑：王瑞瑞　　责任校对：张吲哚　　责任出版：张志平

出　版　者	科学技术文献出版社
地　　　址	北京市复兴路15号　邮编　100038
编　务　部	（010）58882938，58882087（传真）
发　行　部	（010）58882868，58882870（传真）
邮　购　部	（010）58882873
官 方 网 址	www.stdp.com.cn
发　行　者	科学技术文献出版社发行　全国各地新华书店经销
印　刷　者	北京时尚印佳彩色印刷有限公司
版　　　次	2020年9月第1版　2020年9月第1次印刷
开　　　本	710×1000　1/16
字　　　数	230千
印　　　张	18
书　　　号	ISBN 978-7-5189-6420-8
定　　　价	68.00元

版权所有　违法必究

购买本社图书，凡字迹不清、缺页、倒页、脱页者，本社发行部负责调换

总　序

　　人工智能是指利用计算机模拟、延伸和扩展人的智能的理论、方法、技术及应用系统。人工智能虽然是计算机科学的一个分支，但它的研究跨越计算机学、脑科学、神经生理学、认知科学、行为科学和数学，以及信息论、控制论和系统论等许多学科领域，具有高度交叉性。此外，人工智能又是一种基础性的技术，具有广泛渗透性。当前，以计算机视觉、机器学习、知识图谱、自然语言处理等为代表的人工智能技术已逐步应用到制造、金融、医疗、交通、安全、智慧城市等领域。未来随着技术不断迭代更新，人工智能应用场景将更为广泛，渗透到经济社会发展的方方面面。

　　人工智能的发展并非一帆风顺。自1956年在达特茅斯夏季人工智能研究会议上人工智能概念被首次提出以来，人工智能经历了20世纪50—60年代和80年代两次浪潮期，也经历过70年代和90年代两次沉寂期。近年来，随着数据爆发式的增长、计算能力的大幅提升及深度学习算法的发展和成熟，当前已经迎来了人工智能概念出现以来的第三个浪潮期。

　　人工智能是新一轮科技革命和产业变革的核心驱动力，将进一步释放历次科技革命和产业变革积蓄的巨大能量，并创造新的强大引擎，重构生产、分配、交换、消费等经济活动各环节，形成从宏观到微观各领域的智能化新需求，催生新技术、新产品、新产业、新业态、新模式。2018年麦肯锡发布的研究报告显示，到2030年，人工智能新增经济规模将达13万亿美元，其对全球经济增长的贡献可与其他变革性技术如蒸汽机相媲美。近年来，世界主要发达国家已经把发展人工智能作为提升其国家竞争力、维护国家安全的重要战略，并进行针对性布局，力图在新一轮国际科技竞争中掌握主导权。

德国2012年发布十项未来高科技战略计划，以"智能工厂"为重心的工业4.0是其中的重要计划之一，包括人工智能、工业机器人、物联网、云计算、大数据、3D打印等在内的技术得到大力支持。英国2013年将"机器人技术及自治化系统"列入了"八项伟大的科技"计划，宣布要力争成为第四次工业革命的全球领导者。美国2016年10月发布《为人工智能的未来做好准备》《国家人工智能研究与发展战略规划》两份报告，将人工智能上升到国家战略高度，为国家资助的人工智能研究和发展划定策略，确定了美国在人工智能领域的七项长期战略。日本2017年制定了人工智能产业化路线图，计划分3个阶段推进利用人工智能技术，大幅提高制造业、物流、医疗和护理行业效率。法国2018年3月公布人工智能发展战略，拟从人才培养、数据开放、资金扶持及伦理建设等方面入手，将法国打造成在人工智能研发方面的世界一流强国。欧盟委员会2018年4月发布《欧盟人工智能》报告，制订了欧盟人工智能行动计划，提出增强技术与产业能力，为迎接社会经济变革做好准备，确立合适的伦理和法律框架三大目标。

党的十八大以来，习近平总书记把创新摆在国家发展全局的核心位置，高度重视人工智能发展，多次谈及人工智能重要性，为人工智能如何赋能新时代指明方向。2016年8月，国务院印发《"十三五"国家科技创新规划》，明确人工智能作为发展新一代信息技术的主要方向。2017年7月，国务院发布《新一代人工智能发展规划》，从基础研究、技术研发、应用推广、产业发展、基础设施体系建设等方面提出了六大重点任务，目标是到2030年使中国成为世界主要人工智能创新中心。截至2018年年底，全国超过20个省市发布了30余项人工智能的专项指导意见和扶持政策。

当前，我国人工智能正迎来史上最好的发展时期，技术创新日益活跃、产业规模逐步壮大、应用领域不断拓展。在技术研发方面，深度学习算法日益精进，智能芯片、语音识别、计算机视觉等部分领域走在世界前列。2017—2018年，中国在人工智能领域的专利总数连续两年超过了美国和日本。在产业发展方面，截至2018年上半年，国内人工智能企业总数达1040家，位居世界第二，在智能芯片、计算机视觉、自动驾驶等领域，涌现了寒武纪、旷视等一批独角兽企业。在应用领域方面，伴随着算法、算力的不断演进和提升，越来越多的产品和应用落地，比较典型的产品有语音交互类产品（如智能音箱、智能语音助理、智能车载系统等）、智能机器人、无人机、无人驾驶汽车等。人工智能的应用范围则更加广泛，目前已经在制造、医疗、金融、教育、安防、商业、智能家居等多个垂直领域得到应用。总体来说，目前我国在开发各种人工智能应用方面发展非常迅速，但在基础研究、原创成果、顶尖人才、技术生态、基础平台、标准规范等方面，距离世界领先水平还存在明显差距。

1956年，在美国达特茅斯会议上首次提出人工智能的概念时，互联网还没有诞生；今天，新一轮科技革命和产业变革方兴未艾，大数据、物联网、深度学习等词汇已为公众所熟知。未来，人工智能将对世界带来颠覆性的变化，它不再是科幻小说里令人惊叹的场景，也不再是新闻媒体上"耸人听闻"的头条，而是实实在在地来到我们身边：它为我们处理高危险、高重复性和高精度的工作，为我们做饭、驾驶、看病，陪我们聊天，甚至帮助我们突破空间、表象、时间的局限，见所未见，赋予我们新的能力……

这一切，既让我们兴奋和充满期待，同时又有些担忧、不安乃至惶恐。就业替代、安全威胁、数据隐私、算法歧视……人工智能的发展和大规模应用也会带来一系列已知和未知的挑战。但不管怎样，人工智能的开始按钮已经按下，而且将永不停止。管理学大师彼得·德鲁克说："预测未来最好的方式就是创造未来。"别人等风来，我们造风起。只要我们不忘初心，为了人工智能终将创造的所有美好全力奔跑，相信在不远的未来，人工智能将不再是以太网中跃动的字节和CPU中孱弱的灵魂，它就在我们身边，就在我们眼前。"遇见你，便是遇见了美好。"

新一代人工智能2030全景科普丛书力图向我们展现30年后智能时代人类生产生活的广阔画卷，它描绘了来自未来的智能农业、制造、能源、汽车、物流、交通、家居、教育、商务、金融、健康、安防、政务、法庭、环保等令人叹为观止的经济、社会场景,以及无所不在的智能机器人和伸手可及的智能基础设施。同时,我们还能通过这套丛书了解人工智能发展所带来的法律法规、伦理规范的挑战及应对举措。

  本丛书能及时和广大读者、同人见面,应该说是集众人智慧。他们主要是本丛书作者、为本丛书提供研究成果资料的专家,以及许多业内人士。在此对他们的辛苦和付出一并表示衷心的感谢!最后,由于时间、精力有限,丛书中定有一些不当之处,敬请读者批评指正!

赵志耘

2019 年 8 月 29 日

推荐序 1

Each day in the United States, many stories appear in major newspapers, on the Internet, or on video broadcast programs highlighting China's growing world stature in artificial intelligence (AI). China is acknowledged to be a top player.

AI is ushering humans into a new world with limitless possibilities. It is becoming an important component of the trillion dollar video gaming industry. It is the force behind the development of driverless vehicles. It is a crucial component of national defense systems, covering everything from development and deployment of smart weapons, to monitoring the telecommunications of adversaries, to managing the personnel systems of the armed forces. AI-rooted facial recognition systems are used everywhere these days, from logging onto a computer, to obtaining access to a bank account, to preventing fraud. It is embedded in a vast array of products that enable consumers and workers to use countless physical and digital tools that empower them to do things that were unthinkable just a few years ago. It is also capable of operating through the Internet to remotely control physical products and processes—the so-called "Internet of things". These examples cover just the tip of the iceberg.

In his book, *Intelligent Commerce*, Dr. Xiong Youjun offers a comprehensive overview of AI applied to business commerce—what he calls "intelligent commerce". He begins by describing the evolution of intelligent commerce as it emerged, in the early days, from e-commerce, where sellers used the Internet to display their products, and buyers would view the offerings of different vendors to select the products they wanted to purchase. At the outset, e-commerce was principally concerned with simple buyer-seller transactions that were not much different from what buyers and sellers encounter in a physical market. It did not take long for sellers to recognize that if they hoped to compete against brick-and-mortar stores, they would need to establish highly efficient logistical capabilities that would enable them to deliver purchased products to customers as quickly as possible. They would also need to develop customer interfaces and back-end systems to make online purchases an enjoyable experience. This led to major technical advances in e-tailing (e-commerce in retailing) that continue today at an accelerating pace.

At the outset, Amazon was the unquestioned pioneer in e-tailing. It consciously incorporated AI into its business operations. Over time, every part of the order fulfillment process—from capturing the order, to gathering and packaging the purchased items from inventory stores scattered across dozens of warehouses, to shipping the products to the customers—began employing AI in order to handle an astonishing volume of products, customers, shippers and vendors to shorten the time from Amazon receiving an order to getting goods into the hands of the customer.

Amazon's genius went beyond moving products quickly. Its CEO, Jeff Bezos, recognized that an important part of the company's job was to influence buyers to buy more and more goods from Amazon. To maintain first rate-customer relations, they launched an enormous customer relationship management (CRM) program, which incorporated substantial AI to track the traits of customers. It capitalized on its enormous customer base by conducting AI-fueled data mining and data analytics, which looked at the individual purchasing decisions of each of Amazon's millions of customers in order to customize their shopping experience by automatically displaying to them products that would interest them.

In China, a number of entrepreneurs followed the Amazon model and created highly successful retailers such as Ali Baba, JD (Jing Dong) and Pinduoduo. As with Amazon, they incorporated AI capabilities in working with vendors, warehouses, distributors, customers, and shippers. They also applied AI capabilities to provide customers with a great shopping experience. Owing to the huge size of China market, and the benefits of using AI in their operations, these companies surpassed their foreign counterparts in the volume of business they engaged in.

In *Intelligent Commerce*, Dr. Xiong identifies emerging technologies that enabled AI to add increasing value to commercial transactions. Included here are advances in cloud computing, block chain transactions, the management of big data (and the related employment of data mining and data analytics), advances in speech recognition, and substantial improvements in AI technology that are tied to rapid progress in machine learning. While all these technology developments are astonishing, Dr. Xiong is quick to point out that they cannot be employed effectively unless businesses adopt new ways of thinking. Innovation needs to be a top priority. This requires commitment to hiring the smartest people and engaging in world-class research and development (R&D). Top managers need to change their mindset of running large businesses by means of bureaucracy to distributing decision-making throughout decentralized organizations. This requires a revolutionary culture shift, where "control thinking" is replaced by "enabling thinking". In other words, the key managers of the enterprise must share their decision-making power with the employees doing the work—from senior managers to middle managers to ordinary workers. They must pursue a policy of empowerment.

Dr. Xiong points out that all aspects of the business must adopt AI capabilities. These capabilities build flexibility by mastering networking within organizations. They make intelligent marketing an integral part of the intelligent business. Similarly, they enable the finance function to be transformed from pursuing a traditional finance outlook to employing an intelligent finance perspective.

What Dr. Xiong is arguing for in *Intelligent Commerce* is a revolution in the way a business is carried out. The businesses that thrive and survive in the future are those that incorporate as much AI capabilities as possible in all areas of their operations. This increases the organization's IQ substantially, enabling it to intelligently meet the challenges all businesses encounter in this mercilessly competitive world, where enterprises don't simply compete with enterprises in their city, or province, or even their country—but with businesses throughout the world. In this world, raw materials are sourced globally, customers inhabit all the continents of the world, and crucially important business and technology partners enable the enterprise to double, triple, or quadruple its global presence.

Intelligent Commerce provides business people, students, government policy officials, thought leaders and ordinary citizens with a solid overview of a major development that, in America, we call a game changer. It is a thoughtful and comprehensive work, touching on all aspects of commerce.

On a personal note, I am especially pleased with the work Dr. Xiong has done to research and write this book because he honed his research skills while a student in our doctoral program at the University of Management and Technology (UMT). One of the greatest rewards a scholar experiences is to see his students working to carry scholarship forward. I thank Dr. Xiong for using the lessons he learned at UMT to contribute new knowledge on how businesses adopt technology to survive and thrive in a competitive world.

Academic Dean and Director of the Doctoral Program
University of Management and Technology
Arlington, Virginia USA

推荐序 2

有人说,我们的未来会被机器人替代。

有人说要赶紧多学习,否则跟不上时代。

有人彻底茫然,刚学的知识,刚学会的技能,突然有人告诉你不需要了,这世界还想往什么方向变?

如果你爱一个人,就让他投身智能商务行业,因为这里是天堂,如果你恨一个人,就让他投身智能商务行业,因为这里是地狱!历史将会铭记,20世纪末到21世纪初,在各种生活和消费场景中,一波波舆论浪潮汹涌着,今天是人工智能闪亮登场,明天是区块链粉墨上场,再然后是大数据先发制人,后面是物联网推盏相庆,电视台《对话》节目那句"如果你不拥抱数字经济、不拥抱智能商务,就是等死",让人们对智能商务产生遐想与激情。其实,不拥抱智能商务就是等死,但不能正确拥抱智能商务,一样也会走向灭亡。

过去几十年,从电报、电话、广播到电视,再从计算机到互联网,信息技术掀起了一波又一波数字化、智能化的浪潮,成为驱动全球经济发展的火车头,也深刻地改变着人们的生活方式和生产方式。今天,我们的生活已从"车轮上社会"发展到"网络上社会"阶段,数字世界与物理世界从过去的平行状态开始发展成数字孪生世界,数字世界和物理世界开始融合,这种孪生与镜像必将更加深刻地影响和改变我们的生活。

从网络智能到生态协同，大数据与云计算开始深入影响我们的生活，通过脑机人机互联计算，把人类在大脑控制下产生的意念数据和计算机的数据处理能力结合起来，进行实时的大数据分析，把数字资产盘活，形成有价值的消费者画像、消费关系图谱、意向图谱、消费图谱、兴趣图谱和移动图谱，再到精准营销满足消费者潜在需求，从传统商务到电子商务，从电子商务到智能商务，机遇之窗再次为我们打开，移动支付、高铁、电商、共享经济在中国发展得如火如荼，智能商务发展的基础已具备。

智能商务将超越工具和支撑系统，成为生产的一部分、成为决策的一部分、成为客户关系和服务的一部分，成为营销和物流的一部分等，从新思想的来源、新产品的构思到精准销售和卓越运营，智能商务融入到企业的每一个环节，构建企业端到端的实时系统，数字企业成为未来企业的组织形态。全球无边界互联网的发展，使得数字社会正在形成。

英国哲学家卡尔·波普尔（Karl R. Popper）把人类社会分成物理世界（Physical World）、精神或心理世界（Mental or Psychology World）和思想内容的世界、客观知识的世界3个部分。面对未来，物理世界和数字世界之间的嫁接和融合将形成一个新的世界，无论是社会的运作、人类的生活与工作方式还是企业的生产方式，都将产生巨大的变化，我们需要面对数字公民、数字企业和数字社会的新时代。

我们可能正面对一场革命的晨曦，这场革命始于一种边缘的互联网经济创新，从信息互联网到价值互联网，区块链正在从幕后走向台前，分布式系统、智能合约、不可篡改、共同维护这些特征催生了全球无边界的虚拟社区和社会的形成，各种各样的社区形成了一个跨越国界、跨越文化、跨越种族的数字社会。Facebook的用户（或者称为网络居民）已经超过10亿用户，是仅次于中国和印度的第三大"国家"，而这种反映现实社会又超越现实社会的数字社会，必将深刻影响着社会的管理和变革，包括政治、经济、法律、文化、新闻媒体、安全、道德等各个领域。

真的是未来已来！只是有些变化在"随风潜入夜，润物细无声"。不要再经历"看不到—看不懂—跟不上"的循环过程了，走出来吧！其实熊友君博士书上描绘的未来10年的智能商务，对于有些企业就是现在。

九三学社中央科技委委员
王喜文

自　序

管理来自实践总结，我们经历过学习欧美管理理论时代，如彼得·德鲁克的管理艺术、约翰·科特(John P. Kotter)的领导与变革、迈克尔·波特(Michael Porter)的竞争战略思想、菲利普·科特勒的营销学，又经历过学习日本管理理论时代，如大前研一的战略思维、稻盛和夫的经营哲学、今井正明的质量管理，这些管理思想有的已经过时，有的还在持续发挥影响，但是我们已经很难找到一个完整的管理理论解释今天的实践，如平台组织、产业互联网、无边界组织、小组制、社群营销。我们会发现无论是欧美管理理论还是日本管理理论都无法完整解释，这是为什么呢？因为我们即将迎来中国管理理论的时代，世界即将迎来一批中国的管理科学。

世界迎来第四次工业革命，熊友君博士把第四次革命中IABCD，即5G物联网（I）、人工智能（A）、区块链（B）、云平台（C）、大数据（D）系统整合而成的革命，是非常新颖的，而第四次革命中中美是当前世界的两极，事实上我们进入VUCA时代，从"互联网+"到"智能+"，从传统经济到数字经济，在智能商务时代如何在不确定的时代进行决策是人类社会永恒的话题。只有深刻认知智能商务时代的商业逻辑，只有深刻认知智能商务时代的不确定性，才能理解智能商务的本质。不确定性源于信息约束条件下人们有限的认知能力。VUCA指数字化时代大多数行业都具有动荡性（Volatility）、不确定性

（Uncertainty）、复杂性（Complexity）和模糊性（Ambiguity）特征，这是数字经济、智能商务时代的共同特征。

我们这一代人非常幸运，赶上了一个最好的时代，习近平总书记说我们比历史上任何时代都接近中华民族的伟大复兴。通观本书，我们会发现从传统商务到电子商务，是我们的一次重大机会，产生了BAT（百度、阿里、腾讯），有了第一批现代意义上的公司；从电子商务到智能商务更是又一次千载难逢的时机，是幸运之神对中华民族的又一次眷顾和垂青。把握当下认知未来，对我们这一代企业家有重大战略意义，熊友君博士在书中的总结非常有前沿意义。

从电子商务到智能商务，从"互联网+"到"智能+"，以IoT和AI为核心的智能商务时代已经到来，我们是做看客、过客还是创客，一切取决于我们自己的选择，在这场智能化、数字化转型浪潮中，大多数企业都希望能成为头部的2%，如何做智能商务转型，熊友君博士在书中提出四步转型，即加减乘除"+-×/"，做到智能化、平台化、普惠化、数字化，每一个"化"下的分层讲解都具有前瞻性和实践价值。

在智能化、数字化转型过程中，我们原来熟知的思维模式、组织模式、营销模式、财务模式、管理模式都发生了重大变化，有的已经发生，有的即将发生。如何适应这种变化是每个企业家的重大抉择。

人与人之间最小的差别在于智力，最大的差别在于思维，智能商务思维模式已从传统的生意思维转向数字思维，从传统的推广流量思维到价值共赢，从传统的组织控制到现在的组织赋能、内部创业，从对人的信任到现在对机器的信任，从官僚体系化到去中心化，从威权思维到寻求共识，特别是生产的微笑曲线思维转变到抛物线思维，有的已经知道，有的是第一次听说，必将对生产生活产生重大的影响。

组织从来都不是一成不变的，我们所熟知的直线制、职能制、直线职能制、事业部制、矩阵制已经或即将被小组制（Squads）、阿米巴（Amoeba）模式、项目制、内部创业管理式（Inner Entrepreneurial Management）、内部创新孵化、自主经营体、无边界组织（Boundaryless Organization）等内生的共融的新组织所取代。企业从公司制走向平台制，从雇佣关系、8小时工作制、IT时代走向自我雇佣、灵活就业和DT时代。组织边界从封闭走向开放，从命令与控制到自发与协同。员工从就业走向合伙人。

4P即产品、价格、渠道、促销是我们营销学的基本内容，今天你会发现4P早已向4D转化，即从价格、渠道、产品、促销向需求、传递、动态、数据转化。原来的4P、4C、4V如今已让位于"AISAS"即Attention（引起注意）、Interest（引起兴趣）、Search（进行搜索）、Action（购买行动）和Share（人人分享），在今天的互联网让位于移动互联网、单点引爆进行搜索分享已走向前台，创新型营销模式不断涌现。如小米手机采取的预购模式，根据客户需求进行定制化生产节约了大量成本。依据消费者的数据画像重构人、货、场进行精准营销将成为潮流。

从财务的单式记账法到复式记账法历史走过百年，如今由于区块链的发展多式记账法将成为未来发展方向。智能财务也悄悄从幕后走向前台。产品也在发生变化，正从"交易价值"走向"使用价值"，在智能商务时代，产品的使用才是价值创造和获取的开始。

一切都在变，唯一不变的只有变化，一切都从"边界约束"转向"跨界协同"，过去的认知已经远远不能满足于当前的实践，我们必须要重新调整定义以前所熟知的世界，沿着过去的逻辑永远无法找到今天的新大陆。

2020 年 6 月 30 日

目　录

第一部分　从传统商务到智能商务

第一章　从传统商务到电子商务 / 004

　　第一节　商务发展史 / 006

　　第二节　电子商务商业模式及云计算环境下的电商创新 / 009

　　第三节　从"互联网+"到"智能+"，智能商务助力经济发展 / 014

第二章　从电子商务到智能商务 / 019

　　第一节　新生代的消费崛起从劳动者红利到数字消费者红利 / 019

　　第二节　智能商务的定义、特征及价值、数据智能、人机协同与生态协同 / 021

　　第三节　智能商务发展的3个阶段 / 031

　　第四节　案例分析——服装零售行业如何实现智能商务 / 035

第三章　智能商务爆发之五大要件及行业颠覆（IABCD）/ 037

　　第一节　I（Internet of Things/Everything）——5G物联网发展主线引领，智能商务时代即至 / 038

第二节 A（Artificial Intelligence）——人工智能大发展有力促进智能商务爆发 / 041

第三节 B（Block Chain）——区块链发展现状及五大颠覆性创新 / 050

第四节 C（Cloud）——云计算发展带来的创新 / 053

第五节 D（BigData）——大数据发展不断成熟（数据不断增加、算力不断加强、算法不断优化） / 056

第四章 智能商务四大前沿机遇 / 062

第一节 从万物互联到万物智能 / 062

第二节 机器视觉，计算机"感知" / 065

第三节 语音识别，让机器"听懂"人话 / 067

第四节 自然语言处理，语言进化的新路径 / 068

第二部分 智能商务之思维创新

第五章 智能商务思维 / 072

第一节 从生意思维到数字思维，数据是万物之源 / 072

第二节 从推广思维到价值共赢，共赢才是最后赢家 / 077

第三节 从控制思维到赋能思维，从竞争走向共生 / 078

第四节 从人的信任到机器信任，代码即法律 / 080

第五节 从官僚体系化到去中心化，每个个体都能得到尊重 / 082

第六节 从领导意志到共识思维，共识即约定 / 086

第七节 微笑曲线从"U形"到"抛物线形"，创新才是王道 / 088

第八节 从君子之言、信而有征到信用共享，信用价值放大 / 090

第三部分　　智能商务之模式创新

第六章 ••••• 智能商务发展趋势与模式创新 / 094

　　　第一节　智能已来——数据智能、算法与算力的精确应用 / 096

　　　第二节　协同更新：以人机协同、生态协同为主要的生产和服务方式 / 099

　　　第三节　方向精准：以满足海量消费者的个性化、互联网化、社交化需求为核心 / 101

　　　第四节　模式创新之加减乘除：产品智能，平台支撑，生态协同，普惠共享 / 105

　　　第五节　案例分析——Costco 的模式创新 / 115

第七章 ••••• 做加法：产品智能化转型的 3 种发展路径 / 117

　　　第一节　单品智能化（工具智能化）/ 120

　　　第二节　交互智能化 / 122

　　　第三节　智能系统化 / 124

　　　第四节　制造业智能化转型的路径 / 127

第八章 ••••• 做减法：平台化转型的 3 种发展路径 / 130

　　　第一节　平台智能化的商业模式特征 / 131

　　　第二节　平台分类及成长逻辑 / 133

　　　第三节　从社群零售到智慧零售，平台的价值逻辑 / 136

第九章 ••••• 做乘法：从共享到普惠 / 139

　　　第一节　共享经济本质、特征及爆发根源 / 140

　　　第二节　智能商务发展加速普惠化 / 142

第三节　共享单车存在的模式问题及解决思路 / 145

第四节　区块链的"互赢共生模式"有助于共享经济、普惠经济 / 148

第十章　做除法：生态协同数字化转型路径 / 153

第一节　数字化转型的三大动力及五大挑战 / 155

第二节　实现数字化转型的路径与 3 个误区 / 158

第三节　数字化转型的六大战略步骤 / 160

第十一章　智能商务引起的行业革命 / 165

第一节　智能商务赋能智慧零售，第四次零售革命爆发 / 165

第二节　智能商务赋能教育的数字化未来 / 167

第三节　智能商务赋能交通，自动驾驶汽车变革通勤 / 173

第四节　智能商务赋能数字农业 / 174

第四部分　智能商务之管理创新

第十二章　智能商务之组织创新 / 183

第一节　组织创新经历了正三角、倒三角到平台型组织 / 186

第二节　工业 1.0 到工业 4.0 之组织变革路径的选择 / 194

第三节　平台型组织的 6 种模式及核心特征 / 199

第四节　打造弹性组织：网络化、扁平化、自适应 / 207

第十三章　智能商务之营销创新（由事务到引爆）/ 210

第一节　4 次工业革命与营销变迁 / 210

第二节　营销创新由 4P、6P 到 4C、4R、4V 到 AISAS
或 PERI / 214

第三节　智能商务时代的经典营销模式 / 218

第四节　七步成就智能商务时代数字化智能营销 / 227

第五节　智能营销的经典场景 / 242

第十四章　智能商务之财务创新 / 246

第一节　智能商务时代财务环境的变化 / 246

第二节　财务机器人的挑战 / 247

第三节　区块链——财务记账法的下一个颠覆者 / 249

第五部分　智能已来，商务即至

第十五章　智能改变商务，商务连接未来 / 254

第一节　智能商务十问 / 254

第二节　搭上智能商务的班车 / 256

参考文献 / 259

第一部分

从传统商务到智能商务

经济学家说,"每一次时代变革,世界财富必然会进行一次重新分配并增值",没有什么会一成不变,也没有什么会永垂不朽!

从物物交换式商务到交易式商务,从电子商务到今天的智能商务,应该说人类发展的历史就是一部商务发展的历史。没有什么会一成不变,也没有什么会永垂不朽。

商务发展是经济发展的延续,工业革命的发展颠覆了近1000年来的商务范式。传统时代商务的核心是以物物交换为基础的,通过社会分工创造社会财富和价值。社会化的分工促进了社会的大发展,特别是黄金白银的货币属性支持商品交易,商品交易式商务形成。图0.1系统给出以机械化为核心的第一次工业革命到以智能化为核心的第四次工业革命造成的对B端及C端的变化及对管理的重大影响。

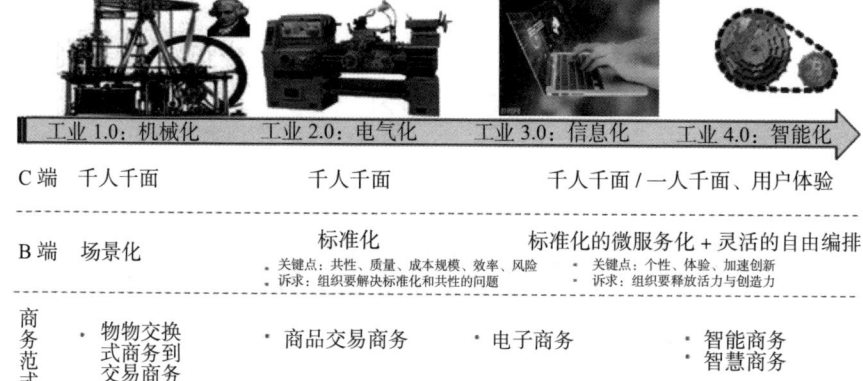

图 0.1 工业革命对管理的影响

当前我们生活的商业社会里，能源依赖是石油和电能，交流通过网络交换信息。通过石油和电能推动机器和设备的正常运行，互联网提供大量的信息。我们的商业社会围绕着工业化这个核心，进行分工协作和价值创造。商务的核心是电子商务。

但随着 5G 的大规模商用，大带宽的数据交易成为可能。特别是人工智能和区块链、云计算、大数据的发展共同推动下，商业发展的基础发生改变，数据时代宣告诞生，通过各种各样的传感器，生产数据、生活数据等各种数据被搜集、整理、挖掘、重构。这些重构的数据提供给智能生产企业创造更加个性化的产品和服务提供给消费者。商业模式从 B2B、B2C、C2B 到 S2B2C，新技术产生新能源、新技术产生新制造，创造出新的商业模式。标准化、规模化的大工业社会，将转向个性化、智能化的新商务。数据和生态协同"双引擎"成为驱动公司发展的动力，基于大数据协同和生态协同，甚至人机协同为公司提供智能大脑，贯穿企业数据，联动所有资源。随着智能商业发展的深入，技术对产业赋能，也正在从根本上改变着产业形态。届时，不仅企业内部的 ERP、CRM、OA 系统，企业的上下游、企业的用户，同样被纳入了数据管理系统之中。因而，人类的需求将被更深层次地挖掘，O2O 线上线下不断融合，线上线下的概念在智能商务时代里将变得越来越模糊，电子商务（e-Commerce）时代将被智能商务（Smarter Commerce）所取代。未来所有的事物都将联网，甚至我们的需求能够直接与企业的智能机器相连接，只要确定交易，产品和服务就会以某种形式生产、传递到我们手中。随着移动设备的普及，数据的力量重新定义着现在的商业发展与商业模式，也重新塑造当前世界的经济格局。

"90后""00后"等新一代消费者将会是更加个性化、互联网化、社交化的群体。用户的行为数据、交易数据对B端的经营产生了更大的影响。打通全渠道的数据关系，根据用户数据分析，引导企业的经营行为，成为更加重要的内容。对于国内千千万万实体企业和小微企业而言，或许现在应该是思考如何去应用最新的技术服务，寻找智能商务服务商，重新打造基于自身的造血系统的时候了。

第一章

从传统商务到电子商务

央视春晚年年给我们带来惊喜的同时,也让我们深刻感觉到"科技改变生活已经从奢侈的想象变成了实实在在的日常"。智能商务扑面而来,4K 超高清内容的 5G 网络传输、AR 技术大量运用、无人机、大型仿人机器人、汽车机器人、柔性显示屏等高科技的产物不断涌现。5G、人工智能、区块链、大数据、云平台已从概念变成身边的现实!

5G 和物联网的出现将大大缩短商务从电子商务到智能商务的进程。5G 的高速率、低时延、高效能、广覆盖、高连接是智能商务的催化剂。5G 连接数密度从 4G 提升至 100 万 /km^2,时延历史性缩短到 1 ms,频谱效率是 4G 的 3 倍,网络能效是 4G 的 100 倍,峰值速率甚至达到 20 Gbps,用户体验也得到极大提升(图 1.1)。

5G 的广域覆盖、高连接数密度、高热点容量、低延时、高可靠性等特性,不仅可以满足人们对高速网络的日常使用需求,还将实现"万物互联",4G 改变生活,5G 改变社会,将为我国智能商务的大发展、工业互联网的大规模普及打开大门,推动经济发展的新旧动能转换。5G 物联网赋能,将全面加速我国经济社会数字化进程。随着更多高铁、更高效率的现代交通网的完善,物流成本有望进一步下降,人流、物流、信息流和资金流的流动速度有望进一步加快,成为促进中国经济发展的润滑剂和加速器。

图 1.1 5G 功能效果

人工智能是智能商务发展的生产力核心,区块链重新定义生产关系,近些年随着高性能的人工处理器芯片 GPU、FPGA、ASIC 等不断涌现,数据处理能力大大提升,海量数据为人工智能发展提供了充足的燃料,而大数据、云计算技术等的广泛应用使得信息的储存和开发得以实现,"智能+"时代来临,引发汽车、手机、芯片等硬件与软件服务不断升级,人脸识别、虚拟现实等技术不断出现加速智能商务的大发展。

新技术催生新商务,新旧商务最本质的差别是技术应用标准不一样,用一个词来概括就是"精准"。传统商务逻辑:"生产标准化产品—广告激发需求—渠道匹配产品与需求";智能商务通过数据智能挖掘用户表象背后的真实需求,通过机器深度学习和算法的精准适配,用机器取代人的决策,再通过生态协同来不断满足消费者的需求,智能商务最大的质的飞跃是用户体验的飞跃。而用户体验的飞跃又落在两个关键点上:精和准。"精"通过生态协同来实现,"准"通过数据智能来实现。只有你的企业踩上了生态协同和数据智能这两个风火轮,能够提供精准智能服务,才有机会进入一个全新的时代。

第一节　商务发展史

商务是伴随着人类文明产生的，人类社会发展的历史就是一部商务发展的历史，从物物交换开始到百货商店连锁店超级购物中心的出现，近年来第四次零售革命的概念也逐渐兴起（图 1.2）。根据每个时代不同商务主要有以下几个形态。

图 1.2　工业革命与商务发展的关系

一、物物商务：以物易物

原始社会，人们共同对抗自然，生产力有限，未能形成社会分工，最初人类的商务形式是物物商务，即以物易物交换式商务，如把打猎带来的多余的兽皮换取对方水果。双方根据意愿将多余的物品进行交换，我们称之为物物商务，也是商务最早的形态。

我国是四大文明古国之一，很早就发现了人类，也很早就有了物品交换式商务。

二、买卖商务：商品通过中间介质进行交易

随着时代的发展，部落与部落之间的物物交换频率就变得比较频繁，但每次交换的成功概率反而下降了，人类在物物交换式商务过程中发现有很多问题很难解决，特别是随着人类捕猎式科技和生产生活水平的提升，很多需要无法通过物物交换得到满足。例如，捕获了大量猎物，暂时吃不完，但市场上短时间内又没有大量的需求，而猎物又因缺乏有效储存手段而容易腐烂。再如，当下不想要对方现有的物品，而想要的物品对方却没有。因此，新的商务模式应运而生了。

"钱币"诞生：受制于物物交换的局限性，人们开始思考是否可以有一种中介作为交换的凭证？于是有人开始拿"奇石、贝壳、古玩"等稀有物品当作交换凭证，一开始这种交换行为只是在熟人之间传播，建立在双方了解彼此的信任基础上，当传播足够广的时候，人们都知道这种中间介质的稀有属性，慢慢的"贝壳"等稀有物品开始作为交换凭证了，大家都默认拿"贝壳"等稀有物品可与别人换取你想要的物品了。

随着时间的推移和科技的发展，智人发现通过漂亮的贝壳交换特别麻烦，一方面，漂亮的贝壳一段时间内不太容易找到，而交易需求需要的贝壳越来越多；另一方面，漂亮的贝壳非常不方便储存，破损率很高，交易很麻烦，特别是贝壳的价值无法确定，导致交易不确定性大大增多。于是，人们开始思考是否通过贵金属来实现，特别是通过标准贵金属的重量来进行交易，于是"铜钱"诞生了。"铜钱""黄金"等贵金属作为交换物大大提升了生产力的发展，专业的商人诞生了。

我国古代一直采取重农抑商的商务政策：各行业自古排名是士农工学商，即公务员、农民、工人、学生、商人五类人里商人排在最后。我国远古时期就出现了商品交换，并且在商朝得到初步发展，西周时出现了"骨贝和铜贝"。商朝人以善于经商著称。春秋时出现了巨商和商业中心。春秋战国时期，官府控制商业的局面被打破，各地出现许多商品市场和大商人，春秋时期著名的大

商人有郑国的弦高、孔子的弟子子贡和范蠡。秦汉以来，统治者多推行重农抑商政策。秦汉至隋唐，商人经商受到时间、地点的限制，商业总体水平还不高。隋唐时期，农业、手工业的发展，大运河的开通，商业飞速发展。除都市商业外，农村集市贸易也发展起来，为商业服务的"柜坊"和"飞钱"相继问世。唐代开辟了海上商运，陆路商运发达，出现了"草市"。宋元由于"市"突破了原先时间和空间上的限制及商业活动不再受到官吏直接监管，商业得到空前发展，两宋的商业经济空前繁荣，商业环境相对宽松。出现了世界上最早的纸币"交子"，商税成为政府的重要财源。元朝时，大都成为国际性的商业大都会。明清时期，城镇商业呈现繁荣景象。大量农副产品成为商品，区域间长途贩运贸易发展较快，一些地方还出现了地域性的商人群体，即"商帮"，其中十大商帮势力最大，如晋商、徽商、浙商、闽商。也出现了许多名市名镇，著名的有汉口镇、佛山镇、景德镇、朱仙镇等四大商业名镇，还随着经济的发展出现了资本主义萌芽。

三、电子商务

要么电子商务，要么无商可务。——微软总裁比尔·盖茨

买卖商务催生了电子商务，由于计算机和网络的发展给商务带来了新的机会，人们发现利用计算机和网络技术及电子支付技术可以实现远程交换，电子商务是指以信息网络技术为手段，以商品交换为核心，以计算机网络为基础，以电子化方式为手段，在法律许可范围内所进行的商务活动交易过程。电子商务是传统商业活动各环节的电子化、信息化、网络化。E-Commerce 与 E-Business 都指电子商务，但二者有所不同，E-Commerce 更强调电子交易过程，E-Business 泛指利用互联网从事商务的活动。

由于实体商务式商业信息产生不对称性，以及增加客户购物的路程距离，给用户产生不迅速、不便捷的体验感。网络和互联网科技的诞生解决了商品信息的传播速度与便捷性问题，随之又产生了电子支付工具，从而使更多的商务能够运用电子方式运行,由此产生了电子商务。

(一)电子商务与传统商务的区别

电子商务与传统商务都是商务,但二者有很大不同:

①电子商务具备虚拟化特征,交易磋商、合同签订、电子支付可以通过网上进行。

②交易方式更灵活,不需要专门的门店,可以网上开店,无纸交易,甚至零库存成为可能。

③交易不再受白天时间、场地限制,可 24 小时交易,交易快。

④交易透明甚至可追溯,网上进行、信息互相验证。相对于传统商务具有成本低、交易快、传播广、交易简单方便等特点,有助于企业节约成本,降低费用。能节约成本、增加收入、提升知名度、平等参与市场竞争,减少中间环节,节省了企业费用。

(二)电子商务类型

电子商务依照交易群体不同,可分为:企业与企业之间的电子商务(Business to Business,B2B)、企业与消费者之间的电子商务(Business to Customer,B2C)、消费者与消费者之间的电子商务(Consumer to Consumer,C2C)、企业与政府之间的电子商务(Business to Government,B2G)、消费者对企业之间的电子商务(Customer to Business,C2B)、以消费者为中心的全新商业模式(Supply chain to Business to Customer,S2B2C)等。

第二节 电子商务商业模式及云计算环境下的电商创新

一、B2B 模式

B2B 是企业与企业之间的电子商务,如阿里巴巴、全球汽配网、中国化工网、慧聪网等。

B2B 模式是当前电子商务模式中历史最长、份额最大、发展最完善、最具操作性的模式。市场上也最多。

B2B 电子商务模式主要有降低采购成本、降低库存成本、节省周转时间、扩大市场机会等优势，目前常见的 B2B 运营模式主要有垂直模式 B2B、综合（水平）模式 B2B、自建模式 B2B、关联模式 B2B 4 种。垂直 B2B（上下游营销有关系）、综合水平 B2B（平行关系，即行业中相同或相近的交易）、自建 B2B（行业中供应链龙头利用自身优势串联整条产业链）、关联行业的 B2B（整合综合 B2B 模式和垂直 B2B 模式的跨行业 EC 平台）。B2B 的主要盈利模式相对单一，主要有会员费、广告费、竞价排名费、增值服务费、线下服务费、商务合作推广等。

二、B2C

B2C 是指电子商务的一种模式，也是直接面向消费者销售产品和服务的模式，即"商对客"模式，也就是通常说的商业零售，主要有京东、苏宁易购、当当、卓越等。

B2C 网站类型主要有综合商城（产品丰富的传统商城 EC 化）、百货商店（自有库存、销售商品）、垂直商店（满足某种特定的需求）、复合品牌店（传统品牌商的复合）、服务型网店（无形商品的交易）、导购引擎型（趣味购物、便利购物）、在线商品定制型（个性化服务、个性化需求）等。B2C 的盈利模式主要是服务费、会员费、销售费、推广费等。

三、C2B

C2B 是指电子商务的一种模式，也是消费者直接要求商家提供产品或服务的模式，俗称消费定制或私人定购模式，通常情况是消费者根据自身需求定制产品和价格，或主动参与产品设计、生产和定价，产品、价格等彰显消费者的个性化需求，生产企业进行定制化生产。

按定制主体和定制内容两个维度将 C2B 可以分为群体定制价格、个体定制价格、群体定制产品、个体定制产品和混合型等 5 类；按照模式主要有聚定制模式、模块定制模式和深度定制模式。

C2B 模式的好处是既满足了消费者个性需求，又降低了企业消费成本。真正做到了价廉物又美。对于 B（工厂）方，可以做到零库存的生产销售，大大降低了生产风险，节约了成本。

四、C2C 模式

C2C 是指个人与个人之间的电子商务，主要有淘宝网、拍拍、易趣等。C2C 的盈利模式相对单一，主要有广告费、会员费、交易提成、排名竞价费、支付环节费等。

五、O2O 模式

O2O 即将线下实体商务与互联网平台进行对接，既可以线上引流线下交易，也可以线下引流线上成交，O2O 模式的好处是可以充分挖掘线上线下两方资源、消费行为更加易于统计、服务方便、优势集中、促使电子商务朝多元化方向发展。

O2O 模式主要有两种，分别为：Online to Offline（线上营销和交易到线下体验）和 Offline to Online（线下营销到线上完成交易），分别简称为先线上后线下模式、先线下后线上模式。在此基础上，衍生出另外两种实施方式和路径：Online to Offline to Online（线上营销到线下体验，再到线上交易）和 Offline to Online to Offline（线下营销到线上交易，再到线下体验），分别简称为先线上后线下再线上模式、先线下后线上再线下模式。

主流的 O2O 模式包括以下几种。

模式一，线上营销和交易到线下体验模式：线上为平台，线下为体验交易中心，线上为线下导流量，通过线上的流量信息和产品聚集，给线下商家带来客户。线上平台从中赚取佣金，让客户在线上平台购物，再到线下体验和交易。例如，运营商可以通过公司网站 http://www.10086.cn 进行选购手机，然后到线下营业厅体验和验货。

模式二，线上营销线下体验线上交易模式：先搭建起线上营销平台进行推广，再将线上商业流导入线下让用户去体验、去感知，然后再吸引用户到线上进行成交。例如，中国移动通信运营商先建立了一个移动商城，在商城上推出存话费送手机活动，消费者到移动营业厅进行现场体验，找到心仪的手机，再回来线上平台进行采购，实现了一个完整的闭环。

模式三，线下营销线上交易线下体验模式：先在线下进行营销推广，再将线下商业流导入或借力全国布局的第三方网上平台进行线上交易，然后再让用户到线下享受消费体验。这种 O2O 模式中，所选择的第三方平台一般是具有一定影响力的社会化平台，如美团、微信、大众点评网等，在现实中，餐饮、美容、娱乐等本地生活服务类 O2O 企业采用这种模式的居多。例如，餐饮小店通过线下营销，让消费者到美团上进行采购线上支付，再到线下门店消费。这种模式中采用线上线下整合，线下有很多终端，线上有微官网、微商城、网络平台和天猫淘宝店铺，并行发展，线上只作为公司渠道的一环。

模式四，线下营销到线上完成交易模式：线下为线上导流量，即充分利用线下门店的体验优势和线上购物的快递等服务优势，实现"线下体验＋线上成交"模式。在这种 O2O 模式中，企业需要有线下实体门店外，还需要建设网上商城。目前这种模式比较成熟，很多本地生活企业利用微商城、微官网建设网上商城，在线下消费者来消费时给消费者一些利益，吸引消费者扫码进入平台消费。例如，我们平常入住酒店，扫一下二维码进入商城支付，可打九折等。

O2O 线上线下融合，完善了销售渠道，给消费者不同的感觉。前两种适合新生企业，后两种适合传统企业的互联网改造，加深对互联网的认识。随着移动终端的不断发展和普及，O2O 的发展方向将越来越清晰（图 1.3）。

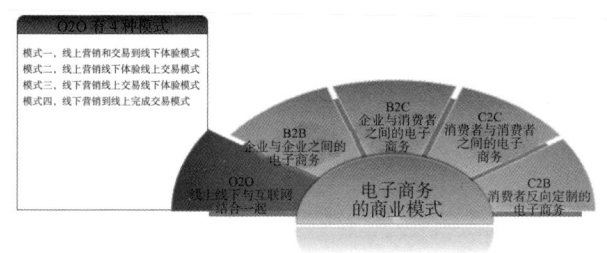

图 1.3　电子商务的商业模式

六、S2B2C

S2B2C 是一种适应产业互联网的新生态模式：S2B2C 是以价值赋能为手段，以协同网络为目的的新电商模式，S2B2C 的主要盈利模式有交易提成费、整合资金链金融分成费、广告费用、支付环节费用等。S2B2C 的一般运作流程是：供应链平台（S）通过整合平台资源赋能商家（B），与商家卖方（B）一起共同服务消费者（C），消费者需求基于大数据反向定制供应链平台（S）（图1.4）。

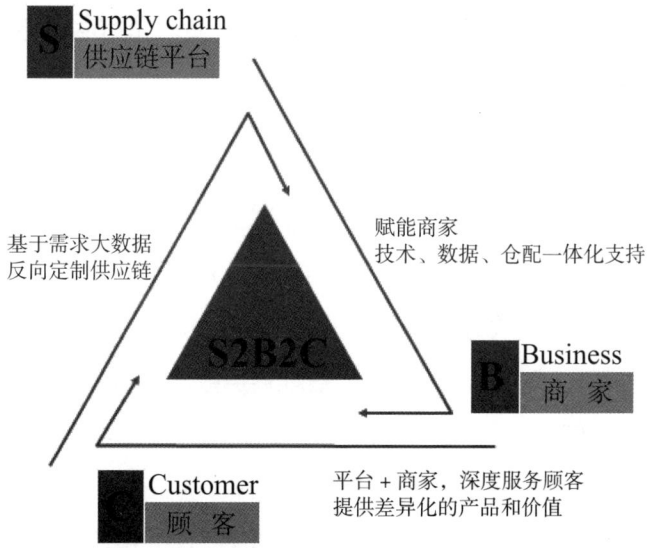

图 1.4　S2B2C 模式

随着人工智能云平台大数据信息网络相关技术的不断发展,人们的生活水平不断提升,特别是随着消费互联网向产业互联网转移,电子商务的交易模式也在不断推新,如今我国电子商务交易规模已经稳居全球网络零售市场首位(图1.5)。据国家统计局数据显示,在2008—2018年这10年期间,我国电子商务交易总额增长了10倍。

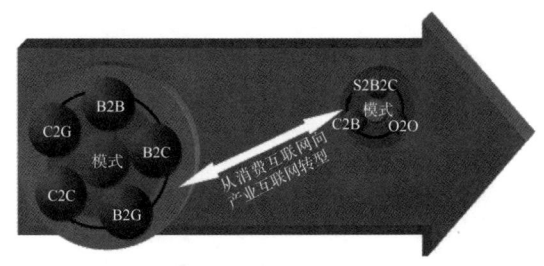

图 1.5 电子商务模式从消费互联网向产业互联网转型

随着社群经济、社区经济等的高速发展,电子商务还将不断推动社会创新,O2O、新零售、C2M等新的商业模式不断推陈出新,出现百花齐放的格局。

第三节 从"互联网+"到"智能+",智能商务助力经济发展

如果说1992年是互联网元年的话,那么,2019年则是智能经济、数字经济的加速年,这27年来,传统的工业经济正在走向解构,而新的数字经济、智能经济却一路高歌猛进,进入一个飞速发展的史诗般的跨越。当下的中国,各地政府都在求才若渴,"政务上云""消除数字鸿沟""一号工程"……我们可以明显感觉到"智能商务"正在加速,智能商务数字中国的时代即将来临!

从"互联网+"到"智能+",2015年政府工作报告首提"互联网+",2019年"智能+"又再一次进入政府工作报告。从"加快"到"深化",报告表述变化的背后,是中国人生产和生活方式的又一次升级迭代。在"互联网+"时代,各种基于互联网数字技术的商业模式,不断刷新我们的眼球,共享单车、

网购、高铁、支付宝一度成为中国新的"四大发明",而今天IABCD(5G物联网、人工智能、区块链、云平台、大数据)正在改变我们的生活。移动互联网将人与人、人与物、物与物实时连接变成可能,从而实现从万物互联网到万物智能的全新时代。从"互联网+"走向"智能+",智能商务正从幕后走向前台,助力经济发展。

当前,我国数字经济规模位居世界第二。据中国信息化百人会连续3年的研究报告表明,中国数字经济的规模已达22.4万亿元,占GDP比重已达30.1%,增速高达16.6%,位居世界第一。10年前,中国电商交易额不足全球总额的1%,现在已经超过40%。据麦肯锡公司估计,这个数字已经超过英、美、日、法、德五国的总和。2017年3月,全国人大第五次会议期间,"数字经济"首次被写入中国政府工作报告。2019年"智能+"又出现在政府报告中(图1.6)。

图1.6 从"互联网+"到"智能+"

1979—2019年,40年改革开放,中国经济快速发展,国际影响力越来越高,目前是世界第二大经济体、世界第一大贸易国,对世界经济增长年均贡献率超过30%,对全球减贫贡献率超过70%。我国经济之所以得到高速发展,主要依赖的人口红利和低成本优势逐渐消失,经济发展由原来的规模扩张变为提质增效,而从更大视野来看,以人工智能、大数据、5G物联网、区块链、量子信息技术、生物技术等为主的第四次工业革命，正在重塑世界经济的格局，创新驱动既是中国经济的全新引擎，也是一个必然的历史选择。

从宏观层面来看，"智能+"正式接替"互联网+"，成为赋能传统行业的新动力，人工智能技术与传统产业的深度融合，规模化落地的时机来临。

从微观层面来看，借助人工智能、VR\AR\MR、区块链、5G物联网、大数据、云计算等技术，智能制造、智能管网、智能交通、智慧城市、智能商务、智慧生活等"智能+"会让我们从万物互联走向万物智能生活（图1.7）！

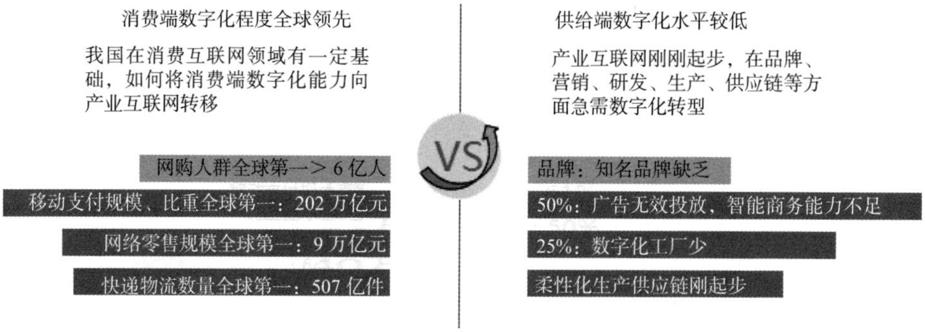

消费端数字化程度全球领先	供给端数字化水平较低
我国在消费互联网领域有一定基础，如何将消费端数字化能力向产业互联网转移	产业互联网刚刚起步，在品牌、营销、研发、生产、供应链等方面急需数字化转型
网购人群全球第一＞6亿人	品牌：知名品牌缺乏
移动支付规模、比重全球第一：202万亿元	50%：广告无效投放，智能商务能力不足
网络零售规模全球第一：9万亿元	25%：数字化工厂少
快递物流数量全球第一：507亿件	柔性化生产供应链刚起步

图 1.7 中国在消费端领先的数字化能力向供给端迁移

资料来源：阿里研究院。

2019年3月在两会中"智能+"首次被写入政府工作报告，"打造工业互联网平台，拓展'智能+'，为制造业转型升级赋能"。自此，工业互联网创新发展将大大加速。此前，2015年，"互联网+"被写入政府工作报告，从2017年起，"人工智能"连续3年被写入政府工作报告。表1.1给出了国家人工智能与实体融合的相关政策汇总，当前我国经济正处在转变发展方式、优化经济结构、转换增长动力的关键时期，智能制造作为新一代信息技术与制造技术深度融合的高级形态，将直接帮助传统工业提升运营效率，与服务业快速融合，实现产业的跨越式转型升级。表1.2详细写明了部分省市在2019年相继出台的加快人工智能发展相关的政策法规。

表 1.1 国家人工智能与实体融合的相关政策汇总

经济体	相关政策或文件	政策方向总结	2019年政策风向
中国	2016年8月,国务院发布《"十三五"国家科技创新规划》,明确人工智能作为发展新一代信息技术的主要方向。 2017年《国务院关于印发新一代人工智能发展规划的通知》。 2019年3月《关于促进人工智能和实体经济深度融合的指导意见》	构建智能经济、智能社会,使人工智能成为重要的经济增长点,带动我国产业升级和经济转型;人工智能理论、技术与应用总体达到世界领先水平,成为世界主要人工智能创新中心,为跻身创新型国家前列和经济强国奠定重要基础	全面推进人工智能与实体经济的深度融合

人工智能的渗透将是全方位的,智能技术是第一推动力,智能商务影响将是革命性的,是逐步的、累进的,影响则是长期性的、深刻的。

表 1.2 部分省市关于人工智能发展的政策

城市或部门	相关政策或文件
科技部	2019年8月发布《国家新一代人工智能创新发展试验区建设工作指引》,要求应用牵引地方主体政策先行突出特色
北京	2019年2月,科技部发布《科技部关于支持北京建设国家新一代人工智能创新发展试验区的函》,就推动人工智能产业发展做出具体要求
天津	2019年2月天津市武清区发布《关于组织2019年人工智能创新发展工程的通知》
上海	2018年9月发布《关于加快推进人工智能高质量发展的实施办法》,从人才建设、数据资源的开放使用,人工智能协同创新、推动产业布局和集聚、加大政府引导和投融资力度
深圳	2019年2月出台新一代人工智能发展行动计划和芯片产业发展政策,加快突破芯片、算法、感知等关键技术,大规模拓展人工智能在先进制造业、公共服务、社会治理领域应用场景
广州	2018年发布《广州市加快IAB产业发展五年行动计划(2018—2022年)》,2019年2月发布的《广州南沙新区(自贸片区)促进人工智能产业发展扶持办法》进一步推进人工智能产业发展,集聚全球创新资源和高端要素,打造千亿级人工智能产业聚集,形成领先的人工智能城市典范
成都	2019年2月出台《成都市加快人工智能产业发展专项政策》,支持加快人工智能核心技术研发,支持人工智能行业融合应用创新,支持产业公共服务平台建设,支持企业上平台用服务

续表

城市或部门	相关政策或文件
杭州	2019年12月12日出台《杭州市建设国家新一代人工智能创新发展试验区若干政策》,支持人工智能基础理论研究和关键核心技术研发,支持人工智能基础研究平台建设,支持人工智能公共服务和共性研发平台建设,支持人工智能应用场景建设,支持人工智能企业发展

资料来源:根据公开资料整理。

•••• 第二章

从电子商务到智能商务

第一节　新生代的消费崛起从劳动者红利到数字消费者红利

在工业经济时代，如果一国拥有数量庞大的年轻劳动力及较低的劳动力成本，就具备了劳动力红利，是一国竞争力特别是制造业竞争力的重要指标，而对于数字经济，数字消费者的数量及成熟度则成了核心竞争力（图2.1）。

图2.1　"90后""00后""10后"是成熟数字主流消费人群

近年来，移动互联网在全社会迅速渗透和普及，数字化技术被广泛应用于消费产业链的各个环节，推动了新消费时代的到来。这一时代的主要特征是在数字化支撑下的个性化升级，这一时期的特征是：一切以用户为中心，以满足消费者个性化需求为核心，通过消费者的精准画像和需求逆向推动商品生产和服务提供。在C2B模式将成为主流的背景下，社会的消费理念、生产方式、消费结构、消费渠道都在不断发生变化：在消费理念上，从满足温饱向绿色健康、便捷高效等方向转变；在生产方式上，从大规模生产向小批量个性化生产转变；在消费结构上，从物质满足向精神满足转变；在消费渠道上，线上的企业向线下转移，如京东、携程开始开线下店；线下的企业向线上转移，餐饮、酒店等生活类企业都已开通自己的网上平台。O2O已成为企业的标配。线上线下联动已成为企业的基本经营方式。

对于消费者来说体现更为明显：第一，不想"拥有更多"，而是希望"拥有更好"；第二，从"物质功能满足"到"情感体验满足"；第三，更希望获得一个"心理的溢价"，而不是一个实际的"低廉价格"。

新消费主义浪潮正在兴起，新消费品牌成长非常快速，如喜茶就是一个特殊的存在，喜茶创造性地将咸芝士与天然茶香进行融合，力图将"禅意""极简""美学"等元素融入门店设计，给消费者营造质感层次丰富的空间，短短几年时间已有数百家门店，并已走出国门，每家店1年有上千万元收入，很多年轻人愿意花30~60分钟排队购买，在喜茶门口拍照发朋友圈也能很开心，这种参与感、仪式感带来的小确幸让年轻人成了新消费主义浪潮中的旗手。

存在感、仪式感、参与感、幸福感通过数字记录是新消费主义浪潮给我们带来的最大的表达能力。

抖音，让每个平凡人都有表达自我、记录美好生活的可能，能够带用户探索更大的世界。移动互联网时代，短视频已成为新媒体流量的重要入口和发展风口，为普通用户提供一个平台，并大幅降低其拍摄视频的技术及设备门槛，以抖音为代表的短视频平台带动了整个互联网行业的内容价值提升，塑造了一个全新的知识生态系统。

这是一个新的时代，这个新的周期会加速整个世界向更多的数字世界迁移。未来所有实体经济体、电商经济体都在加速进入数字世界，而这正是智能商务动力之源！

第二节 智能商务的定义、特征及价值、数据智能、人机协同与生态协同

一、智能商务定义

经济学家说:"每一次时代变革,世界财富必然会进行一次重新分配并增值。"科学技术的发展是自然科学的结晶,而每一次大的突破却遵循着人类社会进步和经济发展的内在规律,IABCD 即 5G 物联网、人工智能、区块链、云计算、大数据的发展最终构成了生产力和生产关系的相互促进,推动了科技革命和产业升级的协同发展,一种新型商务产生了(图 2.2)。

图 2.2 智能商务基石——IABCD

二、智能商务三大特征四大革命

荀子曾在《劝学》中写道:"吾尝终日而思矣,不如须臾之所学也;吾尝

跂而望矣，不如登高之博见也。登高而招，臂非加长也，而见者远；顺风而呼，声非加疾也，而闻者彰。假舆马者，非利足也，而致千里；假舟楫者，非能水也，而绝江河。君子生非异也，善假于物也。"智能经济作为数字经济发展的高级阶段，是商务善假于物的典型。智能商务从广义上来讲是指非传统商务而又基于互联网智能技术的商务。狭义是指基于数据、算法与算力的精确应用，以人机互联、生态协同为主要的生产和服务方式，以满足海量消费者的个性化、互联网化、社交化需求为核心的一种新型商务模式，它具有以下 3 个方面的特征。

第一，大数据是智能商务的关键要素。"数据＋算法＋算力"的智能化决策、智能化运行，将更加依赖于数据的获取和处理。目前数据的"量"在不断增加，"质"在不断提高。算法就是一系列的计算步骤，用来将输入的数据转化成输出结果，我们也可以将算法想象为一本"菜谱"，根据"菜谱"的制作流程，就可以生产出需要的菜肴，这个做菜的步骤就可以理解为"算法"。计算能力不断提升，尤其云计算的发展，资源共享、灵活扩展成为可能，实现了"集中力量办大事"的可能，计算核心也在不断升级，GPU、TPU 不断提升。

第二，以生态协同和人机协同为主要生产和服务方式。未来人机互联和生态协同将成为工作的不可或缺的部分，人工智能的发展使得机器将越来越懂人类，"AI+人类"将成为工作标配。如果说"互联网+"是"大众创业、万众创新"，"生态协同+"则是众创、众包、众扶、众筹等创新模式的有效整合，生态协同将促进生产与需求对接、传统产业与新兴产业融合，有效汇聚资源推进分享经济成长，助推智能制造，形成创新驱动发展新格局。一是以众智促创新，是通过创业创新服务平台聚集社会各类创新资源，降低创业创新成本，形成大众创造、释放众智新局面。大力发展众创空间和网络众创平台，提供开放共享服务，集聚各类创新资源，吸引更多人参与创新创造，拓展就业新空间。二是以众包促变革。借助互联网将传统由特定企业和机构完成的任务向自愿参与的企业和个人进行分工，以更高的效率、更低成本满足生产及生活服务需求，鼓励众包等模式促进生产方式变革，聚合员工智慧和社会创意。三是以众扶促创业。通过政府和公益机构支持、企业帮扶援助、个人互助互扶等多种方式，共助小微企业和创业者成长，构建创业创新发展良好生态。四是以众筹促融资。通过互联网平台向社会募集资金，更灵活高效满足企业成长和个人创业融资需求，拓展创业创新投融资新渠道。"众创、众包、众扶、众筹"智能商务以生态协同和人机协同为主要生产和服务方式，促进生产力的大力发展。

第三，发展目标是满足海量消费者的个性化、互联网化、社交化的需求。当今时代，消费者个性化、互联网化、社交化发展方向越来越明显。消费者变化规律从"60后"重视产品功能，到"70后"重视产品品牌，到"80后"重视体验，再到"90后"重视参与，特别是"00后""新新人类四化人生"，即感性化生存、娱乐化精神、社群化行动、个性化消费。智能商务通过数据分析挖掘、分析、整理，找到消费者的真实需求，进而进行满足。智能商务让人充满期待（图2.3）。

人工智能	物联网	大数据	智能机器人	智能互动设备	其他
以深度学习为基础的人脸识别、语音对话、商品识别用于刷脸支付、以图搜图购物等	室内定位、智慧停车场等物联网相关技术方案在商场用于室内导航、智慧停车、客流统计分析等	以门店和网络采集的大数据为基础，对店铺运营和消费者进行分析	AGV（自动导引运输车）、无人机、无人车等新技术产品已经在仓储物流环节应用	虚拟试衣、全息投影、互动大屏、各种自助结账台、自动售货机、智能购物车等智能互动设备在门店内应用	区块链等新技术也在货源溯源、会员代币等领域取得应用

图 2.3 智能技术赋能智能商务

智能商务将对生产力和生产关系进行极大创新，将在 4 个方面产生革命性影响。

①智能商务是设备的革命，是智能化、高技术化，智能商务时代设备通过 RFID、各种智能传感器实现人机互联、人机协同、网络协同，各种数据通过智能化设备连接打通，形成自主采集数据、自动分析数据、智能传输数据、自动化推荐、智能分析、自主决策。机器人得到广泛应用，未来，生产工具、设备

将会完全由智能工具取代，本质上这与前几次工业革命由蒸汽动力代替人力、畜力一样，会极大地促进生产力的提升。

②智能商务是营销革命，基于深度分析和数据挖掘，通过消费者画像、消费者偏好分析，进行自动化推荐、精准营销、智能分析、精准匹配。

③智能商务是生产模式革命，当今，个性化越来越成为消费的常态，智能商务将有助于从大规模量产到个性化量产的转变，智能制造、智慧工厂、VR技术、工业机器人、智慧物流可以有力促成新的个性化生产方式，特别是数据智能的兴起，将极大地推动生产模式的革命，由个性化量产取代规模化生产。

④智能是决策革命，基于在线化、数据化、云化进行数字决策。在线化、数据化、云化是前提，只有在线化才能数据化，才能实现数据变现价值；其次是智能化、高技术化，各种传感器机器人的大量投入使用，改变了传统商务的生产力。精准是智能分析、智能推荐的结果，如Google的精准广告技术、今日头条的智能推送、Kindle的智能推荐等无一不依靠大数据的搜集及算法化。这种精准的智能商务模式能够使用户的价值最大化。

智能商务是基于数据、算法与算力的精确应用，以人机协同、生态协同为主要的生产和服务方式，以满足海量消费者的个性化、互联网化、社交化需求为核心的一种新型商务模式。技术发展和产业进步中"数据"成了新一轮科技革命的核心，围绕数据的交换和确权，催生了新的价值网络的重构。技术的发展有其颠覆和破坏的一面，更有其融合的一面，新技术的发展将是更广泛的融合，这种融合是云和端的融合，更是金融、技术、产业的融合，融合孕育迭代和新生。

从电子商务到智能商务，是经济发展的必然产物。智能商务与电子商务相比具有以下几个特点：①商务本质开始发生变化：商务的要素没有改变，电子商务只是交易的方式和渠道发生变化，由线下向线上转移，并没改变商务的本质，而智能商务通过读取消费者的数据，通过与市场行业相关数据的交互，通过智能分析挖掘重构消费需求，提供的商务已与传统商务有本质区别了。②更智能更精准：智能商务通过智能分析能满足消费者个性化、社交化、互联网化需求，而电子商务更多的是来自消费者的网上订单。③需求信息来源不一样，智能商务的需求来源于数据挖掘和数据分析，通过生态协同和人机协同来实现，而电子商务需求来自消费者的网上订单。④实现方式不一样，智能商务是通过生态协同和人机协同来实现的，而电子商务通过移动支付和智能物流来实现。⑤满足的方式不一样，智能商务满足的是消费者个性化、社交化的需求，而电子商务满足消费者共性化需求。

双方也有一些共同点：①交易成本降低（无须专门在线下开实体店节约人工、无纸交易、降低库存），大部分通过机器自动进行。②交易透明化（交易大部分网上进行、流程标准化、信息互相验证）。③交易效率高（24小时交易、交易快、节约时间）。

三、智能商务价值

商务的本质是决策，解决的就是"选择"的效率和效用，能够解决"决策"的问题才是真正的"智能商务"。智能商务通过以下几个方面对经济产生正向的促进作用。

①智能商务有助于降低交易成本、提高决策效率。智能商务的加入加快了从信息汇聚到决策的效率，通过数据分析和数据挖掘找出商务本质，降低信息不对称，减少由于商务不智能而额外增加的时间成本。

②智能商务可以使用户可以快速而且精准地访问数据和信息，结构化数据有助于快速得出结论。通过分享信息，营造出合作进取的环境。智能商务技术可以使用户根据自己的需求方便并且快捷地查询和获取信息，而不需要了解关系数据库的数据结构。被授权使用智能商务系统的管理者可以基于事实做出最有利的决策。

③智能商务有助于排除情感干扰，提高决策稳定率。人是感情动物，在决策时易受到非理性因素的影响导致输出结果偏差，而智能商务的决策过程都是

由数据+算力+算法来完成，通过生态协同和人机协同来产生，减少了不确定性带来的风险的损失。

④智能商务由于是数据智能，能有效替代重复决策、增加价值创造，数据智能可有效检测重复性的、可打包成"黑箱"的决策，将极大地提高交易的频次，提高价值创造的次数，进一步地在整个经济系统内部形成新的岗位、生产关系及价值分工。

⑤智能商务平台的存在还会提高数据智能价值创造的能力，内生性地提高智能商务的经济价值。因此，智能商务平台可以将整个平台数据的价值（以对应特定商业情境的可获得数据形成的数据集存在）和人的智慧（对于行业的业务理解）成倍地放大，我们可以粗略地估计一个智能商务价值公式：智能商务价值＝智能商务平台$^{(数据+算力+算法)}$ × 生态协同 × 人机协同。

智能商务平台的加速作用是指数效应而不是乘效应（图2.4）。

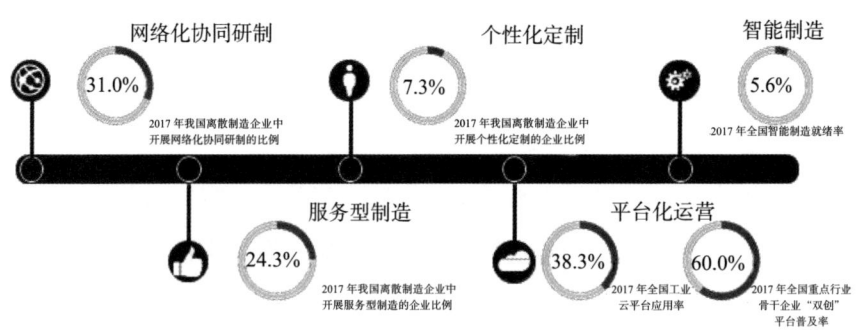

图2.4 智能商务下的新模式新业态

资料来源：中国信息化百人会，《2018中国数字经济发展报告》。

四、数据+算力+算法是智能商务发展的基石

数据+算力+算法是智能商务发展的基石，构成了智能商务的核心技术体系。首先，数据是智能商务的基础，是智能商务的核心生产资料。它也是驱动智能商务取得更好的识别率和精准度的核心因素。其次，以云计算、边缘计算为代表的算力的快速发展为处理海量数据提供了有力保障。再次，以人工智能、

机制模型为代表的算法技术帮助智能商务发现规律并提供智能决策支持。最后，以 5G 物联网将三大要素紧密联系起来，实现网络协同和人机协同。数据、算力和算法是智能商务发展的基石，也是智能商务演进的关键的 3 个核心要素，同时也是人工智能发展的重要组成部分。正如工业需要从石油中获得能量，智能商务的"石油"则是稳定的数据流。智能商务必须通过大量的数据来"训练"自己，才能不断提升输出结果的质量。

第一，数据大范围爆发式增长为智能商务发展打下良好基础，特别是在进入互联网时代后，大数据得到高速发展与积累。根据 IDC 的报告，全球所有信息数据中 90% 产生于近几年，数据总量正以指数级增长。从 2003 年的 5 EB，到 2013 年的 4.4 ZB，预计全球数据总量 2020 年将达到 44 ZB，中国数据量将达到 8060 EB，约占全球数据总量的 18%。可以试想一下，如果 AlphaGo 没有深度学习来自互联网的 3000 万例棋谱，它能战胜人类围棋冠军柯洁吗？我国在数据层面具有明显的相对优势，主要表现在数据量大、数据的多样性与丰富性、数据的获取和使用更加开放。一方面是因为我国人口基数大；另一方面网民对待网络的态度相对比较宽容。此外，中国市场的互联网产品丰富，如高德的出行数据、美团的服务数据、阿里的交易数据等多样化数据，利用这些数据训练出来的算法，更加符合中国用户的习惯，更具有普适性和稳定性。这些数据上的优势直接导致了中国的人工智能技术在近年来快速突破，为智能商务发展打下了良好基础。

我们研究智能商务，研究数据，首先要实现将所有的业务数据化，阿里实现了商品交易的数据化、高德实现了交通行为的数据化、支付宝实现了支付的数据化；其次是将所有的数据业务化。大数据其实不是强调数据的规模，更不是强调数据是一种资源，而是强调数据是一种能力，是怎么用好数据的能力，强调数据要实时。互联网汽车通过数据＋算力＋算法的精准应用实现了"自动＋私家车"的互联服务，"自动＋共享"的以路为中心的服务，"自驾＋共享""自驾＋私家车"的以人为中心的服务（图 2.5）。

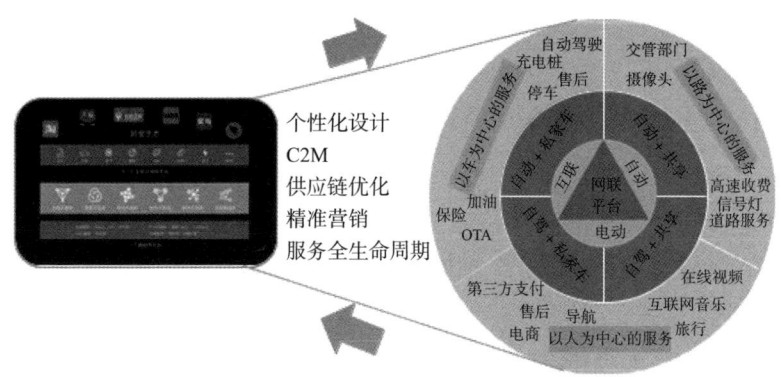

图 2.5　数据＋算力＋算法重新定义互联网汽车

第二，算法的不断优化使商业化成为可能，现在主流应用的基于多层神经网络的深度学习算法不断优化，提升了机器从数据中归纳能力、描述、提取和还原能力。算法的不断优化，使得人脸识别、语音识别、语义识别等技术准确性不断提高，为技术商用奠定良好基础。近两年，由于国家加大人工智能教育的力度，我国的算法水平也在不断提升，全球的开源平台让我们有机会学习复制国际先进算法，同时我国技术也不断推陈出新，在语音识别和定向广告的人工智能算法上都取得了可喜成绩。

第三，硬件的算力不断提升使商务变成智能商务。GPU、FPGA、ASIC 等 AI 芯片的不断创新，使得计算能力整体有了质的提升，智能商务有了强大算力支持，可以使得在面对复杂场景及海量数据方面变得更为强大，结果也变得更精准。20 年前，一个机器人，当时是用 32 个 CPU，达到 120 MHz 的速度。现在的人工智能系统使用的是成百上千个 GPU 来提升计算能力。现在大数据迎来爆发式增长，现有算力无法匹配的矛盾得以解决，这使得处理学习或者智能的能力得到比较大的增强。到 2020 年，将近 40% 的信息在云平台都会得到算力支持。数据算力、算法对智能商务来说缺一不可，牵一发动全身。商业环境、政策、数据、算法、算力是现阶段智能商务的主要驱动力。

五、数据智能为智能商务插上翅膀

数据智能（Data Intelligence）和智能商务息息相关，初看起来，数据智能和数据分析、数据挖掘及数据科学、数据工程差不多，但数据智能作为一个独立的概念，和其他几个名词最大的区别在于：数据智能是一个跨学科的研究领域，它结合大规模数据处理、数据挖掘、机器学习、人机交互、可视化等多种技术，从数据中提炼、发掘、获取有揭示性和可操作性的信息，从而为人们在基于数据制定决策或执行任务时提供有效的智能支持。

如果将数据视为一种新的"石油"，那么数据智能就是"炼油厂"。数据智能通过分析数据获得价值，将原始数据加工为信息和知识，进而转化为决策或行动，成为推动数字经济和数字化转型不可或缺的关键技术。数据智能的重要性越来越凸显，并在近年来取得快速发展。搜索引擎、电子商务及社交媒体应用等从本质上就是建立和运作在数据智能基础之上。

数据智能是指基于海量的大数据引擎，通过大规模机器学习和深度学习等技术对海量数据进行处理、分析和挖掘，提取数据中所包含的有价值的信息和知识，辅助决策，使数据变得"智能"，并通过建立辅助模型来寻求现有问题的解决方案。在这个数据处理过程中需要一个强大的平台，能够实现实时数据处理、分析挖掘提取有价值信息，这个平台就是数据智能平台。数据智能有五大核心特征，具体如下。

①数据智能≠数据+智能，数据智能本身是个逻辑的严密体，数据智能是基于在海量的异构化的数据中进行分析挖掘提取有价值的信息并辅助决策，而数据+智能是指单纯的数据外再封装智能产品，通过智能产品来调取数据，这两者完全不一样。

②数据智能的目的是"辅助决策和预测分析"，而不是"展示"或"分析"，数据智能是为了服务某个决策，用数据将隐藏在现实问题之下的关系抽象出来，并形成关系发展趋势的数据智能用于指导行为辅助决策，而不仅仅是用计算机去模拟现实数据，进行展示分析。

③数据智能中的数据是可行动的可以转化成决策的，是可衡量价值的有用的信息。数据智能的核心测量指标能够自证价值，是决策导向的，其效率和价值的评判依据其结果价值如何，最后体现出效用差别，如每股收益率等。

④数据智能平台为数据智能赋能，数据智能平台的作用是承载和调动一系列智能数据，包括各种场景化的数据集、数据建模等。数据智能的产生是一系列复杂的过程。

⑤数据智能的最终呈现是数据智能产品，是可以用来辅助决策和进行预测分析的产品，是有封装和交互界面的。

数据平台技术、数据分析技术、数据整理技术、数据挖掘技术、数据交互技术、数据可视化技术等都是数据智能相关的核心技术。数据智能技术正在重塑传统的商业分析及商业智能领域，正在颠覆旧有生产和生活方式。

六、生态协同及人机协同

智能商务的实现需要生态协同和人机协同，成员间面临共同的经济环境，相互渗透的与交错重叠的各种诉求，使得智能商务的关联愈加复杂和紧密。实现生态协同和人机协同至关重要。

"互联网＋四众"是一种典型的生态协同模式。众创：通过各种创业服务平台聚集社会各类创新资源，降低创业创新成本，形成大众创造、释放众智新局面。众包：借助互联网将传统由特定企业和机构完成的任务向自愿参与的企业和个人进行分工，以更高的效率、更低的成本满足生产及生活服务需求。众扶：通过政府和公益机构支持、企业帮扶援助、个人互助互扶等多种方式，共助小微企业和创业者成长，构建创业创新发展良好生态。众筹：通过互联网平台向社会募集资金，更灵活高效满足企业成长和个人创业融资需求，拓展创业创新投融资新渠道。

笔者在2016年通过"互联网＋四众"进行精准扶贫，设计"利益＋政策＋情怀"，充分利用政府、社会慈善机构、扶贫部门、民间众筹资金等多方资源创造性地进行山水牛养殖，取得了良好的社会效益和经济效益。

由于个体的差异性及对商务认知的不足，企业网络又具有融合性、开放性、复杂性和不确定性，多种创新要素进行协同的复杂系统实现生态协同从来都不是一蹴而就的，需要高度自治的管理和明确的分工才能达到，这也给智能商务提出了更高的要求。

由于人工智能、大数据物联网和云平台发展，目前传统的生产和作业方式已越来越不能满足新的生产环境需求，需要建立在人与人、人与机器之间进行协同生产，面对智能制造的需求，各行业乃至各企业需要从各自发展的角度重新定义自身的岗位分配，并重新核定各岗位所需要的人员素质和能力。

生态协同和人机协同是智能商务的核心，首先需要一个核心大脑，即"计划体系"，包括生态协同和人机互联网协同的目标、步骤、实现方式，包括数据流向及管理、订单管理、需求计划体系（MRP、ERP）、物料管理体系、智能排单系统、分配系统、监测体系。同时也要有 SOP（产销协同）、IBP（商业集成计划）和 CPFR（协同计划、预测和补给），机器智能的不断发展、数据的不断增加、算法的不断增强为这种协同提供了可能。

我们在考虑生态协同和人机协同为智能商务带来更多的商业机会和更便捷的效率的时候，也要思考这种发展给我们的文明带来的冲击。机器智能人机协同需要塑造新的工业文明和商业文明。这种机器伦理对现有文明提出了新的挑战！

第三节　智能商务发展的 3 个阶段

从传统商务到电子商务，我们对电子商务的认知经历 3 个阶段，分别是从"工具"（点）"渠道"（线）到"基础设施"（面）这 3 个不断扩展和深化的发展过程。2013 年，电子商务在"基础设施"上进一步催生出新的商业生态和新的商业景观，进一步影响和加速了传统产业的"电子商务化"，进一步扩展其经济和社会影响，"电子商务经济体"开始兴起（图 2.6）。

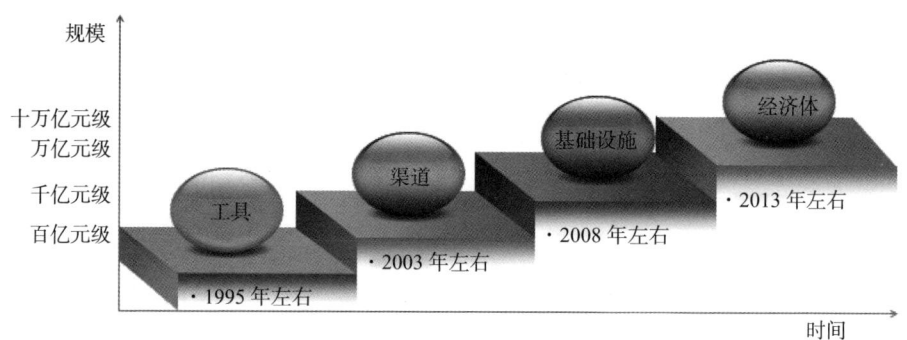

图 2.6　中国电子商务演进示意

注：时间为大致范围，无严格界限。

智能商务发展也经历 3 个阶段，第一阶段是传统商务对接智能工具阶段，或者是商务智能阶段；第二阶段是智能商务阶段，电子商务的升级阶段，即基于电商平台进行智能分析、精准推荐、智能交易阶段；第三阶段是智慧商务阶段，是商务生态化发展阶段（图 2.7）。

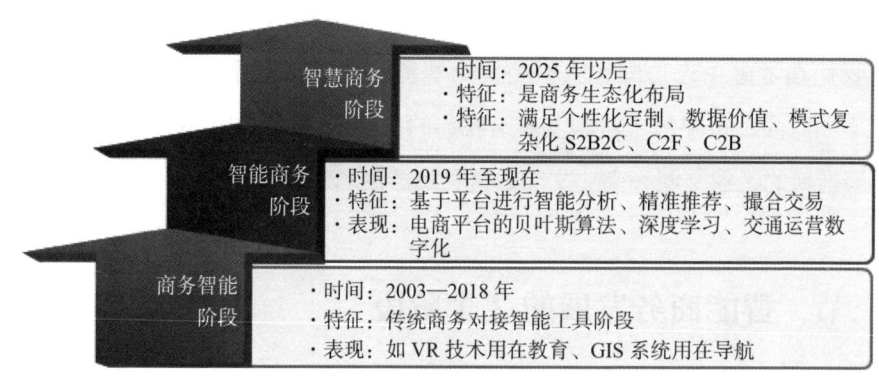

图 2.7　中国智能商务演进示意

2003—2018 年这一阶段商务智能阶段，主要特征是传统商务对接智能工具阶段，人工智能、云计算、大数据广泛得到运营，VR 虚拟试衣、GIS 系统用于寻物、二维码用于移动支付等。2019 年至现在是智能商务阶段，它是商务智能的升级阶段，通过系统整合商务智能工具与系统，开始基于平台进行智能分析、精准推荐、撮合交易。人工智能、大数据、物联网、区块链等新技术支撑商务化。2025 年以后是智慧商务阶段，包括个性化定制、数据价值交换、商务模式不断推陈出新，由以前的 B2B、B2C、C2B 到 S2B2C，多种模式混合使用。

一、商务智能特征

智能商务的第一阶段是传统商务对接智能工具阶段，或者是商务智能阶段。商务智能就是通过数据化挖掘工具帮助企业将生产经营过程中数据中隐藏的信息挖掘出来，是辅助企业决策的智能化手段。商务智能可以免除企业经营过程中的无知状态，让每一个决定、管理细节、战略规划都有数据参考。

二、智能商务应用的分类（图2.8）

一是智能交易。智能系统能够 24 小时在网络上活动，按照委托人设定好的范围与规划，自动搜集、整理分析资料、自动出价等，帮助交易双方自动完成交易。互联网将向用户"推送"商品和服务，而不是用户在网上"搜索"商品和服务。

二是个性化智能推荐。一方面，面对众多电商网站及网站的海量信息，消费者无所适从；另一方面，电商企业面向海量用户群建立自己的生态圈以吸引用户，通过分析师对一系列数据行为的精准分析，更准确地理解用户的行为和习惯，得到用户需求的精准信息，通过用户需求的精准信息提供精准的广告服务和商品服务。基于大数据分析的个性化智能推荐技术能够帮助客户找到所需的商品和信息，帮助电商企业将浏览者变为消费者。

三是企业内部商务智能化。随着竞争环境、商务模式的变化，企业内部商务智能化需求显得异常迫切。企业内部商务智能化是建立在数据仓库、多维分析和数据挖掘等相关技术基础之上的，提供使企业能够迅速有效分析数据的技术和方法，包括收集、管理和分析数据，将这些数据转化为有价值的信息。智能化的实质是将海量、无序数据转换为情报、知识过程。

企业内部商务智能化尤其体现在智能制造上，未来世界制造工业的数字化、智能化、网络化发展趋势，将促进以智能设备、智能分析、智能决策、智慧服务、高效低耗为特征的产业生态体系的形成。

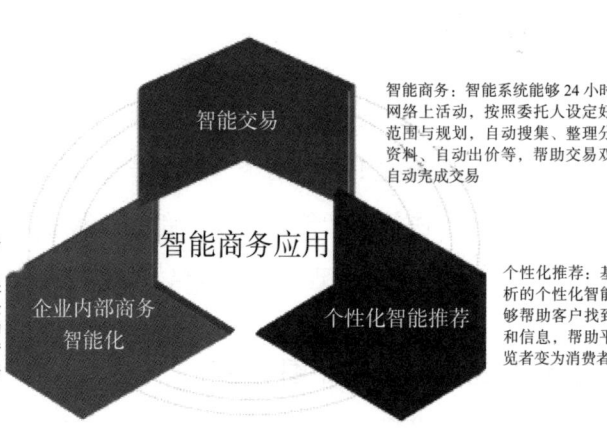

图 2.8　智能商务应用的分类

三、智慧商务特征

智慧商务，是指商务的智慧化生态，在智慧商务中，各种 RFID、传感技术会智能感知生产、生活中的信息，源源不断提供给智慧商务的中枢机关，数据流自动流动，消费者画像、消费偏好的感知、消费趋势的预测分析，生产制造的自动引导，满足消费者多样化、个性化的需求。C2B、S2B2C 会被广泛运用于生产、生活中。智慧商务发展在于三大方面，一是要拥抱时代技术，创新商务业态，变革流通渠道，如各种 VR\AR\MR 技术、移动支付技术、人脸识别技术、虚拟试衣技术、GIS 技术等广泛运用；二是模式创新，要从传统的 B2B、B2C 模式转向 C2B 或 S2B2C，规模化生产向个性化生产转变；三是要运用数据分析技术、智能社交化客服，实现个性服务和精准推荐。

智慧商务引领了世界商务业的三次变革：一是智慧商务打破了线上线下单边发展的局面，O2O\OMO 成为标配；二是智慧商务实现了人工智能、物联网等新技术和实体产业的完美融合；三是智慧商务是开放共享的生态模式，将引领世界不断向前发展。

第四节 案例分析——服装零售行业如何实现智能商务

新零售背景下服装零售企业如何实现智能商务，进而实现数字化转型呢？服装零售企业与消费者很近，具有一定的代表性。

①制定好智能商务和顶层设计，以消费者为核心，做好消费者精准画像，做好精准定位，如小米手机定位是 18～25 岁年轻人以千元钱为核心方向，而韩都衣舍则是以款式多、更新快取胜，七匹狼定位是主打休闲的男装消费者。

②做好大数据运营，通过数据引导各渠道间的库存调配，商品信息共享，消费者信息共享，实现人、货、场的全渠道整合。以全域数据为资产发挥价值，以技术（互联网、IOT、AI、大数据、云计算、虚拟现实等）为工具，以战略与组织变革为保障。

③实现门店智慧升级，打通全流量运营，充分利用各种智能工具，如 VR 虚拟试衣、远程定位导航、虚拟购物、远程打卡、远程盘点等，首先实现门店的智能化管理。

④全渠道整合，企业应采取尽可能丰富和灵活的零售方式，整合商品渠道、销售渠道、供应链渠道和消费者。协同线上、线下，跨平台、跨渠道，打造以消费者为中心的全渠道营销闭环。

⑤智能营销，精准匹配，在细化消费者群体画像的基础上，在购物全过程中更精准、友好地增加品牌和消费者的触点，延伸售前和售后的运营，发掘多场景推广和营销手段，提高精准的品牌认知匹配，提升用户转化率和增加老客户的留存率，做好个性化推荐。

⑥智慧供应链整合，构建以精准消费者需求洞察为核心的供应链网络，力求达到更短的产品供应周期、更轻的库存压力和更灵活的快速市场响应。

⑦以组织变革为契机，适应消费者个性化、小批量的快速反应。

⑧打造爆款，紧跟消费趋势，引领潮流，通过对消费者精准画像的深入研究，挖掘消费者的潜在需求，打造直击消费者内心需求的精品。

●●●● 第三章

智能商务爆发之五大要件及行业颠覆（IABCD）

IABCD 数字经济正在驱动变革，以 5G/Internet of Things/Everything（物联网）、Artificial Intelligence（人工智能）、Block Chain（区块链）、Cloud（云平台）、BigData（大数据）为核心的数字经济技术正日渐被公众所认知，IABCD 能降低产业成本、提升产业效率、改善产业环境，促进经济发展成为基本共识，新一轮科技革命正在到来。

人工智能是研究人类智能活动的规律，构造具有一定智能的人工系统，研究如何让计算机去完成以往需要人的智力才能胜任的工作，也就是研究如何应用计算机的软硬件来模拟人类某些智能行为的基本理论、方法和技术。需要说明的是，人工智能不一定要同人类用相同的方法和过程解决问题，只需要达到与人类相同的效用即可。

人工智能自理论提出至今已有 60 多年，但一直处于不温不火的状态，为何近年来突然大热？这就不得不说一下近年来几个人工智能的关键要素的发展——大数据、新模型／算法、强算力。随着互联网时代的到来，用户在互联网上产生了堪称海量的数据，大量的数据为人工智能的训练和学习提供了重要的原料（经验）；同时在学术界和工业界共同的努力下，越来越多新的模型和算法被提出（包括近年来最受关注的深度学习模型），并被不断地应用到实际问题的解决过程中。除此之外，新的芯片架构（从 CPU 到 GPU 再到 TPU/FGPA）及新的计算方法（并行计算与分布式计算）的不断进步，也为人工智能的发展添柴加火。

第一节　I（Internet of Things/Everything）——5G 物联网发展主线引领，智能商务时代即至

5G 网络是第五代移动通信标准的简称，在 5G 之前，已经产生了 4 代移动通信技术标准，即 1G、2G、3G、4G。那么，5G 与之前几代标准有什么区别呢？高速度、泛在网、低时延、大连接是 5G 的四大核心特点（图 3.1）。

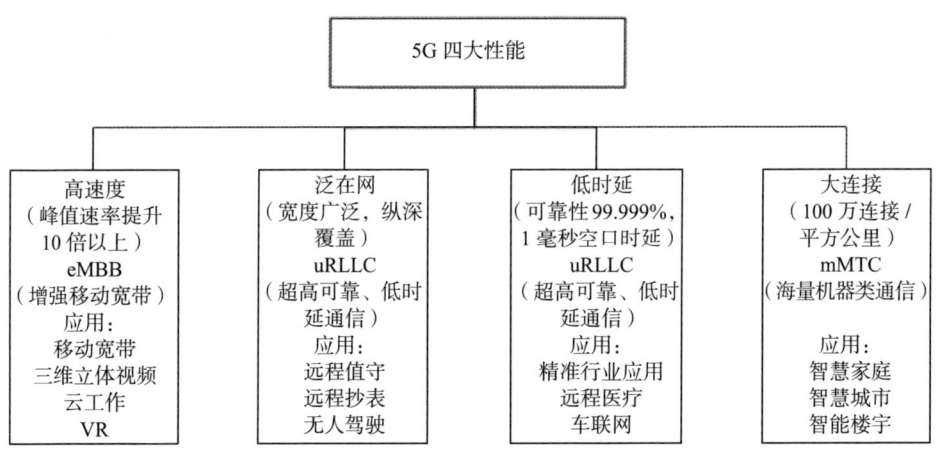

图 3.1　5G 四大性能及应用

高速度：这个是 5G 最大的一个特点，目前对于 5G 基站峰值速度达到 20 Gb/s，相比于 4G 来说，是 4G 的 10 倍以上。速度高对用户来说意味着传输速度更快，看视频及教学的体验效果就更好。

泛在网：5G 要求更广阔的覆盖，即宽度广泛，纵深覆盖，我们去世界旅游

会发现在公园内就没有网络，这就是网络盲目。5G 到来，通过室内分布系统等可以让 5G 轻松进入千家万户，进入写字楼，甚至高铁上。

低时延：低时延对于远程医疗、无人驾驶、VR 技术应用、工业自动化都特别有意义，自动驾驶时 AI 对障碍物的判断时延一定要短，否则极易车毁人亡。5G 对于时延的最低要求是 1 ms，甚至更低。5G 的未来应用场景将有更广阔的空间。

大连接：5G 具有超高密度特性，它的标准是每平方公里 100 万台设备，相比过去的 2G、3G、4G 网络连接对象主要是人，而 5G 在这一点上有了本质的改变，其连接对象不仅有人还有物。未来，我们身边每一个物体、车辆、路灯、水表、飞机及家庭的电视、电冰箱、洗衣机等都可以通过 5G 连接起来。

智慧城市、智慧电网、智能放牧／种植、物流实时追踪、远程驾驶、车联网自动驾驶、工业控制……都有可能随着 5G 时代而改变。万物感知带来的数据洪流将与各产业深度融合，形成工业互联网、车联网等新兴产业，为智能商务的实现与创新型智能服务提供关键助力。

5G 第一次实现了人与人、人与物、物与物的实时连接，开始了万物互联时代，5G 作为一种基础设施，通过与人工智能、大数据、物联网、区块链等紧密结合，引领社会从万物互联向万物智能转变，5G 通过全新的网络架构，提供峰值 10～20 Gbps 的带宽、毫秒级时延和超高密度连接，实现网络性能新的跃升。未来，5G 与云计算、大数据、人工智能、虚拟增强现实等技术的深度融合，将连接人和万物，成为各行各业数字化转型的关键基础设施。5G 引入新的无线接入网架构、核心网架构，采用密集组网、大规模天线、网络切片等，对主设备、光模块、光纤光缆、基站天线、射频设备、网络规划运维等提出显著增量需求。

物联网步入发展快车道，政策催化工业互联网发展深化：三大运营商均在实施物联网建设计划；芯片商华为、高通、联发科等商用芯片进入市场，有力促进成本下降，平台方面，运营商、华为等厂商都着力打造自身的 NB-IoT 平台。物联网产业利用感知、通信、计算等物联网技术改造升级传统行业，产生跨界融合和创新，智能工业、智慧安防、智慧电力、智慧交通等行业市场巨大。随着《关于深化"互联网＋先进制造业"发展工业互联网的指导意见》发布，工业互联网主题持续发酵，以全面支撑制造强国、网络强国战略，工业网络、应用、安全三大要素发展有望深化。

云计算应用持续渗透，IDC建设需求旺盛：云计算是新一代信息技术的核心，公有云能提供超大规模、高可靠性、低廉价格的更多服务，越来越多的企业会逐步放弃自建IT基础设施而投入云的建设中来。全球云计算市场总体持续增长，2016年云服务市场规模达到654.8亿美元，增速为25.4%，Gartner预计2020年将达到1435.3亿美元，年复合增长率达21.7%。

5G开启万物互联时代，远程医疗、无人驾驶、移动超高清视频、AR/VR等大流量应用、工业自动化、网联无人机、智能交通、智能电网等面向未来的应用场景都对网络提出了超高可靠性、超低时延、海量连接等方面的诉求。

物联网由感知层、传输层、平台层及应用层4个层级组成（图3.2），我们熟知的智慧城市、智慧医疗、智能家居等都是应用层，是建立在感知、传输、平台基础上的。

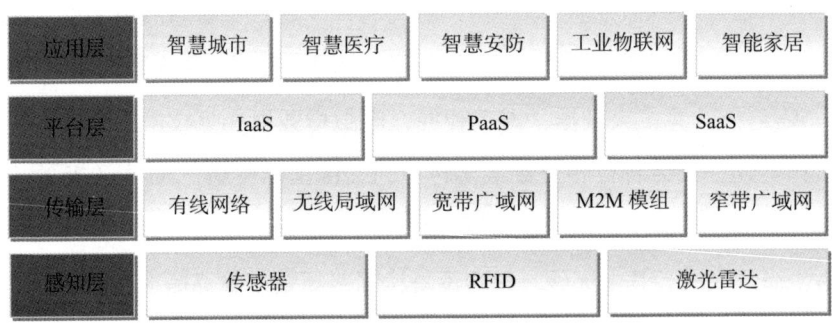

图3.2　物联网的4个层级

万物互联时代流量增长远未见顶，驱动网络承载能力建设：在线视频、在线游戏、虚拟现实／增强现实等重度应用驱动下，互联网数据流量持续高增长。

根据 Cisco 数据，2016—2021 年，全球 IP 流量将增加近两倍，2017 年，我国移动互联网接入流量消费达 246 亿 GB，同比增长 162.7%，增速较上年提高 38.7 个百分点。2019 年政府工作报告再次敦促网络提速降费落地，有望刺激数据流量继续增长。数据流量的持续增长对网络承载能力要求不断提高，在政策、技术升级驱动下，预期将带来光通信设备、光模块／光器件、光纤光缆增量需求。

第二节　A（Artificial Intelligence）——人工智能大发展有力促进智能商务爆发

人工智能是个综合学科，涉及计算机科学、数学、神经生理学、心理学、信息论、控制论学等，人工智能是研究、开发用于模拟、延伸和扩展人的智能的理论、方法、技术及应用系统的一门新的技术科学。它企图了解智能的实质，并生产出一种新的能以人类智能相似的方式做出反应的智能机器，该领域的研究包括机器人、语言识别、图像识别、自然语言处理和专家系统等。

在新一轮科技革命和产业变革的浪潮中，人工智能从感知和认知两个方面模拟人类智慧，赋予机器学习及推断能力，在与 5G 通信技术、物联网及云计算的协同下，成为能够真正改变现有人类社会生产工艺的科学技术。自 2010 年人工智能在语音和视觉两个领域产生突破性进展以来，技术突破工业红线就成为社会的共同期待。在市场需求拉动和国家政策的支持引导下，中国爆发了人工智能创业热潮，成了世界瞩目的人工智能摇篮。随着技术不断迭代，市场认知也逐渐完善，更多产业对人工智能报以热忱，人工智能也已经从讲技术教育市场的阶段，过渡到思考如何将技术与商业相结合、与合作伙伴共同重构传统产业价值链的阶段，时代进入了人工智能与传统产业广泛、深度融合的前夜。

人工智能三要素主要为计算力、算法和数据（图 3.3），人工智能的概念提出 60 多年了，这几年才呈现出爆发的趋势，不单单是因为算法改进、数据积累，更重要的是计算能力的变革。近年来，GPU、CPU、FPGA 水平不断提升，

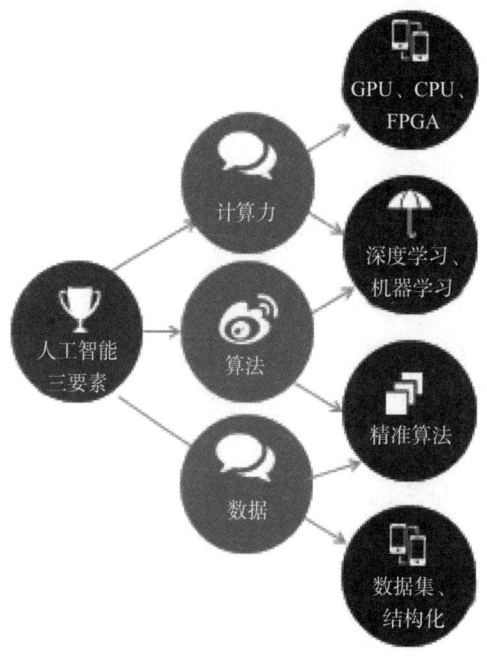

计算力

人工智能芯片分为两类：一类是平台，通用型深度学习芯片；另一类是根据特定的应用场景，进行定制开发和优化的处理器、硬件加速器。例如，专门运用于安防视频或者无人驾驶汽车等领域的芯片产品。

算法

自从 2012 年深度学习技术相关算法突破后，才真正给人工智能带来了春天。目前，已有的深度学习算法越来越成熟，算法的精确性、鲁棒性越来越好。视觉及图像领域是深度学习算法应用最广泛效果最好的场景。

数据

人工智能对于数据的需求多种多样，主要看应用场景，不同的应用场景对数据集的要求不同。标注的、结构化特定的应用场景下产生的数据是有价值的。数据分训练集和测试集，要求数据分布均匀。数据量并不是唯一追求的指标，在某些不过分要求精度的应用场景下对数据量的要求并不是很高，反而数据集的质量更为关键。

图 3.3　人工智能三要素

芯片技术不断成熟，自从 2012 年深度学习技术相关算法突破后，深度学习、机器学习形成热潮，数据积累也以几何级速度不断增长，人工智能的春天正在到来。从第一次工业革命到第四次工业革命，人工智能已经从科幻逐步走入现实。1956 年人类首次提出人工智能概念，2016 年 AlphaGo 大胜李世石，由于围棋是世界上最为复杂的智力游戏之一，虽然规则简单，但是任何细微的变化都有可能引起战局的突变。2017 年，世界围棋排名第一的柯洁再败于 AlphaGo，人工智能热潮一下子轰轰烈烈开展起来，世界各国已经认识到人工智能是未来国家之间竞争的关键赛场，因而纷纷开始部署人工智能发展战略，以期占领新一轮科技革命的历史高点。对于中国而言，人工智能的发展是一个历史性的战略机遇，对缓解未来人口老龄化压力、应对可持续发展挑战及促进经济结构转型升级至关重要。

近两年，人工智能接连在图像识别、语音识别等领域的正确率超过人类并屡创新高，掀起了新一轮人工智能的浪潮，而 AlphaGo 连胜人类顶尖棋手，更将业界对人工智能的热情推向高潮。市场层面，广大技术厂商纷纷入局，人工智能相关的初创公司如雨后春笋般出现，各行各业落地的人工智能应用层出不穷；政策方面，国务院印发《新一代人工智能发展规划》，旨在部署构筑我国人工智能发展的先发优势。

如果把人工智能应用比作超跑，那么基础架构就充当着发动机的核心角色。人工智能应用，尤其是目前应用最为广泛的深度学习方法，对底层基础架构的效能和计算性能都提出了挑战，传统单纯以 CPU 为计算核心的通用服务器往往无法在集群规模可控的前提下满足人工智能应用对性能的要求。在这样的背景下，业界纷纷开始利用加速计算技术填补传统通用服务器计算性能的缺口，而擅长于并行计算、高计算性能、软件开发生态成熟的 GPU 迅速脱颖而出，成为目前人工智能领域最为主流的加速计算解决方案。随着人工智能的高速发展和行业应用的成熟深化，预计未来 2～3 年，中国 GPU 加速计算服务器市场将持续保持三位数的增长。

与此同时，一方面 FPGA、MIC 和 ASIC 等加速计算解决方案悄然兴起、蓄势待发，力争在人工智能基础架构领域占据一席之地；另一方面不断涌现的新型模型算法和学习方法也将影响人工智能基础架构的发展路线。总体而言，人工智能基础架构市场在高速增长的同时也充满变数。

在人工智能领域，国内在人工智能图像处理、算法优化、语音识别、计算机视觉、芯片技术及人工智能应用如医疗健康、智能机器人、智能驾驶、无人机等领域都有大量企业开始布局（表 3.1）。

表 3.1　国内人工智能企业布局情况

领域	布局企业
图像	云从科技、图普科技、汉王、海康威视

续表

领域	布局企业
算法	百度、腾讯、阿里
语音	阿里、科大讯飞、思必驰、百度、小米
芯片	华为、中星微电子、寒武纪
医疗健康	华大基因、汇医慧影
智能机器人	新松、小I机器人、优必选
智能驾驶	百度、360
无人机	大疆、零零无限、小米
计算机视觉	商汤科技、旷视科技、超多维

资料来源：公开信息整理。

人工智能终端产品：目前，人工智能技术主要处于弱人工智能阶段，部分产品正处于弱人工智能向强人工智能的转变阶段，而成熟的实体终端产品并不多，主要有智能音箱、智能机器人和无人机等。

智能音箱：它是在传统音箱基础上增加了智能化功能，这些功能体现在两个方面。技术上，具备Wi-Fi或其他物理通信功能，可实现实时语音交互；功能上，可提供音乐、有声读物等内容服务，信息查询、外卖、O2O等互联网服务，以及场景化智能家居控制能力。智能音箱以其天然的语音交互优势成为现阶段智能家居控制中心（图3.4）。根据市场公开数据显示，2018年全球智能音箱市场按照出货量和市场份额排名，前五名分别是：亚马逊、谷歌、阿里巴巴、小米和百度。天猫精灵销量全球第三，国内第一。载入了人工智能语音交互系统的联网智能音箱近几年年均复合增长率超过30%，全球总市场规模将从2017年的11.5亿美元增至2021年的35.2亿美元，超过普通智能音箱市场。国内智能音箱销量增长迅速，预计2020年将会突破7000万元，带动整体消费物联网市场发展。目前国内智能音箱的市场普及率迅猛增长，渗透率也快速增加。以智能音箱为代表的语音交互入口的逐渐成熟，有望进一步带动整体消费物联网的发展，特别是智能家居方面的大家电、照明、运动智能周边等。

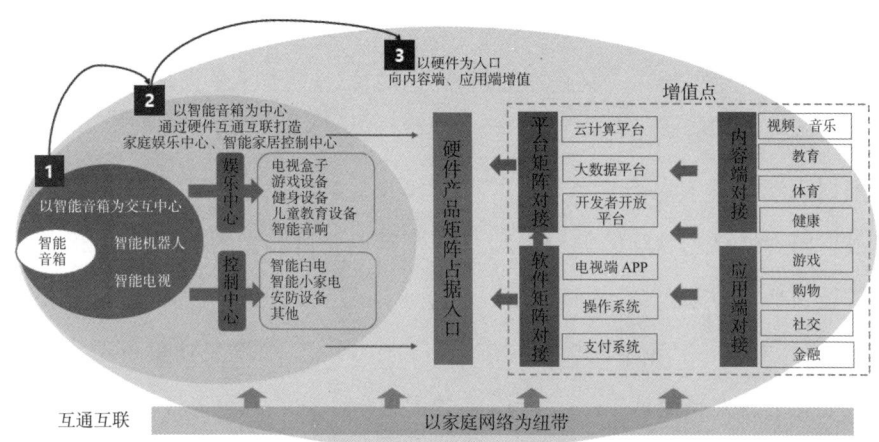

图 3.4 智能家居控制中心

根据易观统计数据,中国目前已经成为第二大智能音箱销售国,其中阿里巴巴成为入围全球前三甲的唯一中国品牌,它和小米、百度 3 家销售份额接近市场的 90%,中国智能音箱市场进入高度爆发期前夜。同时智能音箱刺激消费物联网整体市场的蓬勃发展,产业联动促进行业指数级增长。

智能机器人:智能机器人的诞生对我们的生产、生活产生了革命性的影响。智能机器人是完美集合了传感器、自动化机械、电子控制、人工智能等多学科先进技术于一体的自动化装备,智能机器人不仅广泛运用于智能制造而且不断向家庭生活渗透。智能机器人的出现不仅带来了生产作业的革命,而且减轻了家庭负担、解决了老人儿童的陪护问题。从早期的从事简单的搬运等生产活动,到目前的陪护功能的发展,机器人的结构与功能发生了重大变化,性能与功能得到了不断的拓展与完善。

未来,智能机器人是大势所趋。受益于人机互动技术和数据分析挖掘技术的提升,智能机器人得到长足发展,智能机器人的关键技术包括视觉、传感、人机交互和机电一体化等。目前智能机器人主要分为工业机器人和服务机器人两大类。其中,工业机器人分为焊接机器人、搬运机器人、装配机器人、处理机器人、喷涂机器人五大类,服务机器人分为个人机器人、家用机器人、专用机器人三类。智能客服机器人、医疗机器人、物流机器人、引领和迎宾机器人等都是常见的专用机器人；家庭作业机器人（如扫地机器人）、儿童教育机器人、老人看护机器人和情感陪伴机器人等都属于个人或家用机器人。

根据国际机器人联合会（IFR）2018年6月最新发布的数据，2017年全球机器人市场规模已达500亿美元。2017年全球工业机器人的总销量达38万台，同比增长29%。中国自2013年以后一直是全球最大的工业机器人市场也是最大消费国，预计未来10年中国机器人市场将达6000亿元，增长前景可观。2017年，中国的工业机器人销量达13.8万台，其次是韩国，约4万台，日本销量约有3.8万台。在美洲，美国是最大的单一市场，销售了约3.3万台工业机器人。在欧洲，德国售出了约2.2万台工业机器人。中、韩、日、美、德5国2017年工业机器人销量占全球总销量的71%。《中国制造2025》行动纲领提出，我国要大力推动优势和战略产业快速发展机器人，包括医疗健康、家庭服务、教育娱乐等服务机器人应用需求。经过近40年的发展，我国机器人的研究有了很大的发展，未来有更大的成长空间。

无人机：它是利用无线电遥控设备和自备的程序控制装置操纵的不载人飞行器，主要有无人固定翼飞机、无人垂直起降飞机、无人飞艇、无人直升机、无人多旋翼飞行器、无人伞翼机等。与载人飞机相比，它具有体积小、造价低、使用方便、生存能力强等优点。目前无人机按用途可分为军用无人机和民用无人机两大类，民用无人机市场广阔。警用、航拍、农林、植保、物流、安保、城市管理、地质、气象、电力、抢险救灾、视频拍摄等行业，无人机的用途广泛。目前，商用无人机市场出货量虽小，但售价较高，其收入占据了无人机市场的2/3。Gartner预测2020年全球无人机市场产量将超过1亿台，市场规模将达到5000亿美元，增长率将超过28%。

目前，国内无人机市场发展迅速，成长出来一大批如大疆创新、亿航、零零无限、零度智控和极飞科技等高科技无人机企业，在国际上影响越来越大。

人工智能的行业应用如下。

智能医疗：在中国经济增长放缓的背景下，人口老龄化、医疗健康消费升级正在推动医疗支出持续、显著增长。医疗需求总量巨大，在结构上呈现出多样化、多层次、个性化、动态化等特征。在医疗健康领域人工智能越来越发挥着重大价值。人工智能诊前介入实现预防、筛查、分诊，AI影像等筛查系统通过医学影像筛查疾病，通过基因诊断预测疾病，实现风险疾病预防，实时监测和评估疾病。在诊中提供知识查询、数据分析、科研辅助等功能，在临床诊断、把脉问诊、住院治疗过程中发挥重大作用。在诊后的康复和关怀方面，通过AI强化管理水平，包括电子病历、质量管理、绩效管理、精细化管理等方面发挥价值。

人工智能将改变传统医生的执业方式，即不再以传统医疗知识和临床经验为核心，而是以数据分析和实地感知为中心，通过人工智能精密仪器，人工智能"学习"专业的医疗知识、"记忆"海量历史病例、识别医学影像，构建智能诊疗系统，为医生提供一个"超级助手"，帮助医生完成诊断。IBM的Watson是智能诊疗应用中的一个著名案例，Watson可以在17 s内阅读3469本医学专著、248 000篇论文、69种治疗方案、61 540次实验数据、106 000份临床报告。2012年Watson通过了美国职业医师资格考试，并部署在美国多家医院提供辅助诊疗的服务。目前，Watson提供诊治服务的病种包括乳腺癌、肺癌、结肠癌、前列腺癌、膀胱癌、卵巢癌、子宫癌等多种癌症。

未来的医疗体制改革将更加重视以人为本，发展以数字化驱动的人群健康管理、一体化服务网络和三医融合的服务模式，使目标人群能在合适的时间、地点获得有针对性、符合诊疗需求、不过度的医疗健康服务，实现无处不在的医疗、全生命周期关怀和精准医疗。

智能投资顾问：人工智能在金融领域应用广阔，包括类似微软小冰一样的交易机器人为客户进行辅导咨询服务、协助用户进行搜索比对寻找最佳匹配的金融产品，并根据客户的实力和理财偏好进行风险评估和信用评估，协助金融机构进行客户流失预警、根据客户设定的收益目标、当前资产及风险承受能力通过机器学习算法，自动调整金融投资组合，并根据用户及实时交易情况给出估值模型。不仅如此，在日常管理上，人工智能可以根据信息数据和智能反欺诈系统做好风险控制，帮助金融机构做好各种防范措施并检验效果。

智能安防：得益于人工智能、云计算、大数据等技术的迅猛发展，智能安防这几年得到长足发展。人脸识别、车辆特征识别、行为识别等应用汇聚着大量的人工智能算法，正在安防领域发挥着越来越重要的作用。安防领域从"肉眼查看"发展到"人脸识别"，机器自动分析识别并结构化处理，是智能安防的重大进步，通过对图像识别、人脸识别、车辆特征识别、行为识别等，人工智能广泛应用在安防行业，如事前预警、事中响应和事后处理，以及识别人员、车辆信息、追踪犯罪嫌疑人，广泛运用在公安、智能楼宇、智慧园区、民用安防等多个领域。利用人工智能可以实现智能楼宇和工业园区的智能监控。智能楼宇包括门禁管理、通过摄像头实现"人脸打卡"、人员进出管理、发现盗窃和违规探访的行为等。

智能家居：得益于人工智能、物联网、云计算等的不断成熟，智能家居市场日趋活跃。智能家居系统是指以住宅为平台，基于物联网技术，由硬件（智能家电、安防控制设备、智能家具等）、软件系统、云计算平台构成的家居生态圈，并通过收集、分析用户行为数据为用户提供个性化生活服务（图3.5）。智慧生活越来越近。基于5G物联网技术，以智慧家庭平台为核心，通过5G、Wi-Fi、蓝牙、射频、ZigBee等各种连接标准，实现远程设备控制、人机交互、设备互联互通，为用户提供语音、数据、视频等各种个性化生活服务，使家居变得更智能，生活变得更智慧。由硬件、软件、云平台构成家居生态圈。智能市场研究咨询公司Markets and Markets近期发布的报告显示，全球智能家居市场规模将在2022年达到1220亿美元，2016—2022年年均增长率预测为14%。奥维咨询（AVC）预计，到2020年智能电视渗透率将达到93%，智能洗衣机、智能冰箱、智能空调的渗透率将分别增至45%、38%和55%。智能家居市场早已引起巨头的注意。Facebook发布人工智能管家Jarvis，智能管家可以调节室内环境、安排会议行程、定时做早餐、自动洗衣服、辨别并招待访客。

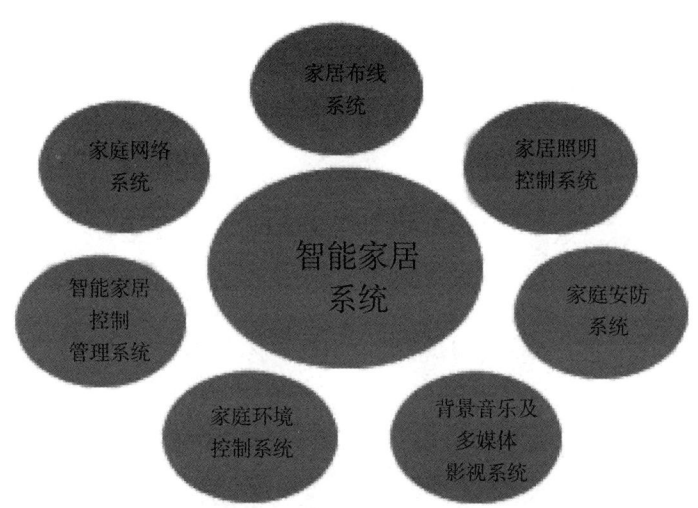

连接 + 人工智能 + 智能服务是智能家居的 3 个核心元素

图 3.5　智能家居系统

微软推出 Home-Hub 智能家庭中枢，核心服务与搭载 Cortana 助手的 PC 相结合，面向家庭用户的家用智能集成服务，能够为用户提供日历、表格、音乐等多种功能的使用和文件信息查询。苹果公司发布 HomeKit，苹果公司通过装置上的"Home"APP 加上 Siri 来控制各种设备，实现了各种设备的互联互通，提升用户智慧生活体验。我国虽然起步较晚，但发展很快，海尔公司提出 U-home 智能家居生活解决方案，通过人工智能平台，以智能语音语义理解、图像识别、衣物识别、人脸识别为交互入口，把所有家居设备通过信息传感设备与网络连接，可通过打电话、发短信、上网等方式与家中的电器设备互动。目前智能家居市场日渐成熟，借助语音和自然语言处理技术，用户通过智能语音语义理解实现对智能家居产品的控制和人机交互，如语音控制开关窗帘（窗户）、照明系统、调节音量、切换电视节目等操作；借助机器学习和深度学习技术，智能电视、智能音箱等可以根据用户订阅或者收看的历史数据对用户进行画像，并将用户可能感兴趣的内容推荐给用户。在家居安防方面，可以利用面部识别、指纹识别等生物识别技术对智能家居产品进行解锁，通过智能摄像头实时监控住宅安全，对非法入侵者进行监测等。可以预见的是未来将以各巨头企业的平台为核心，逐渐形成较为统一的行为规范或者标准，聚拢系列优势资源，从单品到生态圈，智能化进程提速升级，智能家居生态将趋于成熟。

智能电网：电气自动化是一门实践性很强的科学。伴随着电网规模日趋庞大，对电力的智能传输、远程管理要求越来越高。人工智能在产品设计、电气设备、日常管理、故障诊断、远程控制上都将发挥越来越重要的价值。人工智能在电气设备和产品设计上，通过计算机模拟辅助，不仅会缩减设计时间，同时还可以在很大程度上提高产品质量和工作效率。在电力传输上，人工智能技术能持续监控家庭和企业的智能电表和传感器的供需情况，实时调整电网的电力流量，实现电网的可靠、安全、经济、高效。在智能电网的巡视巡检方面，借助人工智能巡检机器人和无人机实现规模化、智能化作业，提高效率和安全性。智能巡检机器人搭载多种检测仪，能够近距离观察设备，巡检准确性大大提高；在远程诊断方面，通过各种传感器和数据传输诊断实时判断分析甚至预测电网存在的问题；在运维方面通过对用户数据的长时间监测分析智能比对，确定供给量，避免电力传输浪费；同时利用巡检机器人大大减轻人力劳动，提高设备缺陷和故障查找的准确性和及时性。随着人工智能技术不断成熟，在智能电网的应用将越来越宽广。

第三节　B（Block Chain）——区块链发展现状及五大颠覆性创新

区块链技术被认为是继蒸汽机、电力、互联网之后的颠覆性创新。如果说蒸汽机和电力解放了生产力，互联网是信息互联网，那么区块链则是价值互联网，互联网改变了信息传递的方式，区块链改变了价值传递的方式。随着区块链技术不断成熟，区块链与产业场景不断融合，将在金融、政府管理、安全等多个方面不断发力。

区块链定义很多，我们认为区块链是一种对等网络环境下，通过透明和可信规则，构建防伪造、防篡改和可追溯的块链式数据结构。主要特征有去中心化、不可篡改、集体维护分布式数据存储、点对点传输、共识机制、加密算法等。狭义来讲，区块链技术是一项利用密码学算法、以去中心化方式集体维护一个可靠分布式数据库的新兴技术。一种按照时间顺序将数据区块以顺序相连的方式组合成的一种链式数据结构，并以密码学方式保证的不可篡改和不可伪造的分布式账本。广义来讲，区块链技术是利用块链式数据结构来验证与存储数据、利用分布式节点共识算法来生成和更新数据、利用密码学的方式保证数据传输和访问的安全、利用由自动化脚本代码组成的智能合约来编程和操作数据的一种全新的分布式基础架构与计算方式。它具有分布式、不可篡改、可追溯等特征，能够弥补传统信用体系不足、防止信息篡改和伪造、节省全社会信用成本，对金融、电子商务、智慧医疗、社会保障、物联网、能源等领域将产生重要影响。

一般说来，区块链系统由数据层、网络层、共识层、激励层、合约层和应用层组成。其中，数据层封装了底层数据区块及相关的数据加密和时间戳等基础数据和基本算法；网络层则包括分布式组网机制、数据传播机制和数据验证机制等；共识层主要封装网络节点的各类共识算法；激励层将经济因素集成到区块链技术体系中来，主要包括经济激励的发行机制和分配机制等；合约层主要封装各类脚本、算法和智能合约，是区块链可编程特性的基础；应用层则封装了区块链的各种应用场景和案例，基于时间戳的链式区块结构、分布式节点的共识机制、基于共识算力的经济激励和灵活可编程的智能合约是区块链技术最具代表性的创新点。

区块链主要解决交易的信任和安全问题，因此它有四大核心特征：分别为去中心化、不可篡改、交易透明、集体维护。

第一去中心化，包括4个部分：一是区块链去中心化的共识机制，无论是通过POW还是POS作共识，都是去中心化的；二是数据和信息存储的去中心化，分布式的账本解决了数据和信息账本的去中心化；三是激励机制的去中心化，只要个人对社区产生贡献，就可以通过给予通证激励；第四是组织结构的去中心化，集权式公司的组织结构将向去中心的自组织结构进化，平台制、合伙制、倒三角、内部创业等各种组织将层出不穷，极大促进社会协作和生产效率的提高。

第二不可篡改，就是交易记账由分布在不同地方的多个节点共同完成，而且每一个节点记录的都是完整的账目，因此它们都可以参与监督交易的合法性，同时也可以共同为其作证。

第三交易透明，交易对所有的参与者可见、可追溯，并且存储在区块链上的交易信息是公开的，这样保证了交易透明，但是账户身份信息是高度加密的，只有在数据拥有者授权的情况下才能访问到，从而保证了数据的安全和个人的隐私。

第四集体维护，没有任何一个节点可以单独记录账本数据，从而避免了单一记账人被控制或者被贿赂而记假账的可能性。也由于记账节点足够多，理论上讲除非所有的节点被破坏，否则账目就不会丢失，从而保证了账目数据的安全性。

区块链对智能商务的五大影响如下（图3.6）。

①让管理公开透明，彻底解决贪污腐败问题，加密算法取代传统契约，数据的公开透明化，有望大幅降低企业管理成本。区块链可以广泛应用于财务、固定资产管理、销售管理等和账目有关的方面。

②资产重新定义，以通证固化，贡献数据、创意都可以获得通证。创意、策划等这些隐性的资产通过区块链通证系统进行显示，并参与价值评估和价值交换。未来的财务制度及价值评估有望改写。

③管理扁平化。企业使用基于区块链搭建的系统，不仅便于灵活存储信息，还能够让领导者和下属之间更好地进行沟通、建立信任，让管理者和下属从等级森严的"统治关系"转为平等的"伙伴关系"，实现层级扁平化、管理人性化。近年组织创新层出不穷，从直线制、职能制、矩阵制、事业部制向前进一步延伸。未来平台制甚至去中心制都有可能成为主流。

④扩大合作边界去中心化的信息共享，既能让参与的各方都大幅降低管理成本（因为区块链数据无法作假），也能避免某一方的权力过大。扩大合作边界后企业价值会得到大的提升。

⑤降低招聘风险。例如，每个人的履历存储到链上，人力就可以在招聘时查到每个应聘者的真实履历。区块链匿名性的特点也能有效保证个人隐私不会对外泄露，应用在财务、人力、营销等各方面可以大幅降低招聘风险。

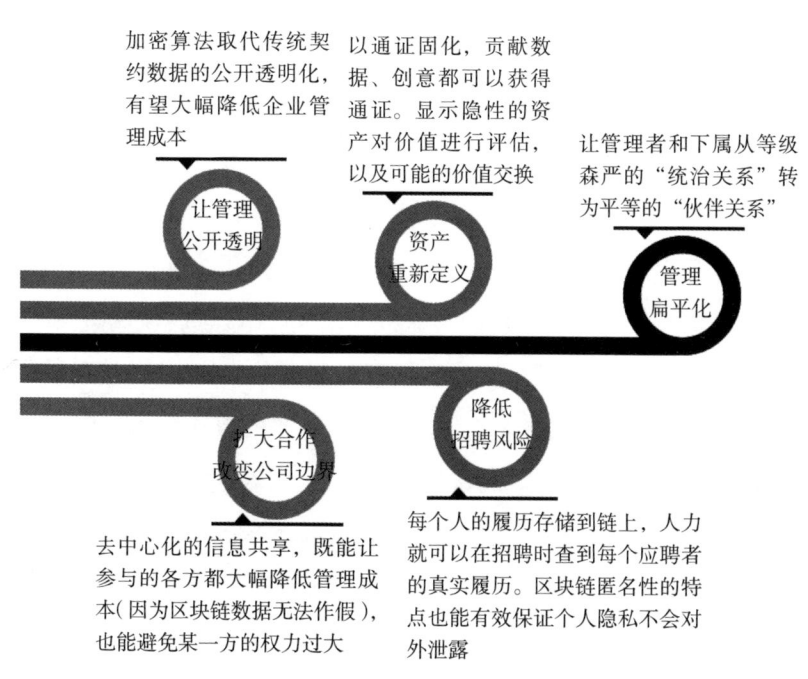

图 3.6 区块链对智能商务的五大影响

第四节 C（Cloud）——云计算发展带来的创新

云计算（Cloud Computing）是由分布式计算（Distributed Computing）、并行处理（Parallel Computing）、效用计算、网格计算（Grid Computing）、网络存储、虚拟化、负载均衡等传统计算机和网络技术发展来的，是一种新兴的商业计算模型。它基于互联网相关服务的增加、使用和交付模式，通常涉通过互联网来提供动态易扩展且经常是虚拟化的资源。美国国家标准与技术研究院（NIST）给云计算下了一个定义：云计算是一种按使用量付费的模式，这种模式提供可用的、便捷的、按需的网络访问，进入可配置的计算资源共享池，这些资源能够被快速提供，只需投入很少的管理工作，或与服务供应商进行很少的交互。用通俗的话说，云计算就是通过大量在云端的计算资源进行计算，例如，用户通过自己的电脑发送指令给提供云计算的服务商，通过服务商提供的大量服务器进行"核爆炸"的计算，再将结果返回给用户。

智能商务的发展将会给云平台带来机会，云计算是重塑整个IT产业格局的重大机遇，公有云能够提供超大规模、高可靠性、低廉价格和更多的应用服务，企业为了更快的速度、更低的成本，将会逐步放弃自建IT基础设施，转而采购云服务，这对整个产业形成利好。

云计算架构按服务类型主要分为IaaS、PaaS和SaaS三层，从IaaS到SaaS越来越接近"傻瓜"式软件，利于用户直接使用。因此，如果说技术革新对硬件使用效率提升和成本降低更多体现在IaaS层面，SaaS则是在享受硬件改善的基础上，通过降价（年费方式降低使用门槛）的方式扩大了市场。公有云厂商在产业链中处于中心位置，将改变整个IT行业竞争格局。

IaaS全称为"设施即服务"（Infrastructure-as-a-Service），提供的是服务器、存储、网络硬件等底层设施资源，用户购买IaaS产品后必须自己完成环境配备和应用程序开发，针对客户主要是软件开发者，包括PaaS及IaaS产品开发者，一般商业客户很难直接使用；PaaS全称为"平台即服务"（Platform-as-a-Service），提供的是软件部署平台，如虚拟服务器和操作系统，用户不需要关注底层，只需要根据自己的逻辑开发应用程序，适合自身特点明确、IT预算高的大型商业客户，或应用程序开发商；SaaS全称为"软件即服务"（Software-as-a-Service），提供的是可以直接使用的软件，使用对象是一般商业客户，客户登录浏览器就可以打开使用。

IaaS、PaaS、SaaS三者不是绝对对立的，通常提供商可以互相跨界。如

IaaS 的厂商，一般可以进行进一步的资源打包，提供数据库、应用中间层包，形成公有 PaaS 平台，如亚马逊 AWS。而提供 SaaS 的厂商，在为一般商业客户提供通用性比较强的 SaaS 产品的同时，也会为一些大型商业客户打造具有他们自身特点的私有 PaaS 产品，甚至会有一些自己的 IaaS 产品，如 Oracle。

随着技术不断成熟和价格不断降低，全球云计算市场持续增长。根据 Gartner 的数据，包括 IaaS、PaaS、SaaS、流程服务、广告营销在内的云计算市场在 2016 年为 2196 亿美元，到 2020 年预计整体规模将达到 4114 亿美元，2016—2020 年的复合增长率为 17%。相比全球，中国云计算市场发展更快。根据数据，2016 年中国企业云服务整体市场规模（包括 IaaS、PaaS 及 SaaS）约为 515 亿元，到 2020 年市场规模约为 1366 亿元，阿里巴巴、华为、小米、网易、中国移动等都在加速布局云平台（图 3.7）。

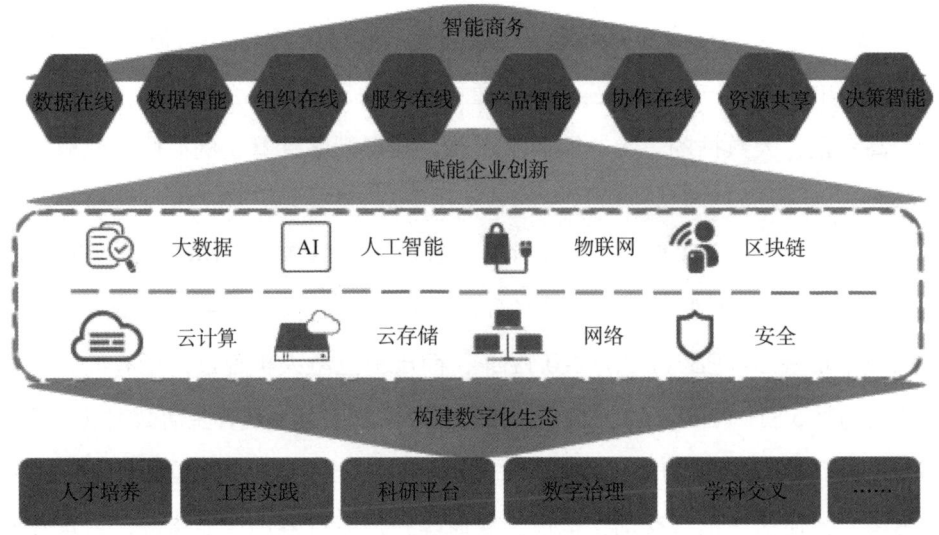

图 3.7　智能商务的基础设施——云平台

第五节 D（BigData）——大数据发展不断成熟（数据不断增加、算力不断加强、算法不断优化）

智能商务发展需要关注六大核心技术：一是数据分析挖掘技术；二是数据适配技术；三是深度学习技术；四是知识工程技术；五是模式识别技术；六是数字孪生技术。这些大部分都与大数据相关，近年来，随着云计算、物联网、移动互联网等技术的快速发展，数据呈现爆炸式增长，大数据时代已然来临。数据成为城市运行的重要能源、企业发展的重要资源、个人的重要资产，但数据的真正价值，还需大数据技术来挖掘。大数据的采集、存储、处理和呈现技术成为数据金矿的挖掘机。大数据的产业链也在不断完善，纵向链条上的各细分市场在资本的助推下，迎来巨大的发展机遇。

作为智能商务的核心部分，大数据具有4个非常显著的核心特征，即高容量（Volume）、多样性（Variety）、高速性（Velocity）、高价值（Value），由于每个单词的第一个字母是"V"，通称4V特征。

高容量：大数据的"大"即体现于此，我们刚学计算机的时候，软驱只有1.44kB，而今天存储单位从过去的GB到TB，乃至现在的PB、EB级别。只有数据体量达到了PB级别以上才称为大数据，1PB等于1024TB，1TB等于1024G，那么1PB等于1024×1024G的数据。目前，人类生产的所有印刷材料的数据量是200PB（1PB=210TB），而历史上全人类说过的所有的话的数据量大约是5EB（1EB=210PB）。随着互联网的高速发展，生活数据（美团、高德等）、交易数据（淘宝、京东、苏宁易购等）、社交数据（微信、微博、推特、脸书等）、通信数据（移动、电信、联通等），还有各种智能终端，海量数据不断增长，迫切需要智能的算法、强大的数据处理平台和新的数据处理技术来统计、分析、预测和实时处理如此大规模的数据网络。

多样性：如果只有单一的数据，那么这些数据就没有了任何价值，广泛的数据来源决定了大数据形式的多样性。海量的数据中数据被分为结构化数据和非结构化数据。如统计智能商务用户时，把年龄、学历、爱好、偏好作为特征形成结构化数据，但现在由于互联网发展，网络日志、社交媒体、社群信息、传感数据、互联网搜索、手机通话记录等无法形成结构化，非结构化数据是大数据一个重要特点，未来，非结构化数据会越来越多，这些多类型的数据对数据的处理能力提出了更高要求。

高速性：高速描述的是数据被创建和移动的速度。处理速度快、时效性要求高，这是大数据区分于传统数据挖掘最显著的特征。花费大量资本去存储作用较小的历史数据是非常不划算的，由于数据生产速度太快、太多，对于智能商务而言，也许保存的数据只有过去几天或者一个月之内的，时间再远的数据就要及时清理，不然代价太大。因此，高速处理数据，对数据进行实时分析至关重要。

高价值：大数据最大的价值在于通过从大量不相关的各类数据中，挖掘分析出对未来发展方向及决策有价值的关键点，并通过智能商务中的深度学习、机器学习等工具辅助决策，发现经济新规律或新方向。

数据分析与挖掘是智能商务的基础之基础，数据分析与挖掘是数学与计算机科学相结合的产物。数学是一门关于数字（numbers）、模型（shapes）、规律（patterns）和变化（change）的学科。数据分析与挖掘本质上是首先理解需求，找到关键数据，找到合适的分析模型，发现规律与变化，预测未来。做好数据分析与挖掘需要一些知识储备，如数学和统计学知识、心理学知识和常用的数据分析软件等。

概率论：是智能商务的基础，也是大数据分析的核心，概率中的随机分布、正负相关等知识都是分析判断事件关系的基础。学好概率是大数据的入门要求。

统计学：是智能商务的基础学科，统计学是收集、分析、表述和解释数据的科学。统计方法有描述性统计方法和推断性统计方法。也是数据分析的基础。按照所采用的计量尺度不同可分为分类数据、顺序数据和数值性数据；按照统计数据的收集方法可分为观测的数据和实验数据；按照被描述的对象与时间的关系可分为截面数据和时间序列数据。概率与统计一起应用，是大数据的基础应用。

心理学：智能商务是交叉学科，数据分析人员懂些心理学知识很有帮助，心理学有助于数据结果的校验，用户的心理、偏好对于提高数据分析的准确性有很大帮助。

一、目前常用的数据分析和数据挖掘工具软件介绍

SPSS：SPSS 是世界上最早的统计分析软件，由美国斯坦福大学的 3 位研究生 Norman H. Nie、C. Hadlai (Tex) Hull 和 Dale H. Bent 于 1968 年研究开发成功，SPSS 具有操作简便、功能强大、编程方便、界面友好等特点。迄今，SPSS 公司已有 40 余年的成长历史，是一款很方便的数据分析、数据挖掘软件。

SAS：SAS（全称 Statistical Analysis System）是全球最大的私营软件公司之一，是由美国北卡罗来纳州立大学 1966 年开发的统计分析软件。它是一个模块化、集成化的大型应用软件系统，由数十个专用模块构成，SAS 具有功能强大，统计方法齐、全、新，使用简便，操作灵活，提供联机帮助功能，是数据分析常用软件之一。

Excel：是微软 Office 办公套件中的一个，Office 办公软件接触使用人数较多，Excel 使用简单方便、实用，但由于数据流限制，大型数据无法支持。

Python：是一种跨平台的计算机程序设计语言，是一种面向对象的动态类型语言，随着智能商务的火爆发展，Python 语言受到了大家的广泛关注。Python 是一门脚本语言，因为能将其他各种编程语言写的模块黏接在一起，又被大家亲切地称为胶水语言。Python 具有包容性强、功能强和应用广泛特点。目前 Python 语言受到越来越多企业的青睐。

SQL（结构化查询语言）：主要用于数据的存取及查询、更新和管理关系数据库系统。SQL 的范围包括数据插入、查询、更新和删除，数据库模式创建和修改，以及数据访问控制。尽管很大程度上是一种声明式编程（4GL），但是

其也含有过程式编程的元素。SQL 具有功能强大、易操作的特点。一般要实践一个单独事件，开发者用其他语言要编写一大段程序，但在 SQL 中只需要一个语句就行。

Hadoop：是分布式系统基础架构，由 Apache 基金会开发。用户可以在不了解分布式底层细节的情况下，开发分布式程序。充分利用集群的威力高速运算和存储。Hadoop 实现了一个分布式文件系统（Hadoop Distributed File System，HDFS），HDFS 有着高容错性的特点，并且设计用来部署在低廉的（low-cost）硬件上，而且它提供高传输率来访问应用程序的数据，适合那些有着超大数据集的应用程序。HDFS 放宽了 POSIX 的要求，这样可以以流的形式访问文件系统中的数据，能够高效存储和高效处理组件。

R：近年兴起的数据分析和数据挖掘编程语言，在数据可视化方面具有语法简单、易操作、学习成本低、易掌握等特点，适合计算机基础相对较低的入门课程。

二、数据分析方法与分析结果展示

数据分析根据研究人员的偏好不同而不同，常用的分析方法主要有以下几种。

①描述统计法，包括描述数据的集中趋势、离散趋势、偏度、峰度，常用方法有剔除法、均值法、最小邻居法、比率回归法、决策树法。

②假设检验法，对均值、百分数、方差、相关系数等进行检验。

③相关分析法，包括单相关、复相关、偏相关等。

④方差分析法，包括单因素方差分析、多因素有交互方差分析、多因素无交互方差分析、协方差分析等。

⑤回归分析法，包括一元线性回归分析、多元线性回归分析等。

⑥聚类分析法，包括系统聚类法、逐步聚类法、其他聚类法（如两步聚类、K 均值聚类）等。

⑦其他分析法，如判别分析、主成分分析、因子分析、时间序列分析、ROC分析、多重响应分析、距离分析、项目分析、对应分析、决策树分析、神经网络、系统方程、蒙特卡洛模拟等。

数据分析的结果通过一些可视化图形或者报表形式如数据驾驶窗等进行展示，能够直观展示并增强对分析结果的理解。常用的分析结果展示方法如下。

①图表展示：用一些柱状图、饼图、盒图等进行展示。

②曲线展示：运用走势曲线或者ROC曲线进行展示。

③文字展示：通过语言文字描述进行结果的分析展示，但是不够直观。

三、智能商务大数据特点

智能商务旨在帮助企业有效地实施战略，提升业务转化率，增加业务收入和利润，帮助提高客户忠诚度，这方面大数据功不可没。

智能商务大数据特点之一：用大数据技术采集数据，包括用户日志、用户交互数据、用户行为数据，用于智能商务精准营销、个性化推荐。

智能商务大数据特点之二：用大数据挖掘用户偏好、爱好、兴趣，满足用户个性化需求，企业可以借助最适合的渠道在适当的机会向客户提供高度定制化产品和服务，如亚马逊的推荐系统使电商交易提升25%。

智能商务大数据特点之三：用数据预测客户需求，开发新产品和新服务，企业可以挖掘大量信息。例如，根据客户在平台上的购物评价、客户的购买搜索过程、呼叫中心服务工单等。结合内外部及环境分析和消费者画像聚类，为某一类群体开发量身定制产品。

智能商务大数据特点之四：用于个性化推荐，从千人一面到千人千面，满足个性化、精细化需求，个性化推荐系统是一种信息过滤系统，其用来发现用户可能喜欢的内容或物品，适时、准确地把内容推送给用户。提高客户转化高消费和提升流量。

回到企业里面，大数据从 5 个维度对智能商务产生作用。第一，通过数据让我们更好、更理性决策，我们明白决策不是基于经验，而是基于数据。第二，通过数据分析，智能商务运营得以优化，前后逻辑关系更顺畅，更容易发现运营中存在的问题并解决。第三，通过数据使我们营销更精准，精准的用户画像、消费者购买及风险偏好、消费者购物过程数据化对智能商务都至关重要。第四，数据有助企业安全。大数据通过风险管控帮助企业建立护城河，尤其在知识产权方面。不管是生产型企业还是消费型企业，员工的人身安全、信息安全需要通过数据化来管理。第五，数据有助业务创新，通过数据分析和挖掘，很容易发现潜在的未满足的机会，通过运营形成新的业务增长点。

无论是供给侧结构性改革，还是智慧城市建设、企业转型升级和提质增效，以及环境营造，大数据在智能商务的各个方面都可以发挥创新引领作用。

第四章

智能商务四大前沿机遇

影响智能商务的因素有很多，其中比较重要的有机器人学、计算机视觉、语音识别和自然语言处理等，"有视觉、听觉和触觉，能够自主行走的机器人才是真正意义上的机器人"。机器人学，让机器做人做不到的事情；计算机视觉，让计算机具备"感知"能力；语音识别，商业化的核心领域；自然语言处理，语言进行的新路径。

第一节　从万物互联到万物智能

5G 物联网的高速发展，使得万物互联成为可能。据专家预测，2025 年的市场规模有望比 2017 年扩大 10 倍，达到 11.2 万亿美元，全球 GDP 占比也将从 2017 年的 1.4% 扩大至 2025 年的 10%。

IABCD 即 5G 物联网、人工智能、区块链、云计算、大数据等新兴技术迅速走向规模化商用，各行各业数字化转型正如火如荼，以"万物感知、万物互联、万物智能"为特征的智能商务社会已经来临（图 4.1）。

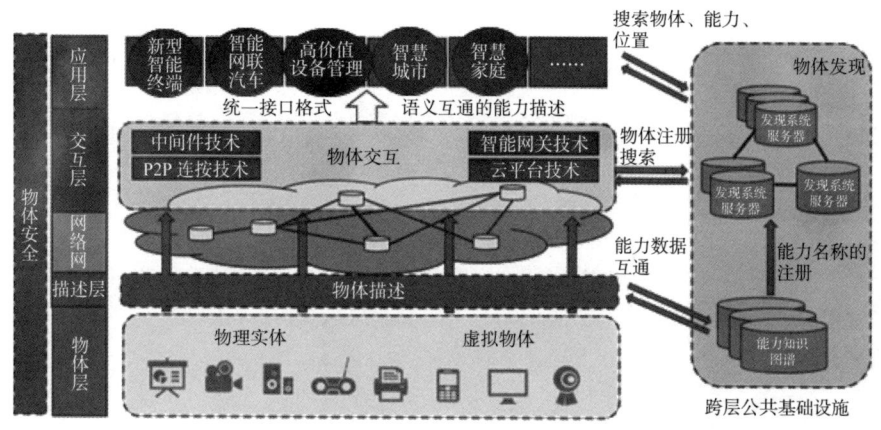

图 4.1 IABCD：推动万物互联迈向万物智能

资料来源：新华网《物联网开放体系架构》2017。

从万物互联到万物智能，如何实现智能？

智能化，是人通过各种工具如传感器、物联网等设备和技术对非人的物质或非物质进行逻辑处理，使对象产生思维、感觉的过程。具体来说，通过算力、算法、数据的精确应用对物质或非物质进行作用，以辅助决策和智能分析，产生类似人的行为，能够感知内容，进行实时分析并自主决策，能够通过执行表现出来。AI 智能音箱、GPS 儿童手表、无人驾驶、无人超市、人脸识别都是属于智能化的范畴。同时，智能不仅是一种技术，更是一种应用，慢慢延伸到各种领域的应用中（图 4.2）。

目前，智能化的主流研究方向分为三类：一是对人的智能的模拟，如视觉的图像识别、语音识别，人机对话。给机器看一张图片，机器可以告诉我们这是一只狗，是一只什么品种的狗，是在什么样的环境下。二是机器通过学习会产生推理判断能力。例如，在金融领域，机器会帮助我们判断未来的风险；在医疗领域，我们可以让机器看 X 光片，从而判断未来可能会发生的病变，帮助人们提升疾病预防的意识。在这方面，机器有着很多优势。曾经有一个说法，AI 机器在一天看的 X 光片的数量比一个有经验的老大夫 10 年看的还要多，所

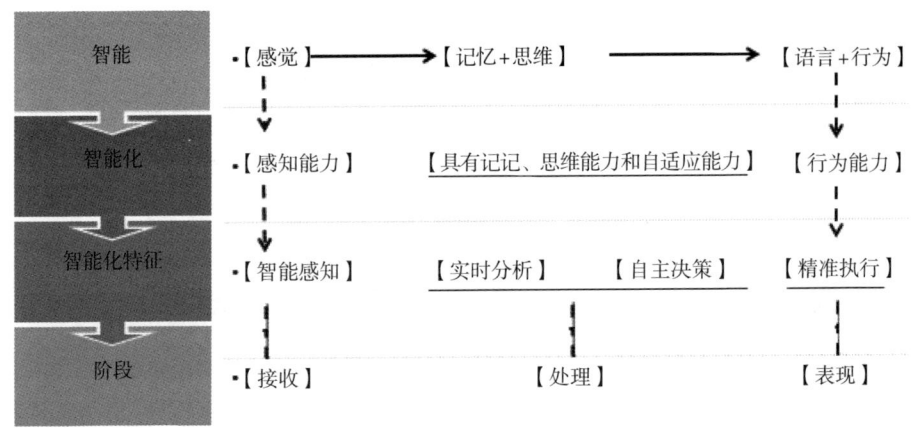

图 4.2 从"智能"到"智能化"的分析

以 AI 的使用会大大释放人的劳动。三是机器通过自己的预测会产生一些自主的反馈,进行机械控制、任务规划。比较典型的例子就是自动驾驶,机器通过学习大量已经标注好的信息对周围的环境实现判断,最终具备无人驾驶能力。

智能是智能商务的本质,即智能商务系统能随着用户使用的次数的增加和频率的提升,变得越来越智能,自我学习能力是智能商务的重要属性。消费者在自动化场景下的服务,首先是会被无处不在的各种智能设备包围,设备有感知能力,全方位感知、收集了你很多数据,经过数据积累之后可以分析出核心事件背后的数据逻辑,对用户的潜在需求进行理解。智能商务是如何实现的呢?要分三步走。

第一步是从各式传感器中收集各种感知信息和数据。智能商务的触角无处不在,各种各样的传感器源源不断地收集各种物理的、原始的、生活的等各种信息,并自动上传到云平台。

第二步是云平台得到这些数据之后,各种算法和规则自动来理解和演进这些信息和数据,并自动根据算法逻辑进行测算与计算,并横向对各个部门的数据进行对比分析,把差异值标红或自动进行相应处理。学习能力是智能商务的重要能力。

第三步是决策和判断,在获得各种算法推算出来的结果后要进行逻辑判断和决策,要判断使用的场景与商务之间的关系。例如,在酒店通过智能音箱叫一个快餐,下达指令后系统就会分析时间和路程远近及某个快餐店过往的口碑去做智能判断。

未来,智能应该像水电煤空气一样,无形地提供服务,硬件端只是物联网入口的延伸,智能的核心本质是学习能力。

如何让生产线学会思考?如何让智能像空气一样在我们周围?万物互联为万物智能提供了广阔的空间,万物智能的时代让每个人成为经济发展的参与者,将大力推动经济和社会的发展。

第二节 机器视觉,计算机"感知"

机器视觉是一门研究如何使机器"看"和"感知"的科学,最近北京大兴机场首次实现旅客无须身份证件只需刷脸过闸机即可实现轻松登机,完美演绎智慧出行的新体验,"人脸识别技术""3D视觉技术"为我们理解机器视觉打开了一扇窗户。机器视觉就是指用摄影机、传感器等计算机产品代替人眼对目标进行识别、跟踪、分析、监测,并进一步做图像处理、自动化推荐、远程交流等辅助决策。目前,机器视觉广泛应用于公安、智慧城市、城市设计、智能家居、医疗影像、交通监控、广播电视等领域。

计算机视觉包含如下一些分支:画面重建、事件监测、目标跟踪、目标识别、机器学习、索引建立、图像恢复等。相关技术主要有以下几种。

一、人脸识别技术

人脸识别是视觉智能的基础应用之一,人脸识别主要经历了基于心理学和工程学研究、基于人脸的机器识别研究、基于人机交互识别研究和基于机器学习的人脸识别研究4个发展阶段。人脸识别技术具有识别隐蔽、人像采集方便、数据规模较大等特性，迅速成为最热门的机器视觉应用，目前广泛应用于监控、支付、智能商务等多个场景中。

二、目标检测技术

目标检测是为针对智能商务、移动支付、智能驾驶等真实世界物体进行分类与识别的一项技术，它在图像检索、视频监控、海洋监控、人类行为识别、防御系统和安全医疗等各种领域有广泛应用价值。

三、视觉问答技术

视觉问答技术是一种计算机视觉与自然语言处理相结合的技术。它要求以图像和基于该图像的开放性问题作为输入，经过合理的分析后产生自然语言组成的答案作为输出。视觉问答有联合嵌入、注意力机制、组合模型、知识增强等各种方法，在智能商务应用的场景上有很大的发展要求。

四、步态识别技术

步态识别是指根据人类走路姿势进行身份识别。步态识别过程通常需要经过运动检测、周期检测、特征提取和识别处理等步骤，它要求在智能商务进程中需要指纹识别、人脸识别、视觉问答技术相结合。

智能商务的场景越来越复杂，对视觉智能的要求越来越高，未来视觉智能会在智能工厂、工业视觉检测、智慧城市、智能交通、医疗影像诊断等领域得到广泛的应用。

第三节 语音识别,让机器"听懂"人话

有这样的一个场景,无手脚的残疾人希望能看到 NBA 篮球赛,他对着电视屏幕喊"给我调到中央五套",然后电视会自动调到中央电视台体育频道。这里面就用到语音识别技术,语音识别技术发展到现在,已经有几代更新了,我们所熟悉的如苹果公司的 Siri、微软的小冰、亚马逊的 Alexa、科大讯飞的语音输入法、百度公司的小度等。

让机器能够"听懂"人类的语音是几代人的梦想,自动语音识别(ASR)技术的目的是将人类语音信息转化为可读的文字信息,从而实现人机交互,网络协同,这是机器语音识别的关键技术,也是智能商务的核心技术。通过智能语音识别,可以大大解放双手,通过语音进行智能操作,实现智能商务。

70 年弹指一挥间,语音识别已经从 20 世纪 50 年代的贝尔实验室走向今天大量应用的前台,苹果、亚马逊、科大讯飞都已开发出应用产品。特别是随着深度学习等技术的成功,语音识别也从 HMM-GMM 框架走向以前馈神经网络、循环神经网络和卷积神经网络为代表的深度学习框架。

语音识别有 3 道关卡:一是自动语音识别技术(automatic speech recognition,ADR),即能理解说话者意图;二是自然语言处理技术(natural language processing,NLP),即能把说话者的语音解析成机器的语言;三是语音合成技术(speech synthesis,SS),即让机器能说话。这 3 道关卡分别是识别、处理、合成,能实现机器实现人的意图。核心特征是通过一个模式识别系统使语音转换为计算机可以识别的数据。特征提取、模式匹配及参考模式库是其中的 3 个关键点。在这个过程中涉及计算机科学、语言学、机器信号处理、机器模式识别、信号处理、物理声学、生理学、心理学等多个学科。它是一个典型的交叉学科。

语音识别按任务难度分为面向人机对话的语音听写和面向人人对话的语音转写,一个是实时记录,一个是音视频的内容管理。得益于人工智能、大数据、

深度学习等技术的不断突破，语音听写技术已广泛在语音输入、语音搜索、语音助手等产品中得到应用并日臻成熟。但在语音识别的行业应用中，更多的是面向人人对话的场景。例如，在各种会议、采访、授课等场景下，语音识别将面临说话风格、口音、录音质量等诸多方面的挑战。同时由于人人对话语言的无组织性，即使在语音识别正确率非常高的情况下，语音识别文本的可阅读性仍然存在较大的问题，需要对口语化文本进行分句、分段及流利性做后处理工作，才具有可阅读性。

随着人工智能、大数据、深度学习等技术的不断突破，语音识别技术也在不断提升，越来越多的语音识别技术进入我们的日常生活之中，语言是智能商务的基本需求。随着技术的不断发展，让机器"听懂"人话，语音识别将成为智能商务的标配，善解人意的机器会让智能商务欲罢不能。

第四节 自然语言处理，语言进化的新路径

语言是人类区别其他动物的本质特征。自然语言处理对智能商务至关重要。自然语言处理（NLP）是数据科学里的一个分支，人类的逻辑思维以语言为形式，人类的绝大部分知识也是以语言文字的形式记载和流传下来的。自然语言处理技术是所有与自然语言的计算机处理有关的技术的统称，它是研究能实现人与计算机之间用自然语言进行有效通信的各种理论和方法。具体来说是指用一种更智能高效的方式，对数据进行系统化分析、理解与信息提取的过程。通过使用 NLP，我们可以轻松地管理大块的数据，或者执行批量的自动化任务，如关系提取、自动摘要、命名实体识别、语音识别、机器翻译、情感分析等。

据专家测算目前仅有 21% 的数据是以结构化的形式展现的，另外 79% 的数据是以非结构化的方式存在，如人机对弈、聊天、发短消息、新闻、博客、文章等，这些都需要自然语言处理。

NLP 应用非常广泛，如阿里集团的天猫精灵、苹果公司的 Siri、微软的小冰、

亚马逊的 Alexa、百度公司的小度等语音助手，还有机器翻译和文本过滤等。

人机交互是智能商务的一个核心特征。要实现人机交互就要使计算机或机器既能理解又能表达，即理解自然语言文本，以自然语言文本来自由表达给定的意图、思想等。自然语言理解和自然语言生成加在一起就是自然语言处理。

我们学习语言首先要理解语言，我们的中文文本是由汉字字符串组成的。由字可组成词，由词可组成词组，由词组可组成句子，进而由一些句子组成段、节、章、篇。无论在上述的各种层次 [字（符）、词、词组、句子、段……] 还是在下一层次向上一层次转变中都存在着歧义和多义现象，即形式上一样的一段字符串，在不同的场景或不同的语境下，可以理解成不同的词串、词组串等，并有不同的意义。

一个完整的自然语言处理过程是由词干抽取（Stemming）、词形还原（Lemmatization）、词嵌套（Word Embeddings）、词性标注（Part-of-Speech Tagging）、命名实体消歧（Named Entity Disambiguation）、命名实体识别（Named Entity Recognition）、情感分析、文本语义相似性（Semantic Text Similarity）、语言识别、文本摘要（Text Summarization）等组成。

自然语言处理是计算机科学与人工智能交叉领域中的重要研究方向，综合了语言学、计算机科学、逻辑学、心理学、人工智能等学科的知识与成果。

一般情况下，NLP 中的大多数都是可以根据相应的语境和场景的规定而得到解决的。也就是说，从总体上说并不存在歧义。但是由于汉语言及文字的复杂性、情景性，同样的句子在不同的语义环境里含义完全不同。如何消除歧义对自然语言处理提出了更高的要求，对于智能商务来说，任重道远。虽然语音文字的复杂性、多义性及场景化对自然语言处理提出了更高的要求，但随着科技的不断向前发展，有更多科学学投入研究，相信很快就能实现人机语音交互，智能商务的环境会更加成熟。

◉···· 第二部分 ····◉

智能商务之思维创新

第五章

智能商务思维

从传统商务到电子商务,从数字商务到智能商务,智能商务作为数字商务发展的高级阶段,具备三大核心要素,分别是智能系统(数据、算法与算力的精确应用)、协同机制(人机协同、生态协同)、目标精准(以满足海量消费者的个性化、互联网化、社交化需求为核心)。人与人最相近的是智力,相距最远的是思维,智能商务时代战略、营销、组织、生产都发生着重大变化,思维方式与传统商务截然不同:"客户"导向,"产品"思维,"价值"共赢,数据化思维,生态链思维(不以单一成功为目标)。

第一节 从生意思维到数字思维,数据是万物之源

工业经济时代,我们经营的是生意,而智能时代我们经营的是数字。从IT(Information Technology)时代到DT(Data Technology)时代,数据的价值越来越凸显。用信息互联的方式扩大了我们感知世界的能力,移动互联提升了世界感知我们的能力,万物互联又提升了我们认知事物的能力,这种交互越来越密集,产生的数据量也越来越巨大,让身处其中的我们就会越来越觉得这个世界的万事万物都可以被数字化了。

数字化能够给企业带来什么样的价值？我的企业适不适合数字化？我的企业哪里用得上数字化？很多企业的决策者对这些问题并不了解，缺乏"数字意识"，不习惯通过数据进行经营和决策。观念的转变才是企业数据化面临的最大困难。观念的转变需要时间，也需要市场的培养。

数字的应用已经无所不在。滴滴把交通数字化了，在掌握了足以支撑大众出行的大数据后，即可以实时监测各个路段的交通情况。滴滴与政府可以从数据中分析出哪些路段、时段容易堵车，具体原因是什么，哪种交通方式需要调整、优化等问题。依托滴滴平台的交通出行大数据，再加上各地政府的通力协助，出行不再是大众的单方面问题，政府改善交通状况的效率也将更高！携程把旅游数字化了，通过客户的旅游信息可以智能发布各地服务信息导图。阿里把交易数字化了，通过阿里交易信息厂家可以了解到消费需求发生了什么变化，未来应该生产什么产品来满足潜在需求。

机器已经可以通过传感器"听得懂""看得见"，就是用了数字计算，这改变了3000多万名聋哑儿童跟这个世界的直接关系。因此，数字行动计划在今天就显得非常重要。如果你没有能力去做数字行动计划，你在今天可能就会离这个世界比较远。在智能商务时代，公民以数据化的方式生存。与政府和企业相比，公民在大数据的结构性发展中处于相对劣势的权利地位，这就需要公民通过增强数字意识来调和这种结构失衡。数字意识包括数字感、数字权利意识和数据使用意识等。

日本经营之神稻盛和夫是很重视数字化思维的，他要求在公司里专门成立经营管理部，指派人员到每个阿米巴小组，用来统计数字，他们对数字的准确和及时性负责。

数字汇总后，还要返回现场，指导现场的工作。

对应原则：钱动，物动，都有票据记录。

双重确认原则：防止一方篡改数字。

玻璃般透明原则：数字透明化。

上面的几点都是为了保证数字的准确性，也是为了预防失败。然而，下达命令是容易的，达到目的是困难的。所以要从管理者开始培养数字化的理念。

理念一：数字是经营之舵。

理念二：随时随地用数字测量。

理念三：时间的评估也要数字化。

那么，经营者要记住哪几个数字呢？具体如下：

现金及其现金等价物（以现金为基础原则）；

经常性利润率（至少10%，创造高收益）；

单位时间核算表（目标，达成，变化）；

每小时劳务费（衡量走神和占用会议时间的成本）。

数字思维就是人们通常所指的数字思维能力，即能够用数字的观点去思考问题和解决问题的能力，也可以说是把整个世界格式化成机器和算法可以懂的方式。一般来说，数字思维能力强的人，基本体现在两种能力上，一是数字联想力，二是数字敏感度。前者能够把两个看似不相关的问题联系在一起，形成数据模型；后者便是数据感。通过数据中的偏离分布、正态分布发现隐藏在数据中的秘密。在当今人工智能、区块链、大数据时代的我们应当充分意识到数据对于生活的重要性，加强数字思维帮助我们事半功倍。数字联想力，数据是分析的基础，目前社会上充斥着大量结构化和非结构化的数据，良好的数字联想力有助于我们找到两个看似不相关的事物间存在的规律，从而找到发展的新路径。这对于数据智能来说是一种特别重要的能力。

数据感，即数据敏感度，日常在大脑内建立了数字和业务之间的联系，一旦数据有任何不同的地方能第一时间发现问题并能找到数据背后可能的原因。数据敏感度可能是林彪元帅在指挥战役中发现某个俘虏中手枪突然增多判断出对方指挥部所在地；可能是电商平台某一段时间交易量突然异常地增大，成立电商双11光棍节的初想；可能是某地猪肉突然大规模涨价，是由于猪不自然发病大幅提升造成。良好的数据感有助于做数据分析。

数据主权意识，在当今数据泛滥时代，作为公民应该有数据权利意识，要充分认识分享数据带来的影响，要认识数据不仅会增强公民监督权等权利，同样也会损害个人隐私权等权利，在收集运用数据的同时，要做好自身的数据隐私保护。

我们要充分认识到数据和智能化的应用将会改变每个人的生活体验，提高企业的生产效益，最终提高整个社会的效益。有了数字意识，还要会分析和使用数据，用来作为企业经营的手段。数据分析流程如下。

一、收集数据

收集数据是有意识地将生活中各种场景数据进行智能分类，能结构化的数据尽量结构化，不能结构化的数据要注意留存、清洗。要充分认识到财务数据、人力数据、运营数据、传播数据、广告数据等都是经营过程中形成的宝贵资源。收集好这些收据是善于利用的前提。收集数据过程中必须注意保持数据的真实性、准确性、时效性，要实时对脏数据进行清洗，以保证数据分析结果的准确性。

二、整理数据

整理数据是数据分析的一个核心环节，是指将收集好的各类数据进行有效分类、归纳、整理，剔除无效数据、清洗脏数据。

三、分析数据

分析数据是数字思维中最重要的一环，分析数据是对收集来的大量数据进行有用信息提取形成有效结论的过程。企业中数据很多，主要有商业数据（如付费金额、成本、客单价）、运营数据（新增用户数、日活数、月活数据）、产品数据（PV、UV等）、用户数据（用户留存数、用户类型、消费金额等）、商品数据（SKU数、周转频率、单品毛利率等）。数据分析要有业务能力和数据呈现能力，如数据驾驶窗等。常用的数据分析软件有 Excel、SPSS、R、Python、SAS 等。

数据呈现要简单大方，一般有数据报表或数据图等展现方式。数据分析要注意时效性。

四、数据化管理

通过前面三步我们获得了数据化报表，数据化管理是将前面的数据化报表进行科学分析、精准定性，以数据报表的形式进行记录、查询、汇报、公示及存储。数据化管理有助于管理者提供真实有效的科学决策依据。

在做数据分析时要注意以下 3 个方面。

（一）大数据的"大"是指数据全体，而非抽样

有了全体数据，我们的分析和预测才能不走样，才能为未来提供精准而有准备的广告及优惠投放！

（二）我们要接受混乱的数据，而非专一精准数据

当无人驾驶汽车在路上行驶时，通过从传感器和摄像头上收集来的数据是一个混乱数据；天猫精灵在与客户进行沟通时是混乱数据；滴滴打车的每个汽车的行驶路线是一个混乱的数据。事实上，我们面对的结构化数据是很少的，大部分都是混乱数据，接受驳杂而且不是太精准的数据，我们才能有精确的判断！

（三）分析数据，不只关注因果性，还要关注相关性

亚马逊卖书的经历堪称经典：亚马逊刚开始卖书的时候，为了增加销量，耗费大量成本聘请各方面的专业书评家加盟，请书评家们撰写书籍的推荐式评价，这极大地吸引了读者的兴趣，一时间销量大幅增长。随着时间的推移，亚马逊发现了一个现象：完全可以根据客户的点击记录及过往的购买记录来推测

并推荐客户想要买的书，这就是著名的亚马逊推荐引擎。

这直接为亚马逊节约了书评家的成本，也极大地吸引了客源，亚马逊在引擎中也并未研究过用户为什么要这么点击，用户为什么会喜欢这样的商品，只是从用户行为和销量的相关性上进行了分析预测，这成就了亚马逊。因果分析早已是我们的思维惯性，破除这个惯性，才能打开大数据的门！

未来，大数据还可以在各个领域大放异彩，我们可以用大数据思维来改变交通拥堵，可以用大数据思维来进行医疗的健康预警、影像分析，可以用大数据思维来辅助改进教学，进行个性化教育，可以用大数据思维来进行农业的产业链整合，可以用大数据思维以食物追踪链来解决食品安全问题，可以用大数据思维来预防火灾的发生……

凡是过去皆为序曲，无论结果好坏，都不会浇熄我们迎接下一个日出的热情，拥抱大数据，改写正在发生的未来，以大数据为引，寻找未来的光。

日常生活要学会使用一些常用的数据分析工具，如百度指数、微信指数、阿里指数，还有查看APP排行的ASO100，网址是：https://aso100.com/rank；查看网站排行的Alexa，网址是：http://www.alexa.cn/siterank；查看公众号排行及热点趋势的新榜，网址是：https://www.newrank.cn；使用大数据导航网站（http://hao.199it.com/），该网站汇总了各行各业的大数据网站，包括旅游、农业、房地产、药品、汽车、游戏等。

第二节 从推广思维到价值共赢，共赢才是最后赢家

在传统时代经营生意的要想卖得好，一定得靠吆喝，本质是要会推广，广告模式、电视模式、"网红"模式都一个个应运而生。在产业互联网环境下，通过大数据将构建一个巨大的"信用体系"。产业互联网利用先进的信息物理系统、物联网、大数据等新一代信息技术，将原本市场看不见的那只手（市场调节机制）实现数据化、显性化、网络化。通过工业大数据的分析，让供需双

方的关系变得透明,并借助产业互联网数据传输的敏捷性、准确性、及时性等特点,引导市场快速进行要素配置,最终做到供给侧改革要求,提高供给质量,引导结构调整,矫正要素配置,扩大有效供给,提高供给结构对需求变化的适应性和灵活性。因此,产业互联网本质上是一个工业信用载体。通过产业互联网的"工业信用",将大大减少生产过程中设备与生产管理的信息不对称、网络中生产协作的信息不对称、供应链供需双方的信息不对称、制造者与使用者之间及设计者与使用者之间的信息不对称等,促使用户逐渐从"产品价格"判断理性回归到"产品价值"购买的本质上。

"网红"即将远去,价值逐渐回归,智能商务知人知面还知心。目前,以淘宝模式为代表的消费互联更多依赖于品牌推广、市场宣传等手段,以及"点赞式"的消费者使用评价。这些营销手段主要依赖文字叙述、图片视觉、新闻热点、形象宣传,以影响人们对产品的认可度。而真正产品的内在价值,如工艺水平、质量高低及使用后的故障率、返修率等使用数据,一般用户均不得而知。如今电商"水军"点赞评价的方式盛行,商家网络排名也主要取决于推广费用的投入水平(包括"水军"的市场操作)。为了争得网络排名,大量电商企业不惜高价雇佣水军、夸大产品功能、策划网络炒作,无形中误导了用户的购买意愿。产业互联网可以很好地解决这个难题,通过工业大数据精准对接产生的交易,借助供需双方精准数据对接来实现"按需匹配"。因此,企业必将从过去重视"市场推广"转变为重视"工业信用"。

第三节　从控制思维到赋能思维,从竞争走向共生

传统企业要想更有效率,一定是强调控制,必须建立一套官僚体制,必须拥有并边界清晰。但智能时代,这个认知一定要调整,这种组织运营是金字塔层级结构,层次多,权力距离大,上下级沟通不畅,容易滋生等级官僚作风,束缚了员工的创造力和行动力,不利于企业有效灵活地应对外部多变的市场环

境。而扁平化的组织结构要求管理者下放管理权限，建立分权的决策和参与制度，给员工更多自主权，发挥主观能动性和工作效能，激发员工的主动行为，自发为组织做贡献，成为管理的新方向，所以要公开、迭代、集合智慧。从人类的运行方式到组织方式，所有做连接、共享、创新的价值，都是一步一步显现出来的。

随着物联网时代的万物互联，企业之间的竞争模式将从产品竞争升级为共生模式。企业只有两种选择：要么构建一个生态，要么成为生态圈里的一员。工业时代的管理在当今这个复杂多变的环境里，越来越无能为力，工业时代的管理正在终结。管理需要在物联网时代提供新的范式，一种以共享价值为基础的新范式。物联网带来的个体价值的崛起和市场环境的快速变化，促使整个组织管理需要转型。当组织能够为个体提供价值和贡献的时候，这个组织就会有持续的生命力。因此，物联网时代的管理新范式需要的是赋能，而不是控制。从竞争逻辑转向共生逻辑，管理的价值正在被重新定义，每个管理者都要做出改变。

目前广受关注的海尔"人单合一"的组织方式，信息技术赋能功不可没。赋能包括心理赋能和组织赋能。心理赋能是从微观视角出发，基于员工对工作角色感知的心理动机结构。组织赋能是从管理实践的角度出发，通过组织、领导和经理人的干预及实践，达到激发员工个人动机的目的。组织赋能只有被员工感知到才能真正地提高员工的工作效能。信息技术赋能指的是信息技术的使用使得个人或组织获得了过去所不具备的能力，实现了过去不可能实现的目标。

很多人误解赋能就是授权，其实二者有极大的不同，授权只是职权的下放，而赋能不仅有权力，更多的是帮助形成能力，是创造性地增加总体的"能"，形成"聚能"效应。产业互联网使得海量数据可被获得。随着数据量的爆炸式增长，工业大数据已成为与实物资产和人力资本同样重要的生产要素。人们开始从以控制为出发点的信息技术时代，走向以激活生产力为目的的时代，从控制思维到赋能思维，从竞争走向共生，是产业互联网时代对我们提出的新要求。数字化和工业大数据打破了行业壁垒，并创造了新的机会，摧毁了以往成功的商业模式。以前是竞争性关系，而现在变成了共生性关系。重新认识、重新思考，才能在产业互联网时代有更好的未来。

第四节　从人的信任到机器信任，代码即法律

一切即将发生巨变，将从人的信任转向机器信任，管理从"人的管理"走向"物"的管理。代码将成为真正的法律。

有一个经典案例：有7个人要分碗粥，如何分更公平？

一开始，大家很随意地吃粥，吃得快的人吃得稍微饱一些，慢的人则吃不饱。

通过平均分配的方式进行分粥，谁来分粥呢？大家发现，只有一天是吃饱的，那就是自己分粥的那一天，只有这一天，才会给自己分很多粥。

他们想到推举一个人来分粥，这个办法比起每个人轮换一天的办法的确强多了，然而，时间一长，问题又来了。强权就会产生腐败，其他6个人开始挖空心思去讨好分粥的人，搞得队伍一片乌烟瘴气。

组成3个人的分粥委员会，其他4个人则组成评审委员会，大部分时候评审委员会都不满意分粥委员会的劳动结果，这样，等粥吃到嘴里全是凉的，而且使得大家淘金的时间减少了。

轮流分粥，那就是先不固定饭碗，由分粥的人平均分配7个人的粥，分好后，分粥的人要等其他人都挑完后才能拿剩下的最后一碗粥。这个方式让每个人心里都非常舒服，也觉得非常公平，这个方式一直被沿用到7个人分开的那天。

其实这个分粥最好的办法是让机器来分，机器没有私心杂念，分得也最均衡。

其实在人类长河中，我们的信任关系走过了很多弯路，在茹毛饮血时代，我们信任部族长者（领导崇拜），长者有绝对的权力，这个长者一开始都是由老祖母担任，她负责将战利品分成很多份，让那些老人、小孩也有必要的食物。但再公平的老祖母也有私心，她会将自己直系的亲属多分一些，久而久之，大家感觉这个不公平。又转为老祖父时代，同时也从母系社会转向父系时代，但老祖父也一样有亲情会有私心，于是人类觉得要建立一套制度来分配（权力崇

拜），但多好的制度都有漏洞，于是人们又觉得要建立一套官僚体系来运行，要有监督和审计（机制崇拜），但官僚体系容易助长寄生虫，浪费组织效率，于是人们开始认识到要转向机器信任，机器没有感情，最公平（机器信任）。于是人们的信任体系也就从人的信任、制度信任转向机器信任。人是善变的，而机器是不会撒谎的（图5.1）。

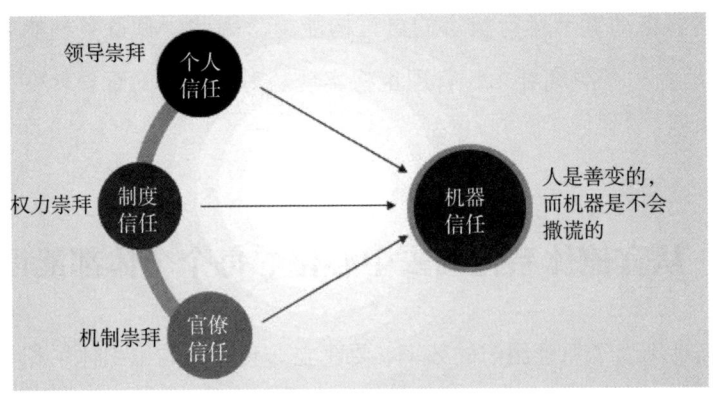

图 5.1　共识机制

在工业社会中，企业面对的环境相对简单稳定，生产采用大机器流水线运作方式，生产的产品单一化、标准化，顾客的需求被动适应。企业实行层级式的官僚机构，企业管理者更多关注计划和控制，追求的是生产工具的变革和生产效率的提高。随着智能商务时代的到来，产业互联网下企业的生产模式将发生巨大的变化，原来依靠人的生产制造模式逐渐被机器所取代。虽然现有的机器设备自动化程度和智能化程度还不太高，但"机器替代人"的生产模式和场景将会越来越多。管理实践将逐渐由管"人"逐渐过渡到管"物"，人的创新性和创造性将前所未有地得以释放。随着产品的安全生产，产品质量的可靠性不再取决于对人的科学管理，而更多通过生产设备的安全性、可靠性及运行效率来实现，对生产工具——设备、设施的管理（即管"物"）将成为管理的必然。不同于工业时代的人越来越像机器，物联网时代的机器会越来越像人，像人一样去学习。人机协同、生态协同会成为常态。

工业的核心是人与设备。随着设备的自动化水平不断提高，人在生产过程中的参与不断减少，因此设备在生产过程中的重要性不断提升。工业4.0时代对"物"提出了更高要求，要求设备不仅仅具备自动化，还应具备感知外部环境和自身变化的自省能力，与其他设备进行交流、比较和配合的自协调能力，根据自身运行状态和活动目标进行诊断和优化的自认知能力，以及按照分析结果通过控制器自动调节运行状态的自重构能力。因此，具备多种能力的设备对"物"的管理提出了更高要求，管理也将实现从对"人"的管理转变为对"物"的管理。

第五节　从官僚体系化到去中心化，每个个体都能得到尊重

在传统时代为了保证组织的效率，要建立一套严密的组织体系和官僚制度，即下级服从上级，个体服从组织，官僚体系保证了组织的绝对权威；在互联网时代打破了时间和空间、民族和国度的限制，让世界一端的个体可以联系到另一端的个体，而且连接有了无限的可能。互联网让信息变得更加对称，让资源整合变得更加高效，马太效应下的互联网企业往往体量提升迅速，平台级的中心也逐渐向生态级的中心演进。互联网把人际关系无限延伸，也把信息传播无限延伸，这个特点便是去中心化的一种体现。从图5.2中我们可以轻松看到，中心化的传播是放射状的，去中心化则是散乱的网状结构。根据维基百科定义，中心化和去中心化的唯一区别就是有没有中心机构。

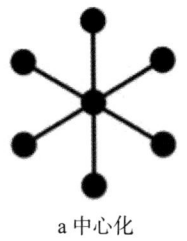 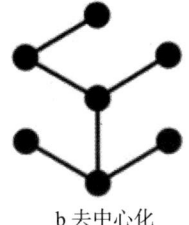 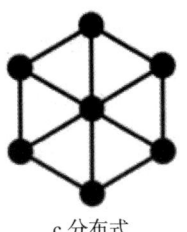

a 中心化　　　　　b 去中心化　　　　　c 分布式

图 5.2　中心化、去中心化、分布式网络

在智能商务时代，所有行业都是服务业，资源配置和聚合方式将从权威、国家意志乃至资本等确定性方式上转向每个具体的人。如果说 19 世纪属于帝国，20 世纪属于大公司，那么 21 世纪无疑属于每个单个个体。资源的反转是人与人之间充分合作的一个必然结果。现代社会经济繁荣和人类不断推动协作细化息息相关，细化的结果自然是编织出一张日趋互为依存的网络，而这张网络也注定在演化过程中不断放大单点价值。于是"去中心化"的意涵也就浮现开来：由于"中心"的分散化，任何领域都可以自下而上编织起一张巨网，其最终目的是由近及远地还原全貌，这个视角是以前从来没有想象过的。

我们一直在谈论去中心化，那到底什么是去中心化呢？

节点与节点之间的影响，会通过网络而形成非线性因果关系。这种开放式、扁平化、平等性的系统现象或结构，我们称为去中心化。去中心化是一种现象或结构，其只能出现在拥有众多用户或众多节点的系统中，每个用户都可连接并影响其他节点。通俗地讲，就是每个人都是中心，每个人都可以连接并影响其他节点，这种扁平化、开源化、平等化的现象或结构称为"去中心化"。

同时，去中心化是区块链的典型特征之一，其使用分布式储存与算力，整个网络节点的权利与义务相同，系统中数据本质为全网节点共同维护，从而区块链不再依靠于中央处理节点，实现数据的分布式存储、记录与更新。而每个区块链都遵循统一规则，该规则基于密码算法而不是信用证书，且数据更新过程都需用户批准，由此奠定区块链不需要中介与信任机构背书。

很多人以为去中心化是不要中心，事实恰恰相反。去中心化，不是不要中心，而是由节点来自由选择中心、自由决定中心。简单来说，中心化的意思，是中心决定节点。节点依赖中心，节点离开了中心就无法生存。也可以理解为个体依赖组织，个体离开组织就成了无源之水，无本之木。而去中心化，是节点决定中心，中心依赖节点，中心离开了节点就无法存在。在去中心化系统中，任何人都是一个节点，任何人也都可以成为一个中心。任何中心都不是永久的，而是阶段性的，任何中心对节点都不具有强制性。这就是去中心化。

未来世界将会变成一个完全去中心化的世界，没有任何一个人或者组织作为权威或控制中心，或者说每一个人或组织都是中心，信息的流通效率将变得非常高，这对于世界来说无疑是一个巨大的进步。2018年，随着5G的商用标准公布，去中心化的万物互联时代大幕拉开，5G商用的背后，是一个去中心化的万物互联时代的开始，5G最大的贡献就是它的泛在网，它使很多完全不相关的事物发生关系，并产生各种各样的难以想象的智能性结果。通过对智能音箱"发号施令"，电视会自动打开你要的频道、窗帘会自动打开，甚至外卖都可以来到身边，这是阿里精灵实现的场景。无人驾驶、远程监控、远程驾驶、远程视频、电话会议直播，无人车、智能家居、智慧城市将成为万物互联时代未来"智慧生活"的重要场景，过去我们回家都搬起小板凳看电视，电视就是流量中心点，今天无论是电视还是微博、微信、头条、新浪网、搜狐网……每一个上面都有大量流量，流量"去中心化"已是大势所趋，流量"去中心化"告诉我们，企业只有更加开放，与更大的商业环境和谐地融为一体才有更多机会。智能商务时代不仅要"打开家门，邀请其他人来作客"，还要"主动地走出家门，帮助邻居伙伴一起搭伙做饭"。即不仅要"引流"（将不断涌现的新流量入口吸引到自己的平台上，为自己的平台服务），还要赋能（开放自身的能力，帮助新的流量做大做好）。毫无疑问，后者才更符合商业发展趋势，有助于整个智能商务可持续发展。选择去中心化能带来什么价值呢？

①风险分散。去中心化的好处之一是节点分散，数据分散，用户分散。用

户的信息并不存储于一个中心化的服务器上，而是放在各个数据区块上。摧毁这样一个网络是相当困难的，可以最大化地分散风险，导致对手攻击成本太高。

②权力主体转移。我们在使用各种平台，如阿里、微信、Facebook平台的同时也把自己的个人信息交给了这些公司，这些数据并不属于我们自己，而去中心化则让数据所有权回归个人。

③纠错成本降低。中心化一旦中心出现问题，其他节点就容易全线崩溃。而去中心化的系统不太可能出现意外，因为它是依赖其他节点，不可能所有其他节点在同一时间出现问题。

④防止腐败。去中心化系统避免了参与者以牺牲其他参与者为代价，而密谋使自己获利，人人平等，更加民主。传统中心化的成本是很高的，特别是官僚成本，由于权力过于集中，绝对的权力导致绝对的腐败。而去中心化系统中权力是分散的，任何人任何组织都很难做到拥有绝对的权力，这样参与者很难做到以牺牲其他节点参与者为代价，而使自己获利。事实上，去中心化的交易更加民主，用户会更加倾向于去中心化的交易。

去中心化首先体现在多样化上，使得整个行业繁荣发展，在流量平台上不再是某一个平台或某一个门户说了算，而是不同的平台表达不同的声音。在电商上喜欢社交的可能去有赞或微信商城上、喜欢拼团的可以去拼多多平台、喜欢商品多的可以去天猫或淘宝平台。各种不同的购买诉求都可以得到实现。

如果把"去中心化"理解为没有中心就大错特错了，事实上去中心化成就了多个中心，甚至一个中心下面还有中心。甚至这些中心都是"暂时"的，随着商业环境及竞争关系而不断发生变化，那些不是中心的也有可能某一个特定时段特殊场景下形成新的中心点。"绝对的权力往往意味着绝对的腐败"，高度中心化的本质就是权力中心化，任何权力的中心一旦出现决策失误将造成难以想象的后果，而分布式思维本质上是权责利的去中心化，在传统经济中表现为权责利分布式再造。集权中心往往是分布式改造的重点。大型平台掌握着大量数据，是经济活动的核心，一旦出现问题，如信息泄露、系统故障、风险失控，可能引发社会混乱。例如,阿里平台掌控着成千上万个商户,滴滴打车一个平台掌控着成千上万的出租汽车,P2P 平台交易资金达千亿元级别,Facebook 掌控着 20 亿用户信息。通过应用"去中心化"分布式思维来构建这些平台,能有效降低因权力集中带来的责任与风险。去中心化的例子不胜枚举,现举例如下。

①滴滴打车。我们乘坐公交车时需前往距离乘坐点最近的(集中点)公交车站,且其线路覆盖也许只能到达距离目的地一定范围内。而"滴滴打车"的面世改变了这一格局,使用者可以在任意一个可通行地点作为中心寻找服务,用户在使用的时间内为"中心",而每一个提供出行服务的车辆也为一个"中心",形成了"中心化"与"去中心化"的鲜明对比。

②微信。我们使用即时通信软件如微信、Line 等在群内发送信息时,"我"是绝对的中心,而在接收信息的人看来,是你在向他(她)发信息,"他(她)"才是中心。视角不同中心点不同。

③今日头条、抖音。今日头条、抖音一改过去静态页面新闻的做法,根据用户的喜好、位置等进行个性化推荐,其实质是不以"自己"为中心点进行群发,而是去中心化的,基于每个单个用户为核心节点。

④共享单车。无论是摩拜还是美团单车都是根据城市人口流动的需要来投放单车,投放地点也是根据当地用户数、流量、峰值等计算而来,不是以中心化思想每个城市均匀分配,是个典型去中心化场景。

第六节 从领导意志到共识思维,共识即约定

细看人类历史长河,人类纷争、社会动荡、国际矛盾本质都是共识的流失、阶层撕裂和社会瓦解,而相反社会文明、经济繁荣、公民幸福本质是共识的凝聚、信心达成和思想升华。今天社会反全球化思潮兴风作浪、中美贸易战发生,本质上是主要经济体之间缺乏利益共识造成的。

共识是如何形成的呢?首先我们认知事物追求的目标都是"客观",要追

求客观真理，然而，在我们追求"客观"这个目标的时候，有没有真正做到"客观"呢？答案显然是否定的。"客观，主要是指在意识之外，不依赖精神而存在的，不依赖人的意志为转移的"。客观与我们的意识没有关系。可这真的能做到吗？我们人类对客观事实的感知只有5条通道：视觉、听觉、嗅觉、味觉、触觉。很多时候受制于环境等因素，"不识庐山真面目，只缘身在此山中"，所以客观更是无从谈起。所以，把抽象的共同认可的，叫思想共识；把观察感知的共同认可的，叫天然共识。既然我们所说的客观是一种共识，那么共识一定有从个体中产生并在集体中确立的过程。

任何共识都一定经历过从无到有、传承共识、逐渐消亡过程。共识一定不是天生的，天亮了鸡会叫这是传承共识，地球是世界中心是从无到有，后又遭到哥白尼置疑，然后逐渐消亡又确立了太阳是世界的中心说。辩证法告诉我们，世界是普遍联系的，是相对的，事物有否定之否定之规律。共识也符合这个规律。

经济学家哈耶克曾说过："关于这个世界如何运转及这个世界究竟是什么样的新观念如果想被人们接受，就需要用语言表达出来。"不能够表达出来的，尤其是不能够快速、简明表达出来的，极有可能就是没有理解清楚的。要有共识基础，才能最大限度地逼近真相，而这理论基础就需要最高效率去描述；要有物质基础，才能最高效率描述真相，而这物质基础就是基于原有真相实现。

区块链从共享走向普惠，众包、众筹、众创、众扶根源于共同的认可，共识是市场交易的前提，我们提到的客户价值第一、员工价值第二、股东价值第三、用户至上、用户思维等本质上都是与用户找到"共识"，达成"共识"，当然认识"共识"要明白"共识"从来都不是绝对的，而是相对的，是特殊时代、特殊场景下的产物。当场景及条件变化时，"共识"也在不断变化，形成新的"共识"。

在工业时代为了效率的提高，我们建立了一整套官僚体系，有严格的组织层级，并制定各种规章制度来保证组织的执行。而今天提高共识的效率就会提高整个社会协同合作的效率，秦始皇统一文字、钱币、度量衡亦是在根本上提高了社会达成共识的效率。两万五千里长征中数万大军爬雪山过草地也是在共识的基础上完成的。TCP/IP 协议及 DNS 协议让电脑与电脑之间达成网络共识，形成信息互联网。区块链基于分布式数据存储、P2P 传输、加密算法、全网维护来作为共识的基础，形成价值互联网。如果共识破裂，链也就可能分叉。比特币网络采用 POW（Proof of Work，工作证明）共识机制，主流的还有 POS（Proof of Stake，股权证明）、DPOS（Delegated Proof of Stake，委任权益证明）、PBFT（Practical Byzantine Fault Tolerance，实用拜占庭容错算法）等（图 5.3）。

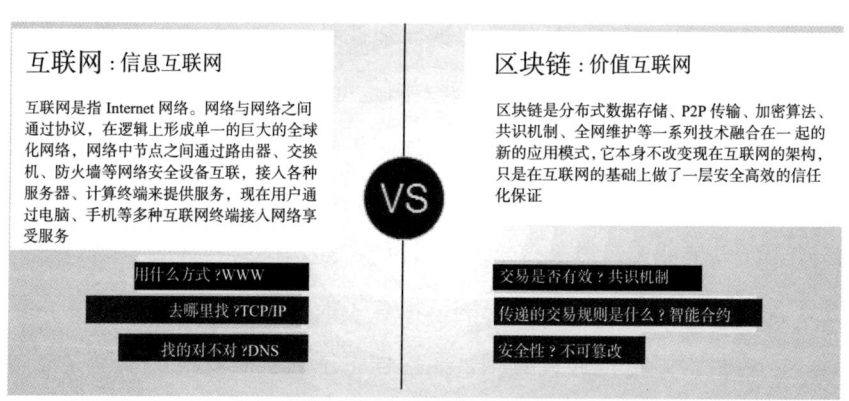

图 5.3　传统互联网正在从信息互联网向价值互联网变迁

在未来社会，我们可能不得不接受这样一个现实，即共识即约定。共识是提高效率的不二法门。

第七节　微笑曲线从"U 形"到"抛物线形"，创新才是王道

微笑曲线（Smiling Curve）理论是我们熟知的管理理论，它是指把生产、制造、研发、营销等与利润交叉做成一条线，这条弧形像极了一个微笑的口型，微笑曲线中间是制造，左边是研发，右边是营销。即在利润环节中，生产利润最低，

左右无论是研发还是营销都拿走了利润的大头,企业只有向价值链的上下游延伸才能获得更高的利润。向上游延伸使得企业进入到基础产业环节或技术研发环节,向下游拓展则进入到市场销售环节。未来企业应朝微笑曲线的两端发展,也就是加强研发与设计或加强营销与品牌,扩大附加价值与利润空间。

传统的微笑曲线是一个"U形"曲线,而处于凹陷位的最低区域是生产制造。因为产业互联网中工业大数据的作用,去中间化,使中间环节截留利润分流到设计、生产制造、服务领域,从而吸引更多的社会资源投入到创新的研发、设计和精细化生产制造中。而过去持续依赖市场信息的高度不对称,并通过图片、文字、视频等模糊信息进行市场推广和宣传的营销环节及中间代理环节将逐渐走向没落。因此,在产业互联网所构建的工业信用体系作用下,传统微笑曲线必然改写,将从重营销的"U形"变成轻营销的"抛物线形"(图5.4)。

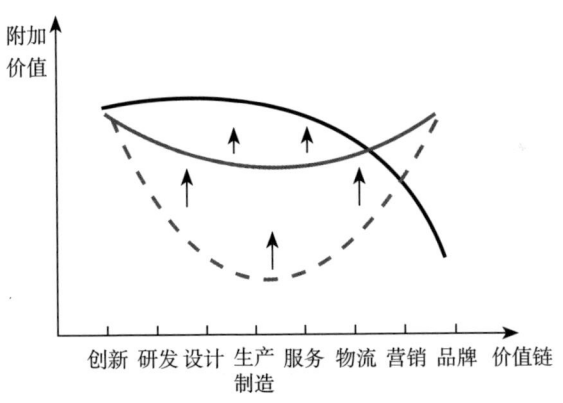

图 5.4　产业互联网下微笑曲线由"U形"变为"抛物线形"

设备的安全可靠制约着生产过程中产品质量的高低及依约依时高质量的产品交付。通过产业互联网,以设备为切入口,企业可以获得海量的设备运行及状态数据,尤其是设备运行过程中的异常数据,通过透视和深度挖掘,能清晰地告知产品的质量高低,解决了过去被动依赖人工抽检带来的局限。产业互联网下,厂商将逐步从以往注重投入资金通过市场品牌推广、广告宣传等手段堆积"品牌价格",转变到注重产品创新与工艺研发、精准制造的资源投入及设备的精准管理等手段追求"品牌价值"。

通过产业互联网,使得供需双方通过大数据的直接精准对接,实现精准销售,去中间化,使中间环节截留的市场利润流向供需两端,这必将引导大量的社会资源回归到生产制造领域,合理调配社会资源,并最终形成良性的经济循环。产业互联网下,微笑曲线将从"U形"改写为"抛物线形",供需将从"价格判断"转到"价值回归"。中美贸易战中美国为什么要求制造企业回归?中国为什么重新重视实体企业?制造企业回归是表象,创新才是核心。

第八节 从君子之言、信而有征到信用共享,信用价值放大

我们曾有着良好的"君子之言,信而有征"的文化传统,但又面临改革开放之后商业领域的信用普遍缺失而带来的巨大损失,我们自古就尊崇信用良好的人,这说明具备良好信用的人,自古以来就是稀缺的。但是,在如今互联互通、随时在线的时代,在人工智能、区块链、大数据不断成熟的今天,所有人都应该思考,如何让自己的信用好起来?这既是时代要求,也是智能商务发展的必然结果。

马云说:"如果说中国还有什么红利没有被发掘的话,信任、互信是最大的未开发财富。"信用是人之间、单位之间和商品交易之间形成的一种相互信任的生产关系和社会关系,圣贤曾说"世界上没有完全的好人,也没有完全的坏人,只有不好不坏的人",我们也一样是不好不坏的人,所谓"人之初,性本善"只是美好的设想,当感情冲出了理智、当贪念脱离了思想、当罪恶失控于良知,坏的信用就开始积累。

但在传统时代,蜀道之难难于上青天,更别说山高水长了,人的信用只能靠口口相传,信息的不对称,信用成本极低,但今天互联网的发展使信息最大化了,互联互通,实时在线,做不好的事有可能会被"人肉",信用的成本提

升了。

　　区块链技术的进一步发展，去中心化、集体维护、人人记账、信息溯源等技术可以有效帮助建立信用体系，区块链技术中防篡改在传统数字签名基础上增加了两个新的维度：一是时间维度，Hash值中的时间戳，精准记录发生的时间；二是基于共识进行集体维护，可以防范少量节点作恶。通过区块链和人工智能、大数据技术，可以实时记录每个人的信用状况，且不能改变。

　　曾经看过一个场景，有个经纪人每天上班第一件事会用Google搜索自己的名字，会仔细看一下自己的信用记录，未来信用度会成为一个人最基本、最重要的资产。买房子会用到信用记录，贷款会用到信用记录，甚至陌生人做生意都会查对方的信用记录，智能商务时代，个人信用将如同空气和阳光一样，成为一个人最重要的生存条件。

　　智能商务时代，由于科技的进步，人脸识别、自然语言处理、大数据、云平台、区块链等使得征信越来越容易，获取信息、搜索信息手段变得更成熟。人脸识别技术的发展，每个人的一举一动都被同步记录在网络中的时候，我们每一个人在互联网络上其实是透明的，而适当的透明有利于建设一个信用度高的规则型社会。国家信用、企业信用、组织信用都会重新系统建构；技术重塑"守信激励、失信惩戒"的信用体系。

　　诚实守信，恪尽操守，尊重信用，这既是时代的要求，同时也是智能商务时代不断发展的必然结果。

•••• 第三部分 ••••

智能商务之模式创新

第六章

智能商务发展趋势与模式创新

随着 5G 物联网、人工智能、区块链、云平台、大数据技术不断成熟，将带来全新的智能商务的商业模式创新。从"互联网+"到"智能+"，智能化作为内驱力，通过设备的革命、工具的革命、产品生产的革命、决策的革命，基于内外部环境的变化，信息化与工业化深层次发生不断融合与创新。智能商务的商业模式呼之欲出。

"羊毛出在猪身上，狗来买单"是互联网时代的商业模式创新，在智能商务时代的模式创新可以从内部智能化创新、上下游生态链创新、横向整合 3 个方面来研究。首先在内部智能化创新上，通过各种传感设备、RFID、摄像头与各种生产、生活场景进行相关，利用人工智能、大数据、云平台技术和设备如 VR 虚拟试衣、以图搜图、人脸识别，扩大或加强、优化人与人、人与系统、系统与系统之间的综合集成，形成内部产业价值链智能化网络系统，形成基于智能设备生态场景的智能商务模式创新和基于价值链的商业模式创新。在这个创新模式中，智能化设备与数据分析对消费者进行远程动态识别，并通过对其过往场景的习惯与偏好进行智能提前判断与预测分析，对消费者需求进行智能化生产与自动化推荐。指导企业研发设计、生产制造、营销创新、决策优化，最终形成以内部智能化平台为基础商业模式创新。

通过对上下游产业的动态分析形成上下游产业的智能商务生态模式创新，通过上下游产业的信息集成形成信息大数据平台、通过上下游产业的生产衔接形成生产大数据平台、通过上下游产业的客户需求形成营销大数据平台，在产业价值链动态集成的基础上开放基础能力，形成整个产业链的智能商务模式创新，从而形成产业"生态圈"，实现价值创造。基于数字化、网络化、智能化的特征，构建出一个企业"无"边界、产业"无"边界的"虚拟化"商业价值生态体系。

纵向整合上，智能化设备的一个个应用成功，极大地扩展了企业的边界约束，打破了企业各个要素约束，各个要素重新整合，使企业全球化采购、全球化设计、全球化生产、全球化营销成为可能。全球用户通过各种信息平台进行私人定制，然后再分散化生产，通过智能化生产流程生产所需产品，并通过智能物流系统把产品送达用户手中，形成了企业智能化"价值平台网"，形成企业智能商务的模式创新（图6.1）。

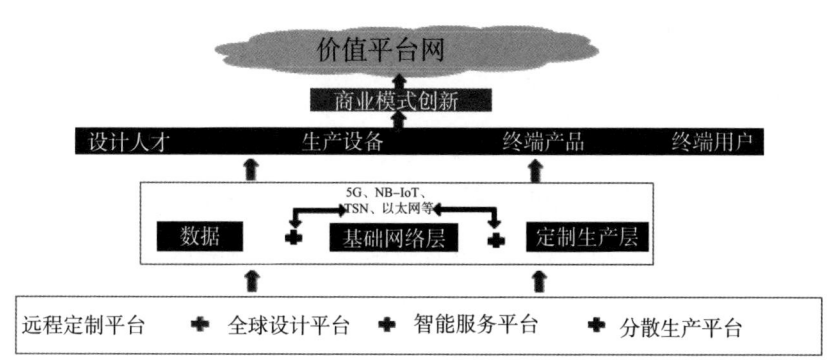

图 6.1　智能商务纵向整合

区块链提醒我们在众创、众包、众扶、众筹等方面可能有大量的商业模式创新，通过建立智能平台，聚合商家、消费者、生产者等众多生态上下游企业，形成以平台（智能生产制造平台和智能终端平台）为主体、连接厂商与消费者的"厂商—终端—消费者"三维模式。该模式下的终端平台包括互联工厂或众包众投研发平台、移动商城或智能商店、智能服务平台。以智能终端平台为桥梁，厂商（智能制造平台）得以与用户连接在一起，实现精益生产和精准供给；厂商和终端分别积累生产制造和产品交易"大数据"，形成各自的"数据能力"，进而通过"能力溢出"跨界进入传统产业，实现商业模式创新和产业升级。

第一节 智能已来——数据智能、算法与算力的精确应用

从传统经济到互联网经济，从"互联网+"到"智能+"，从传统行业的互联网化到传统行业的智能化，新一期智能已来，数据智能、算法与算力的精确应用构成了新的智能商务的宏图。百度背后的智能搜索是数据智能与算力、算法的精确应用；阿里巴巴双十一背后供应链4天内送达，是菜鸟网络的数据智能搜索推荐引擎；美团调动千万级商户和遍及全国的美团外卖骑手是有一套基于数据智能的系统+算法与算力的精准应用；滴滴、Uber是怎么让用户在1分钟内叫到合适的司机并以最合适的路径送客户回家？背后是一套不断迭代的智能算法和数据智能的完美结合。

智能商务体系一般分为基础层、技术层和应用层，其内核是人工智能、区块链、大数据等技术在商务中的应用。基础层包括各种海量数据（消费者画像、交易数据、经营数据、财务数据、消费数据等）、各种算法（如聚类、回归、深度学习、神经元等）、算力（各种AI芯片和软件框架）。技术层负责处理数据，进行数据分析与挖掘，并对人脸识别、VR、人机交互、机器视觉、以图搜图等提供支持。应用层专注于应用场景的解决方案。

智能商务技术层主要处理智能商务的具体需求，如语音识别技术负责将语音转换为可执行的文本或命令，自然语言处理实现人机互动，机器视觉处理图形与视频内容的机器识别，通过技术层的技术处理把各种消费、生产场景的底层数据进行智能分析和挖掘找到有价值的信息，并对应用层提供辅助决策及技

术支持。

　　智能商务应用层立足于解决智能商务各个场景的实际应用。如VR虚拟试衣中人脸识别、三围尺寸、移步换景等；医疗行业中远程手术、数字孪生、虚拟开刀等；无人驾驶中动态图像捕捉、智能判断、自动驾驶等；安防场景中警讯发现、人脸识别、道路监控等；金融场景下资产异动监测、征信风控和智能投顾等；医疗场景下可应用于对医学影像、电子病例处理来辅助诊疗等。这些场景中的问题都需要应用层来完成。数据智能与算力、算法的精准应用，带来四场革命，分别为设备革命（又称为智能革命）、营销革命、生产模式革命和决策革命。智能商务是在"数据+算力+算法"定义的商务世界中，以数据流动的自动化，化解决策的不确定性，实现资源优化配置，支撑经济高质量发展的经济新形态。

　　设备革命：从传统设备到智能设备。从早期生产中畜力代替人力，到机械化和电气化代替自然力，到现代流水线式规模化生产，进而计算机、互联网技术发展带来了人类处理信息能力的飞跃。无论是在体力劳动还是脑力劳动上，科技进步带来的设备革命都使人的生产更加高效、成本更低。

　　营销革命：从随机营销到精准营销。传统营销以各种促销手段为噱头，吸引消费者购买，智能营销则是以数据分析、数据挖掘为基础，通过智能分析消费者的偏好及数据，找到潜在需求，然后精准制定营销决策。精准营销比传统营销更具针对性。

　　案例：一个对熊友君老师有初步了解的潜在用户，刚刚在手机百度上搜索了熊友君老师的《数字化转型》课程，那么熊友君老师是不是就要从这时起，每天都要时刻关注这个用户呢？可能他会是熊友君老师的《数字化转型》课程的一个优先潜在用户，当这个用户连续两个星期都出现在清华大学了解《数字化转型》课程，他很可能就是一个在CBD上班的高薪白领，他的人群标签就会发生调整，从有限潜在用户变成高概率购买用户。这时智能商务系统会通过LBS定向信息帮助广告主更好更及时地锁定目标人群意图，并把熊友君老师的《数字化转型》课程信息智能推送给他，并实现销售。

生产模式革命：个性化是未来需求市场的常态。智慧工厂、机器人、智慧物流可以有力促成新的个性化生产方式，特别是数据智能的兴起，将极大地推动生产模式的革命，由个性化量产取代规模化生产。

决策革命：从经验决策到智能决策。和以往科技进步不同的是，智能制造通过"数据＋算法＋算力"的深度赋能，不仅在工具端，更在决策端推动了新的革命。随着智能制造渗透到从需求到生产的各个环节，智能化可以提高决策的精准性和科学性，缩短决策周期，并能降低由决策的不确定性带来的试错成本。智能制造在提供了更好的工具的同时，也将帮助生产做更好的决策，做"正确的事"。

回顾人类工业发展的历程，每一次人与机器间关系的变化，都意味着制造水平又一次质的飞跃。现代云计算、大数据、物联网、人工智能等信息技术的爆发为人机边界的再次重构提供了机遇。在制造领域，人机边界的重构体现在建立由人类赋予机器智能，由机器随时、随地完成复杂决策与逻辑操控任务的机器智能工厂。这一未来工厂的模式由智能化、数字化与自动化三位一体打造，实现了工厂从无脑到拥有一颗工业大脑的转化，是继三次工业革命后的又一次跨越。

工业大脑的思考过程，简单地讲是从数字到知识再回归到数字的过程。生产过程中产生的海量数据与专家经验结合，借助云计算能力对数据进行建模，形成知识的转化，并利用知识去解决问题或是避免问题的发生。同时，经验知识又将以数字化的呈现方式，完成规模化的复制与应用。一个完整的工业大脑由4块关键拼图组成，分别是云计算、大数据、机器智能与专家经验。工业大脑的实施使得工厂对人的依赖减少，但无论是生产设备、生产线、工业应用还是生产参数，如果仍然由人设计和开发，就无法杜绝对资源的浪费和不合理安排。只是浪费隐藏在数据中，更加难以发现。例如，锅炉设备控制参数的不合理导致过多燃煤的消耗，或是轮胎生产过程中不同产地橡胶配比的不精确会影响轮胎的稳定性等。只有将工业大脑与行业专家的洞见结合起来，凭借专家的经验和常识确保机器智能与实际业务需求吻合，开发出能够实现生产的低成本和高效率的模型和算法，才能切实减少生产过程中的浪费、停滞与低效。

第二节　协同更新：以人机协同、生态协同为主要的生产和服务方式

智能商务是以人机协同和网络为主要的生产和服务方式。与生产和服务方式相伴相生的是工业革命，工业革命的历史就是生产和服务方式不断升级发展的历史。

工业 1.0 指的是 18 世纪开始的第一次工业革命，实现了由蒸汽动力驱动的机械生产代替手工劳动；第二次工业革命始于 20 世纪初，依靠由电赋能的生产线实现批量生产；工业 3.0 指的是 20 世纪 70 年代后，依靠电子系统和信息技术实现生产自动化。与工业 3.0 相比，工业 4.0 的主要特征是大规模定制。由于产品的大批量生产已经不能满足客户个性化定制的需求，要想使单件小批量生产能够达到大批量生产同样的效率和成本，需要构建可以生产高精密、高质量、个性化智能产品的智能工厂。在这一全新的模式中，行业的界限将被打破，产业链的分工将被重组。

在智能商务时代也是信息化、科技化高度发达的时代，人机协同、生产协同、生态协同成为可能，协同的方式和内容不断延展。

一、人机协同（AI+人）交互

随着自动化、认知技术与人工智能不断发展。企业可能需要重新对人员分工进行调整，如将部分工作分配至人工完成、部分工作分配机器完成，当然还有一些是人与机器共同完成，人机将实现无缝协作，习惯于在严苛流程的限定下提供标准化回应的员工，将被机械类"同事"解放出来，因为它们不仅能够

使整个流程自动化，还能协助提高人类员工执行更高级别任务时的工作效率。人机交互成为新常态，相得益彰，共同提高生产力（图6.2）。

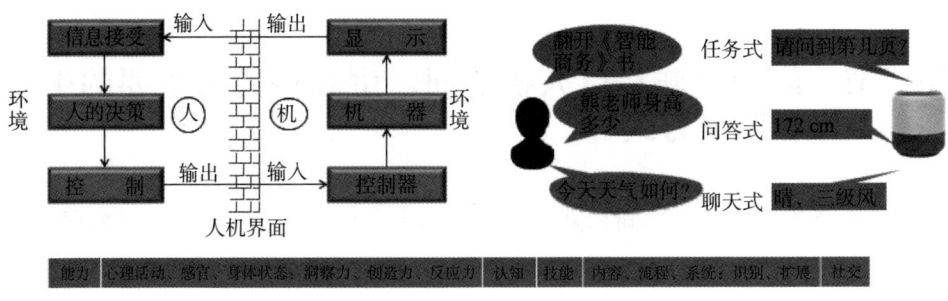

图6.2 人机交互原理及类型

二、生产协同

在智能商务平台协同制造的作用下，企业通过对各环节数据的搜集和分析利用，对设计部门、生产部门和供应链企业的协同，实现了产品价值链全链条的打通，有效地缩短产品的生产研发周期，降低成本。

三、产能协同

智能商务平台在产能交易上发挥着优秀的协调作用。由于企业在区域和时间上的产能盈缺差异，产能闲置和产能不足同时出现，促进产能资源的便利流通和合理分配，实现企业间产能的盈缺互助是工业互联网平台协同功能的又一体现。

四、产业协同

智能商务有助于打破传统产业与新兴产业之间的壁垒，实现产业协同。智能商务是在产业不同场景中得以实现，又因不同产业诞生和发展阶段不均衡，导致信息化水平呈现差异，所以工业互联为产业间提供了平台与支撑，使产业可以互联互通，协同发展。

五、产融协同

智能商务平台上连接着数以百计的企业，并汇集了企业研发、生产、管理等环节的真实有效的数据。平台与金融企业合作开发产融合作新模式，将平台搜集到的数据适当地运用到企业融资环节，作为金融企业提供融资服务的评估基础，有效提升了金融服务实体经济的能力，助力优质企业实现资金的有效融通。智能商务呈现的多种协同可构建一个高度智能协同的生态体系。

第三节　方向精准：以满足海量消费者的个性化、互联网化、社交化需求为核心

"拿着过去的旧地图永远找不到今天的新大陆"，研究智能商务一定要研究消费者需求变化的规律。在今天竞争激烈的时代，要脱颖而出，已经不能再按照过去的规律性路线，消费的逻辑在重构，消费秩序在重建，智能商务的基础在发生重大变化。智能商务要求商务的方向要精准，即以满足海量消费者的个性化、互联网化、社交化需求为核心。

随着科技进步、社会变迁，权力的天平正在发生更变，我们正从工业生产时代进入移动互联网时代，工业时代一切以效率为中心，为了追求效率我们要求建立中心化的组织、建立科层制，以权力为中心。今天我们进入了移动互联网时代，移动互联网时代是以消费者为中心，追求满足更多个性化需求和极致化体验。

一、消费群体的个性化特征明显

一个时代有一个时代的印记，过去，对于消费者细分我们常常用地理特征、

人口特征等作为标准，但是今天，这样的细分显然已经不够准确，消费者不再是一个单一指标所勾勒的肖像，而是一个融合了更多兴趣标签、行为偏好、价值主张的构成，不同年龄的群体有可能会在同样的一个社群或者消费空间中聚合，"60后""70后""80后""90后"每个时代有每个时代的印记，甚至"90后"还可再细分为"95后"，"00后"也慢慢走上时代的舞台，对于他们的研究也越来越受到重视。除了单一时代特征之外，他们也可能因为某一个共同的兴趣特征组织在一起，消费文化不再是代际的隔离，而是相互的渗透，让个性化标签越来越突出。

每个时代有属于每个时代的特征，20世纪60年代的人大多经历过粮食短缺，缺吃少穿，这个时代的人买东西往往注重产品的实用性，追求的是性价比，特别重视功能；70年代的人赶上了改革开放，上小学时大学不收费，上大学时小学不收费，对品牌的认可度很高；80年代的人赶上了中国的计划生育政策，大多为独生子女，比较重视产品的体验，受益于改革开放，成长于物质小康、文化氛围开放宽松的环境下，有着更多元的职业观和生活观；"90后"的人处于中国经济高速增长的时代，也是物质财富极大丰富的时代，物质上的丰富让他们开始注重精神追求，要求参与感强烈，也是跟着智能手机长大的一代，所以对智能手机的依赖也是他们的核心特征；"00后"也已慢慢走向舞台中央，这一代人更是特征明显，被称为四新人类，即"感性化生存、娱乐化精神、社群化行动、个性化消费"。

在这个时代变化过程中，我们发现有一条主线贯穿其中，从重视"物质"到重视"精神"，从重视"集体"到重视"自由"，从关注"环境"到关注"自我"，买产品重视"有用"到重视"好玩"。时代不同，个性化特征也不同。

二、消费文化不再是大众审美和趣味，而是多元文化和虚拟小社群

小众、自我越来越成为新文化的标签，成为"船到桥头自然直"，而大众

趋同的东西正在"流水落花春去也",消费文化从单元走向多元,内容、兴趣还有一定价值,但社交正在走向前台,小众文化、多元文化并存。

传统大众消费文化逐步瓦解,新的大众文化正在重新建构,而且很多文化是先瓦解再建构,或者一边瓦解一边建构。归根结底在于现在的年轻人和以往的年轻人所想和行为方式都完全不同,导致了社会结构的变化。资本市场对二次元、亚文化、新消费的关注也表明各行业都在观察这种变化,并做出相应的选择。任何一个亚文化从开始发生到繁荣,必然会转化成人与人关系的连接。变化包含很多,如审美的变化、人群表达方式的变化、以往比较推崇的美学价值都在变迁。所有表象的变化都是内容、兴趣所导致,新文化要素的崛起让人群有了表象审美的变化、消费习惯的变化。用户未来的行为方式、消费方式都形成稳态之后,生活形态和生活方式都会随之而慢慢改变,而现在显然处于文化的过渡期。智能商务的消费群体变化关注产品本身更关注的是根源性的变革,更关注行为模式、消费模式,而不是打游戏、看漫画等行为表象。

工业经济时代靠的是规模经济、流水线和批量生产,但是今天消费文化正从以内容、兴趣为中心到以社交为中心,多元文化并存,关注于更加精细化的亚文化的挖掘,以及更加精致化的文化细分,可能会找到新的商业成长机会,也有助于智能商务大发展。

三、从线下往线上迁移趋势明显,OMO 成为未来零售主战场

消费者正在重新定义,更加垂直的小众市场和个性化族群需要细致挖掘。线上线下融合成为未来主战场。

线下消费不断走弱,而线上消费不断走强。目前,"80后""90后"是中国互联网消费的中坚力量,他们对于手机上消费接受度不断提升,倒逼商家进行数字化转型,未来纯线下的公司将越来越少,而线上线下融合(OMO)将越来越多,商家将不再凭过去的经验和感性来开发产品,而是通过开发各种平台

系统搜集各种消费数据，系统分析消费者的职业观、生活观和消费观，而这些消费者所展现出的兴趣优先、注重体验、理性消费等多元特征，都影响着互联网消费的未来走向；年轻消费力推动下的互联网消费呈现出原创消费大众化、内容付费多元化、颜值经济爆发、粉丝经济迭代、宠物消费升级、社交消费"圈子"化、租经济深入渗透、懒人经济等众多特征。

四、社交化增值，是消费升级的大趋势

目前社交化软件的大量应用，如微信、QQ、Facebook 等都给我们的生活带来了便利，也给智能商务带来了越来越多的机会。社区团购、社交电商现在开始大量出现，随着人工智能、大数据、云平台等新技术的发展和商业模式进一步优化，交易模式也在发生变化，以前是"契约式"交易，现在变成了"信任式"交易，而且越来越扁平化。资本大量涌入社区拼团制，这种模式好处是不仅物流费用减少了，而且消费者能购买到更加实惠的产品。

"买单等于结束"明显不能满足年轻消费群体的"愉悦感"，存在感、参与感、小确幸越来越显示强大生命力，在吃喝玩乐间，不经意一个分享，不仅愉悦了自己而且也愉悦了他人，甚至获得额外的收益，为"有趣的灵魂"买单，内容付费逐渐形成习惯。

五、消费从重视功能到现在重视参与感

在过去买物品，追求的是功能，注重的是性价比高；而今产品过剩时代，"功能主义"早就不再是核心驱动，而是内心参与的满足感，对于今天的产品和品牌，"颜值"和"实力"一样也不能少。

第四节　模式创新之加减乘除：产品智能，平台支撑，生态协同，普惠共享

IABCD 即物联网、人工智能、区块链、云平台、大数据作为新一轮产业变革的核心驱动力，将进一步释放历次科技革命和产业变革积累的巨大能量，持续探索新一代智能商务应用场景，将重构生产、分配、交换、消费等经济活动各环节，催生新技术、新产业、新模式，形成从宏观到微观各领域的智能商务新需求，并创造新的经济发展的强大引擎，引发经济结构重大变革。

技术的发展是自然科学的结晶，而每一次大的突破遵循着人类社会进步和经济发展的内在规律，5G、人工智能、大数据、区块链的发展最终构成了生产力和生产关系的相互促进，推动了科技革命和产业升级协同发展，只有把握变中不变的公理和规律才能切准科技革命的脉搏。智能商务驱动信息通信产业革命，营利模式从传统"产品经济"迈向新形态的"客户经济"与"系统经济"，智能商务产业的竞争，不仅是传统商务产品之间性价比的竞争，更是商业模式的竞争、生态体的竞争。

依据图 6.3 所示的智能商务运行架构，IABCD 是底层数字技术，科技的发展大大促进了智能商务的成熟。社会的高速发展不再是"铁—公—机"而是"云—网—端"，智能科技是智能商务的基础，是支撑社会发展的基石。涵盖物联网（IoT）、AR/VR、大数据（Big Data）、4D 打印、人工智能（Artificial Intelligence，AI）、机器人、生物识别（Biometrics）、区块链（Blockchain）、智慧城市（Smart City）、移动宽带 4G/5G、低功耗广域网（LPWAN）等领域。其中，人工智能正是实现未来智能科技的技术基础，用以发展出各项智能产品，像是我们耳熟能详的消费/工业机器人、无人机/无人车技术、智能穿戴设备及家电、移动 APP/服务平台等，这也是今天数字经济爆发的基础。

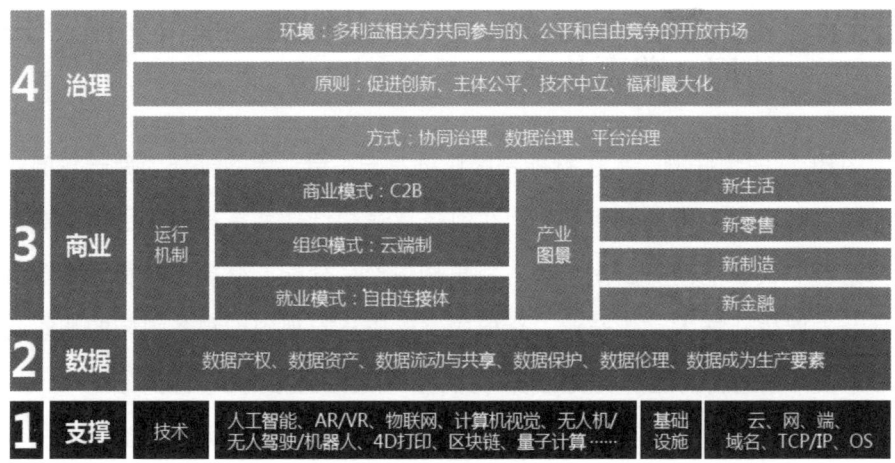

图 6.3　智能商务运行架构

如果说 1992 年是互联网元年的话，那么，2019 年则是智能经济、数字经济的加速年，这 27 年来，传统的工业经济正在走向解构，而新的数字经济、智能经济却一路高歌猛进，进入一个飞速发展的史诗般的跨越。当下的中国，各地政府都在求才若渴，"政务上云""消除数字鸿沟""一号工程"……我们可以明显感觉"数字经济"正在加速，数字中国商业巨变的时代即将来临！数字经济引领时代发展，全球各国政府都在加强力量，2015 年德国提出"Digital+Economy=d!conomy"的概念，2017 年汉诺威 CeBIT 展的主题是"数字经济，永无止境"。英国相继发布《英国 2015—2018 数字经济战略》《英国数字经济战略 2017》。欧盟提出"单一数字市场"战略，其中提出了三大支柱：一是为个人和企业提供更好的数字产品和服务；二是创造有利于数字网络和服务繁荣发展的环境；三是最大化实现数字经济的增长潜力。2018 年中国 GDP 达到 90.03 万亿元，数字经济规模则达到了 31 万亿元，约占 GDP 的 1/3，当之无愧大步迈入世界第二。

一、数字经济的定义及政府理解

什么是数字经济呢？中央提出四新经济，即"新技术、新产业、新业态、新模式"，新技术催生新产业，新模式引发新业态。地方也在紧密推进，提出新四化，即"产业智慧化、智慧产业化、跨界融合化、品牌高端化"。依据笔者在清华大学论坛上的定义，数字经济简单理解就是继农业经济、工业经济之后出现的一个新的经济形态。

国务院文件明确定义，数字经济是以数字化知识和信息为关键生产要素，以数字技术为核心驱动力，以现代信息网络为重要载体，通过数字技术深度融合应用，不断提高传统产业数字化、网络化、智能化水平，加速重构经济发展方式的新型经济形态。目前，数字经济分为四大类：A 是人工智能，B 是区块链，C 是云计算，D 是大数据。人工智能是在大数据基础上进行机器处理、深度学习和自我进化；区块链则是基于密码算法和共识机制的分布式数据库，可以实现价值的点对点转移；云计算是在互联网上对数据的分布式存储、处理和交付；大数据是对海量、高增长率和多样化的数据进行处理的技术。区块链与大数据、人工智能、云计算的重要区别在于大家都是技术，都可以成为工具，但区块链既是技术也是方法，既是工具也是思维，既可以改变运营模式也可以改变整个社会生产的组织形式。或者说大数据、人工智能、云计算是生产力，但是区块链既是生产力也是生产关系，这个是最大区别。

二、智能商务时代商业模式四大创新

智能商务与数字经济密切相关，数字经济为智能商务提供了技术基础，智能商务为数字经济的重要特征，智能商务与传统时代商务相比有四大创新。

（一）产品智能

5G 物联网、人工智能、无人驾驶、人脸识别、自然语言处理、人机交互等各种智能化科技伴随第四次信息革命润物细无声，悄然来到我们身边。不仅潜移默化地改变着人们的工作和生活方式，更以前所未有的攻势冲击着传统的商业模式、产业格局。未来一切商业都将智能化，而没有赶乘此班快车的50%传统企业会因为缺少科技含量走向破产。产品智能是这个时代最强音。产品要想让用户感受到智能化，需要具备以下特征。

主动感知：产品智能就是产品能够通过各种感知设备如RFID、摄像头、人脸识别、各种传感设备获取数据来源进行适时的数据分析、自然语言处理、人机交互处理，并能实时反馈用户需要的结果，让用户感知是真实的、积极的、主动的。实时分析、自主决策：基于各种AI算法，在业务模型及算法模型的基础上，对原始信息内容进行实时分析检测，对数据进行分析和挖掘，产生有价值的应用端需要的结果。帮助用户选择或辅助决策，减少用户判断的时间，提高作业效率。精准执行：基于各种智能化设备源，在智能分析基础上，按照业务模型和智能算法模型规定的程序进行精准执行，提高人工操作效率和降低不必要的事故率。为了防止在执行前的各种误判，机器人进行精准执行前，还是需要人工辅助的参与。特别是慎重的操作决定，需要用户辅助判断。在辅助判断的过程中，让机器人进行学习，使执行精准的能力越来越强。

人性温度：产品和用户之间能够有亲和关系，与消费者进行直接的互动，要使用户感受产品是亲近的。对后台产品而言，除了效率的提升，还需要使用户感受到轻松、舒适。

（二）平台支撑

笔者在《移动互联网思维：商业创新与重构》中指出，互联网只是实现了人与人之间的连接，而移动互联网则是实现了人与人、人与物、物与物之间的连接。从万物互联到万物智能，网络越来越显示出它的威力，消费者不再只是一个单纯的服务和产品接受者，也开始更多地参与到价值创造中来。允许外部参与者协同创新，共同创造有价值的在线平台，正在改写竞争规则，颠覆行业运营。

平台是指连接两个以上的特定群体，为他们提供互动交流机制，满足所有群体的需求，平台支撑为智能商务提供了一种新的创新路径，通过向产业上下游资源整合，形成以各种平台（如智能制造平台、智能信息交互平台、智能终端平台）为主体，连接生产者与消费者的平台模式。平台不仅包括互联工厂或众包众投研发平台、移动商城，还有厂商（智能制造平台）与用户共同连接在一起，实现精益生产和精准供给；生产商和终端分别积累生产制造和产品交易"大数据"，形成各自的"数据能力"，进而通过"能力溢出"跨界进入传统产业，实现商业模式创新和产业升级。匹配用户，通过商品、服务或社会货币的交换为所有参与者创造价值，这是平台支撑的核心意义。

平台的价值不仅仅体现在信息交互，还在于整合上下游供应商、代理商的资源形成生态圈，使研发设计、生产制造、数据服务等创新型企业群能够以平台为基础形成各自的商业模式。最终形成基于价值链信息集成的商业模式创新、基于产业信息集成与共享的商业模式创新、基于价值生态平台的商业模式创新等几大范式（图6.4）。

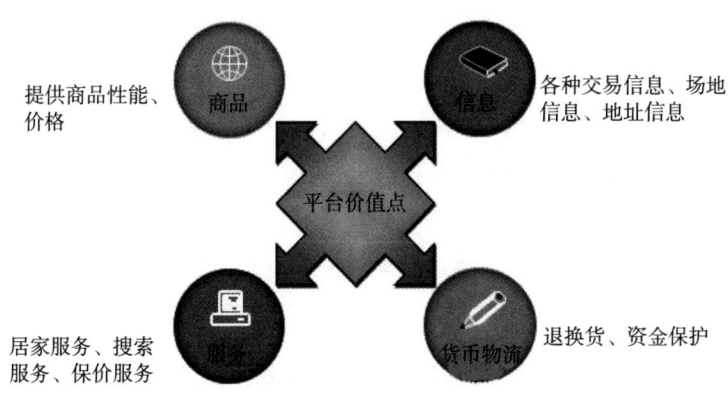

图 6.4 平台价值点

通过为平台双边及多边用户提供工具和制定规则，让价值交换变得容易，这是平台运营的关键所在，通过制定规则、撮合交易、信息交互、信息挖掘、流量变现，平台价值得以实现（图6.5）。

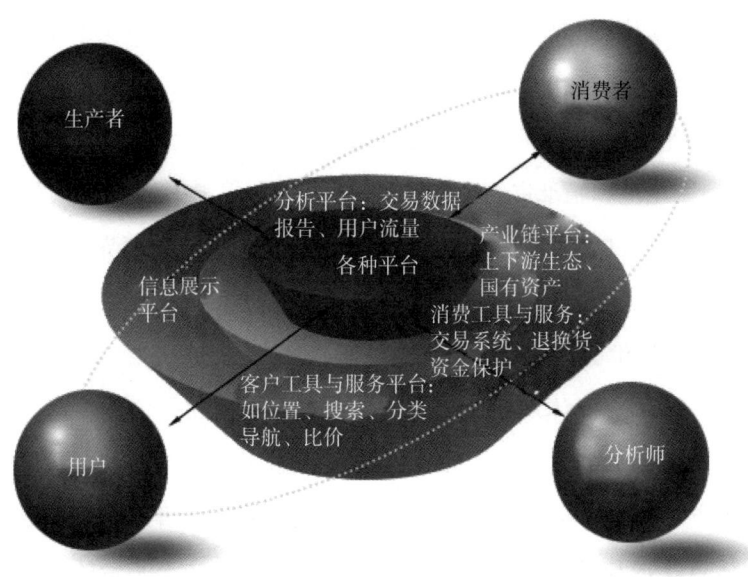

图 6.5　平台价值示意

参与者的层面注重的是生产用户的引入和消费用户的匹配，甚至是生产用户和消费用户的相互转换。

如何理解这个基本结构，我们可以自行对一些产品进行平台解构，表6.1列举了部分平台方便大家理解。

表 6.1　平台运营结构

平台	参与者	价值单元	筛选	交互
知乎	问主、答主	有价值提问、回答发布、想法、书店	推荐、热榜、关注	问答
微信	创作者、点评者、观众	发布内容、关注、点赞	推荐	文字、视频

续表

平台	参与者	价值单元	筛选	交互
抖音	创作者、浏览者	制作视频、上传、关注、点赞	推荐、附近	视频
淘宝	商家、顾客	上货、搜货、物流	推荐、分类	商品交易
大众点评	商家、顾客	上货、评价、优惠	附近、场景、品类	评级打分

互联网让我们创造在线平台成为可能，这彻底改变了工业时代只是挣取线性收入的方式，平台企业通过整合上下游资源、建立行业生态标准、制定行业的游戏规则，在不改变平台内的企业利润的同时产生新的盈利点，通过提供报告、分享情报等方式变相为传统企业带来新的利润增长点。传统来讲，我们通过生产和销售更多车辆，或者组织车队的方式来解决货物运输问题，货拉拉基于平台使得客户与那些想要赚取外快的车主之间直接联系，帮助有需要的消费者与车主之间建立连接，解决了人们的运货需求。同样地，Airbnb 在没有做任何行业内部投资的情况下，通过将拥有空床或是空房间的个人变成 Airbnb 业主，同样解决了这个问题，也造福了全球的旅客。Uber 通过顺风车连接了人们的出行需求，淘宝通过把商户集中在平台上实现人们的线上交易，解决了"让天下没有难做的生意"的难题。平台模式很难顺利展开，因为这些基于平台的企业手里并没有直接可控的货源，就算它们在技术上可能有大笔的投入，最终也会因为缺乏稳定的货源而失败。然而，只要平台能够发展到一定规模，它们通常都会颠覆传统的企业，并创造出全新的消费市场。

在数字经济时代平台的重要性更加凸显，智能化是平台的核心，通过云平台，对内部可以产生消费者洞察，对外可以整合相关的机构产生行为。2020 年数字化平台机构会达到 60%，如果企业很大，那么可以考虑如何建立一个平台。

智能商务正在发展的趋势是平台线下化、线下平台化。第一代平台，大部分活动都在线上进行，如 Google、Facebook、Ebay 等，这些线上平台在短短 5 年内产生了很多"独角兽"企业，发展成为全球有影响力的公司，让平台模式跃入我们的眼帘。第二代平台，开始从线上向线下走，如 Uber，虽然是一个线上APP，但是在线下给打车行业、酒店行业、本地生活行业带来了很大的影响和解构，因此它先利用线上的技术和模式，再帮助线下原本可能被割据或不高效的生态圈重构，让线上与线下能够更好地融合。第三代平台，发生在一些比较传统的行业，且过去以为不会产生平台化的行业，如煤炭业、钢铁业、洗衣行业等，其中的一些龙头企业开始朝向互联网转型，并发现自身需要协助整个生态圈一起做转型，所以这些企业要么通过孵化，要么通过自己来做平台的角色，从而带动整个行业的发展。

平台化的核心思维是从"垂直价值链条"转向"多边平台网络"，也就是说把过去的一种直线型链条式的方式转变成一种网状的方式来看待我们的行业。

平台化的具体做法如下。第一，"去中间化"（直接相连）：去除屏蔽的环节，让信息的传递更透明高效；削减服务的瓶颈环节，让增值流程更高效；去除成本高企者，为价值链各方增值。第二，"去中心化"（赋能多元）：盘活闲置资源，解放生产力；切分紧俏资源，按需排序匹配；让消费者参与生产过程，实现共创共享。第三，"去边界化"（跨界协同）：协同产业上下游，打造新型生态圈；开放接口，帮助同业串联更多外部资源；跨界整合，从 "卖产品"转换为"提供整体解决方案"。

平台化的战略路径主要有3点：缝点、切入点、引爆点。首先要找到生态圈里最痛的地方，再见缝插针，然后一定要非常细地切入，然后才能撬动整个生态圈，成长为一个引爆点。

所谓"缝点"，主要是针对生态圈做痛点分析，谁是里面的肥猫，谁能够带我们转型，那么谁就需要更多的赋能，所以要从垂直线条转变成网状，考虑哪些既有的环节需要保持，哪些需要降低和砍掉，哪些需要其他行业引进新物种，带来更多的技术和效率，帮助我们把生态圈做得更好。所谓"切入点"，就是聚焦细分场景与人群切入，分析需求刚性与消费频次等，从哪里切入和判断与自身能力有关系。所谓"引爆点"，平台周边有很多供应商、需求者、利益相关方，因此从哪一边开始撬动是一个值得思考的问题。

(三)生态协同

"协,众之同和也。同,合会也。"协同就是指协调两个或者两个以上的不同资源或者个体,协同一致地完成某一目标的过程或能力。"协作"是自上而下的命令,"协同"是先有"同"才有"协",即当大家有了共同的使命和方向之后不再依靠行政命令,而是自然而然地同步起来。协同是针对一件事,这件事分成若干个步骤或者部分,一般由不同的人来做。所谓的协同,就是这些事件或者步骤的高效、无错的联结,就像跑接力赛,接棒时后面的人已经启动得很快,而棒子又不会掉下来。

哈肯在协同论中将物种间的关系分成3种情况:竞争关系、捕食关系、共生关系。每种关系都必须使各种生物因子保持协调消长和动态平衡,才能适应环境而生存。在从原始社会进步过程中,自然分工是个极大进步,它帮助人们有时间集中进行某一领域的专项研究,促进了整个时代的进步,而今天,时代又走向一个新的拐角,从分工向协同发展。这是一个时代的进步,"智能+"时代下,随着人们生活方式和消费形态的变革,技术、融合、创新成为主旋律,以人为本的协同生态正在变革着传统制造业渠道业态。"互联网+"下的新变革使得产业链由分工变为协同(图6.6)。

企业依靠"内部资源能力"和"外部合作生态"形成持续"价值创造""价值传递""收益获取"的内在"系统逻辑"俨然已经成为一种趋势。各行各业数字化转型升级急需生态协同。打通生产材料、人与制造企业之间固有的边界,通过密切协同形成聚变效应,能够从产业链角度帮助企业真正实现升级转型。

如果说"互联网+"是大众创业、万众创新,"生态协同+"则是众筹、众创、众包、众扶等创新模式,有效促进生产与需求对接、传统产业与新兴产业融合,有效汇聚资源推进分享经济成长,助推"中国制造2025",形成创新驱动发展新格局。一是以众筹促融资。通过众筹有效筹资(金)、筹智(智力支持)、筹资(各种资源)发展多层次的融资筹资渠道,有效服务实体经济创新经济。二是以众创促创新。通过发展共享办公、Sharework、众创空间、众创平台集

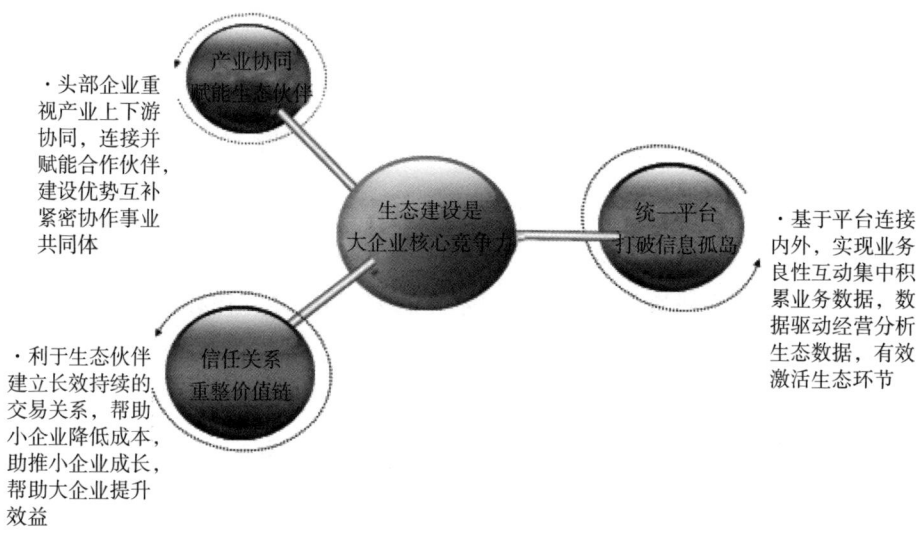

图 6.6　协同生态建设

聚各类资源，开放共享，拓展就业新空间。三是以众包促变革。通过混合所有制变革和"两化"融合，以众包方式促进生产生活方式变革，聚合社会资源和聚合员工创意，把大的困难的问题进行有效分解，形成多层次研发、分散制造、全球运营的创新模式。四是以众扶促创业。通过政府和公益机构支持、企业帮扶援助、个人互助互扶等多种方式，共助小微企业和创业者成长。在开放中促进创业创新，鼓励企业与外资开展创新合作，利用全球资源、人才和管理经验提升创新能力、拓展发展空间。

（四）普惠共享

智能商务模式创新将呈现出数字化、网络化、智能化的特征，构建出一个企业"无"边界、产业"无"边界的"虚拟化"商业价值生态体系。普惠共享是社会发展的必然，因为数据必须打通，智慧必须连接，文化必须沟通，互联网没有边界，智能商务不仅仅不商务的创新，更是一场技术革命。分享经济是普惠经济的初级形态。

分享经济（Sharing Economy）是指将社会海量、分散、闲置资源平台化、协同化地集聚、复用与供需匹配，从而实现经济与社会价值创新的新形态。分享经济强调的两个核心理念是"使用而不占有"（Access over Ownership）和"不使用即浪费"（Value Unused is Waste）原则，弱化"拥有权"，强调"使用权"，信任是共享的基石。普惠共享实现了产品所有权与使用权分离，有助于促进社会供给与社会需求的有效衔接。让社会资源配置更加优化，社会协作更有效率，从而降低大众创业门槛，为"大众创业、万众创新"注入活力。根据专家预测，到 2025 年我国的共享经济将达到创纪录的 15 万亿元。随着共享经济的发展，共享单车、共享汽车、共享充电宝、共享健身房等多种共享模式层出不穷。它具有五低特征，即低交易成本、低使用成本、低信任成本、低门槛、低碳。

第五节　案例分析——Costco 的模式创新

　　智能商务的横向整合，缩短了消费者的选择时间，精准匹配，商业模式不是靠卖货收入，而是靠会员费收入，简单来说，Costco 是一家为中产阶层提供采购服务的公司，而不是一家零售商。

　　过去 10 年中，电商的崛起对传统零售业造成了巨大冲击。全美第三大零售商 Sears 市值缩水 96%；梅西百货下跌 55%，大型百货连锁 J. C. Penney 股价下跌 86%……而夺取这些巨头份额的，就是迅猛发展了 10 年、市值增长近 20 倍的亚马逊。

　　与此同时，有一家传统零售商却顶住了电商冲击，逆势而上，10 年间市值增长 1.7 倍。这家零售商叫 Costco。2018 年，Costco 成为全球第二大零售企业。它的身份还不仅如此，它还是全美最大的有机菜市场、最大的汽车零售商、最大的红酒零售商和最大的汽车零售商，全球最大实体会员超市，在全球拥有 9200 万名会员，几乎 90% 以上的美国家庭都是它的会员。

　　Costco 的客户单价是 Walmart 的 2 倍以上，坪效比是 Walmart 的 2 倍，库存周转率是 Walmart 的 1.5 倍，运营费用率是 Walmart 的一半。

Costco 定位精准：通过大数据对消费者进行分析，目标消费者只服务中产阶层。精准的定位是成功的一半，为方便中产阶层购物，Costco 门店选址都布局在城郊的接合部，会员费定在中产阶层能消费得起又不觉得很贵的幅度，大部分定位在 60～120 美元／年，为节约目标消费者的购物选择时间，它的 SKU 不到沃尔玛的 1/5，一般只有 3000 个左右，消费者需求的准确把握使得公司能够保证会员忠诚度，维持业绩的稳定增长。为了做到高性价比，Costco 内部有两条硬性规定：一条是原则上所有商品的毛利率不能超过 14%，一旦超过，则需要汇报 CEO，再经董事会批准；另一条是面对商家的，一旦别的地方比 Costco 的价格还低，则它的商品将永远不会再出现在 Costco 的货架上。这两条铁律执行下来的结果就是今天 Costco 的高质低价，平均的毛利率只有 7%，不到其他超市毛利率（15%～25%）的一半。

高续卡率下会员费成最主要盈利点。Costco 的会员在美国和加拿大的续卡率超过 90%，是一个很难企及的高度，在它的会员体系中有执行会员和非执行会员两种，非执行会员的年费为 60 美元，执行会员的年费为 120 美元。相比于非执行会员，执行会员可以享受一年内购买金额 2% 的返现及一些其他优惠。

2012—2017 财年 Q3，Costco 持卡会员数（含家庭卡持卡会员）从 6.7 万人上升至 8.89 万人，会员费收入每年增长超过 1 亿美元，在 2016 财年达到 26.46 亿美元。在过去的 10 个财年里，Costco 会员费占营业利润比例基本保持在 70% 以上，是公司营业利润的主要来源。它真正实现了不靠卖货赚钱，而是为目标消费者提供服务挣钱，Costco 给我们上了宝贵的一课。

···· 第七章

做加法：产品智能化转型的 3 种发展路径

未来一切都将智能化，产品智能化转型是第一步，可以预见的未来，没智能化的企业只有一条出路，那就是走向灭亡，面对激烈的市场竞争，未来的世界是从万物互联到万物智能的世界，一切商务未来都必须智能化，传统企业如何走向智能化，企业的核心业务流程必须要完全构建在互联网上，由软件驱动，才能够具备向智能化演进的可能。技术本身不是最大的障碍，真正的挑战是大家能不能用智能商业的思路来重新审视自己所有的业务、所有的流程，甚至进行全面的改造和创新。数据就是决策，在互联网环境下，最重要的是企业家和创业者的洞察力。数据就是决策，而你的决策自然产生数据，所以这是自然而然的过程，数据是被记录下来的。数据＋算力＋算法是企业智能化决策的核心。

从"互联网＋"到"智能＋"，从传统经济到数字经济，产品智能化是传统经济转型数字经济的必由之路，驱动着传统行业进行转型升级，这就是人工智能、大数据、物联网、区块链、云平台给传统行业带来的变革。为了抓住智能革命的浪潮，不管是互联网相关企业还是传统行业领域的企业都在求新求变，目前企业智能化转型可以分为 3 个阶段。

第一阶段是最基础的智能转型模式，即从客户体验出发。处在这一阶段中的企业的转型目标是市场化和在线化，积极探索自身"客户体验"与"在线交互"维度的成长，通过借鉴互联网思维将原本诞生于互联网的新生组织模式嫁接到传统构架中。

第二阶段是在传统智能转型基础上用业务驱动组织深度融合的阶段。处在这一阶段中的企业开始试图借助信息技术的力量向更高的目标迈进。具体表现为，开始重视组织的内外接口，为沉淀并共享各类资源开始强调人才发展与创新。

当企业进入智能转型第三阶段时，企业自身发展已能够实现智能驱动。处于当前阶段中的企业已然能够在客户体验、在线交互、群体创造与接口透明全线成熟的基础之上做到智能驱动成熟，即能够实现完全自动的数据驱动，无须人工辅助。

企业数字化转型用加法，让产品插上智能化的翅膀。手表是常用工具，但智能手表除指示时间之外，还应具有提醒、导航、校准、监测、交互等其中一种或者多种功能；音箱是普通听音乐设备，而智能音箱要有实现闹钟、简单查询、蓝牙音箱等功能，另外最重要的就是可以进行语音交互，通过人机对话的方式，还可以点外卖、充话费、查快递、刷淘宝，智能音箱还能成为智能家居的中控中心，听从主人的命令控制家中的灯光、窗帘、空调、冰箱等；台灯是普通的工具，但智能台灯要有智能接待来宾、人脸识别、智能对话、距离测定、智能报警、关灯、自动巡逻等丰富的实用功能，为用户提供五星级的接待服务。产品智能化升级之后所带来的附加值很高。

如何判定产品智能化了呢？能实时感知系统内外部状态，实时分析计算，自主做出决策，精确控制其他相关联的物理设备。

企业智能化转型有3种发展路径：分别是产品智能化、交互智能化、生态智能化。智能化产品的技术体系主要由电子技术、自动化控制技术、物联网技术、大数据技术、云计算平台技术、机器学习技术、互联网技术（传统互联网&移动互联网）、安全监控技术组成。其中，每一大类技术又各有一个技术体系，且各大技术体系相互交叉，你中有我，我中有你，犹如太极。智能系统分 3 级：初级智能系统具备状态感知、自动决策、自动执行 3 个特征，如智能路灯可根据传感器自动判断开启和关闭智能路灯。中级智能系统具备状态感知、实时分析、自主决策、精准执行 4 个核心特征。例如，智能冰箱可以根据嵌入的软件和知识，以及事先置入的流程，在食物低于自动储量时自动提醒和报警。高级智能系统具备状态感知、实时分析、自主决策、精准执行、深度学习 5 个特征。有深度学习能力能不断自我进化，例如，IBM 的深蓝系统在与世界围棋冠军对弈时晚上仍在学习，自我下了 1000 盘棋，对白天与人类下棋的整个过程进行复盘，这样的智能系统是智能化的高级阶段。

产品智能化如何演进呢？要分为 3 个阶段：

第一阶段是单品智能化。单个产品利用智能化设备和人工智能技术实现智能化，如智能音箱、智能床垫、智能家居等产品。创业公司和家电企业会呈现从两端向中间走态势，创业公司优先选择小型家电产品，如插座、音响、电灯、摄像头等，而家电企业则优先选择大型家电产品，如电视、冰箱、洗衣机、空调等。

第二阶段是单品之间联动。首先不同品类产品在数据上进行互通，后续不同品牌、不同品类产品之间会在数据上做更多的融合和交互，但跨产品的数据互通和互动大多可能还是没办法自发地进行，只能人为去干涉，如通过手环读取智能秤的数据、通过温控器读取手环的数据等。

第三阶段是系统智能化。系统化实现智能比较科幻，是跨产品数据互通和互动之后再进一步的结果，不同产品之间不仅可以进行数据互通，并且将其转化为主动的行为，不需要用户再去人为干涉。例如，智能床发现主人太热出汗了，空调就启动了，或者是抽油烟机发现油烟量太大，净化器就准备开始工作。

系统化实现智能是建立在具备完善智能化单品及智能产品可以实现跨品牌、跨品类互动前提下的，这需要智能家居中的所有产品运营在统一的平台之上，遵循着统一的标准。这意味着，目前已经切入智能家居领域的厂商，需要考虑自己这一套智能产品的网关设备是不是可以嫁接到未来的大平台上（图 7.1）。

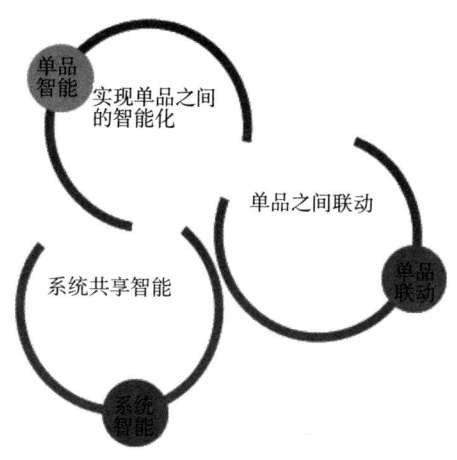

图 7.1　智能化三步曲

从事智能化产品的有三类企业，一类是传统的互联网企业，通过技术平台加以研发，如阿里的音箱、京东的叮咚音箱、百度的小度音箱、小米的小米音箱等；另一类是传统的制造企业，通过自主研发智能模块改变产品性能，如小天使智能手表、云之声音箱、智能床垫等；第三类是传统的具备解决方案能力的制造企业，如美的、创维、海尔等，通过技术研发和积累不仅可以实现单品智能，而且可以实现智能家居一体化，具有广阔的前景。

第一节　单品智能化（工具智能化）

单品智能化或智能单品是指采用 Wi-Fi、蓝牙等无线通信技术实现简单功能的单体智能化消费产品。智能单品具有独立的 MAC 地址，需要基于云平台实现对产品的激活与鉴权，同时，利用智能手机的 APP 实现对其无线遥控和远程控制。现阶段智能家居的控制中心仍以智能手机为主，未来随着场景联动的多样化和语音交互的普及，将会向智能音箱、智能电视等设备进行转移，并且随着智能设备和智能网关的融合，后续将会建立适合多种场景下的智能中枢。根据图 7.2 数据显示，空气净化器、扫地机器人渗透率较高，嵌入式一体机还有巨大市场空间。

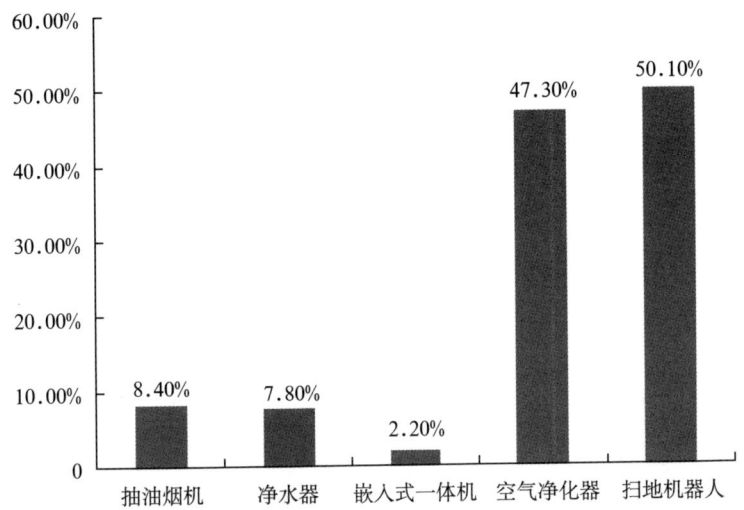

图 7.2　2018 年 1—9 月中国家电线上市场重点产品智能化渗透率

资料来源：根据中怡康、前瞻产业研究院整理。

目前市场上的智能单品主要有如下几类。

①灯泡插座类：如 Wi-Fi 插座、智能灯泡等。

②红外遥控类：如红外遥控盒子、红外遥控插座、Wi-Fi 遥控器等。

③网络摄像头类：如 Wi-Fi 摄像头、行车记录仪等。

④可穿戴设备类：如智能手环、智能眼镜等。

⑤手机附件类：如无线充电、遥控助手等。

⑥健康保健类：如智能血压计、血糖计等。

⑦智能家电类：如智能空气净化器等。

智能单品的优缺点如下。

智能单品的优点主要体现在超低的价格和简单的使用功能，几乎无须专业的安装调试即可使用，手机 APP 的使用使得智能单品在其原有的基本功能的基础上增加了更多的附加值，如大数据、交互性、个性化等，因此深受大众消费者的喜爱和追捧，特别是青年一代的青睐。

智能单品的最大缺点就是无法实现不同厂家及多种不同智能单品之间的互

联互通，特别是每个智能单品都要下载一个专用的 APP，导致使用者的手机中有太多的 APP，对使用者带来额外的困扰和不便。

第二节　交互智能化

在智能家居大火的 2019 年中，单品一度成了智能家居的主旋律，不少业内人士也预测，单品就是智能家居的未来。然而，事实证明，单品只是一个过渡，像谷歌、三星、苹果等巨头开始走上平台之路，试图让更多产品连接在一起，尽管平台策略尚未证明是否成功，可以肯定的是，确立了智能家居系统化的大方向。要取得智能化场景体验的不断升级、优化，首先需要打破的是单品智能的孤岛效应，这需要行业间的协同努力。另外，在走向智能的过程中，人机交互方式也将发生根本性扭转。目前机器"被动接收、被动服务"模式将被"主动服务+交互智能"所取代，在用户未发起交互时主动提供适用于当前场合的服务，智能系统将随时处于待命状态，而当用户主动发起需求指令时立即执行和反馈。

例如，门厅触控面板自定义居室场景，可以智能实现对讲、监控、控制全屋电器；浴室魔镜智能控制实现冷暖风、实时打开热水器、加热马桶盖、体脂秤实现监测体重体脂；冰箱触控屏可以智能实现下单购买食材、调控温度、找食谱、还与烤箱、消毒柜、洗碗机互动，根据食谱选择烹饪火力、自动暖盘和餐具清洗；电视遥控器用语音就可控制家中所有电器，开关空调、调节温湿度；空气净化器自动检测空气质量，PM2.5 超标时自动开始净化。

上述这些智慧家庭场景不是影视剧中的虚拟剧情，而是真实存在的。随着 AI、大数据和云计算的发展，新技术赋能物联网，智能家居早已被摘掉了富人和极客专享的标签，快速走进我们的生活，改变着每个家庭日常生活的方方面面。

案例：阿里巴巴集团很早就开始进行人工智能方面的研发，开发的天猫精灵不仅可以实现语音智能交互，对家具进行智能管控还可以实现人脸识别、物体识别、3D 追踪与识别等多种功能。图 7.3 具体展示了天猫精灵 2.0 实现的人工智能场景。

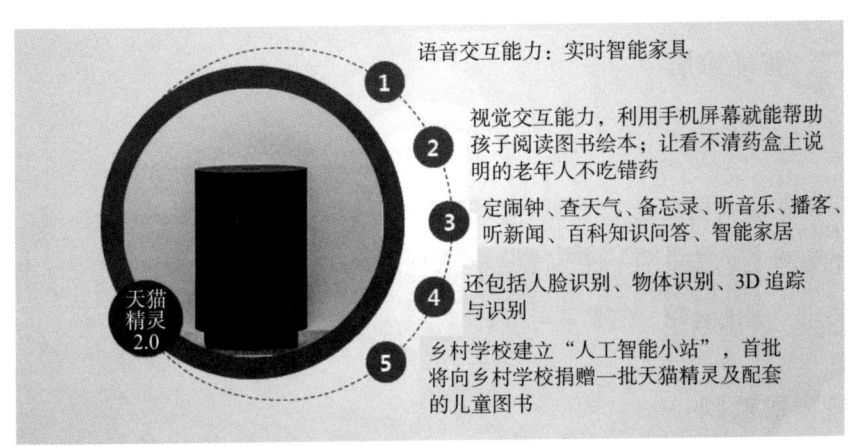

图 7.3　天猫精灵 2.0 实现的人工智能

国际上的互联网巨头布局智能用品呈如火如荼之势：Google 的 Nest 和 Dropcam 系统在智能家居类优势明显，苹果的 HomeKit 智能家居平台能通过手机应用或 Siri 语音控制，对包括电灯、锁、仓库门等在内的家具设备实现控制。国内 BAT 三巨头也不甘示弱，百度的智能灯箱"小智"、阿里云系统、腾讯推出 AI 开放平台，与海尔合作推出微信空调，华为推出 OceanConnect-IoT 等车载互联网平台，小米研发的小米人工智能助理"小爱同学"跨设备支持小米电视、小米盒子、小米智能音箱、小米手机、儿童手表、儿童故事机等产品，实现与空气净化器、扫地机器人、电饭煲、台灯、空调等 IoT 智能设备联动。截至 2019 年 6 月 30 日，小米人工智能助理"小爱同学"的月活跃用户达到 4990 万人，同比增长 88.3%，唤醒已超过 200 亿次。目前市场上的智能单品主要有以下几类。

一、可穿戴硬件

可穿戴硬件是一种可能实现数据交互可直接穿戴或成为配件的便携式智能硬件，目前市场上主要有智能手表、智能手环、智能衣服、智能眼镜等。

二、智能家居

智能家居是指家居的智能化，利用人工智能等智能语音、自然语言处理等智能设备实现人机交互，以综合布线和5G等智能网络实现动态数据传输，提升家居的智能性、安全性、便利性、艺术性，实现信息互联、人机交互，主要有智能彩电、智能音箱、信息家电等。

三、车联网

车联网主要指车辆上的车载设备通过无线通信技术，对信息网络平台中所有车辆的动态信息进行有效利用，在车辆运行中提供不同的功能服务。可以发现，车联网表现出以下几个特征：车联网能够为车与车之间的间距提供保障，降低车辆发生碰撞事故的概率；车联网可以帮助车主实时导航，并通过与其他车辆和网络系统的通信，提高交通运行的效率。车联网主要包括车辆和车载系统、车辆标识系统、路边设备系统、信息通信网络系统等。

目前，石油能源短缺的现状与持续增加的车辆尾气排放量将使人们的生存环境趋向恶劣。如果车联网在未来的车辆驾驶中得以应用，将帮助人们生态出行、无人驾驶，解放我们的双手，有利于智能商务的普及。

第三节 智能系统化

从单品智能到交互智能、从交互智能到系统智能，得益于人工智能、物联网、大数据的发展，各种智能产品开始爆发，各大制造厂家着力发展智能产品的广度，更注重于提升综合性多产业的制造能力及将旗下各品类产品有效兼容互联互通的能力，关键词是"系统化＋场景化"。其中，系统化是以万物互联的思维，解决智能产品碎片化问题，化零为整，整合成一个系统，方便管理和控制；场景化是在系统的基础上，以排列组合的方式，塑造家庭生活场景的智能化。亚马逊Echo智能音箱、谷歌Home系统，让智能家庭助手的市场争夺趋于激烈。从单品智能到系统智能，未来智能生态圈将会由单品逐步发展成为集智慧物业、智慧家庭、社区商圈、安防监控等智慧家庭与社区多领域组合的智能生态圈形成多功能整体系统，不断美化我们的生活，并进一步改变家庭生活方式。

智能单品是智能系统的一个重要组成部分，智能系统由无数个智能或非智能单品组成。目前智能单品家族庞大，我们身边的大部分家居都可以成为智能单品的一部分，包括智能音箱、智能电视、智能空调、智能冰箱、智能洗衣机、智能灯泡、智能马桶都是"智能一族"。智能单品与智能系统的区别如下。

①运作模式不同：智能单品是不依赖智能系统而独立存在的，可以利用Wi-Fi或5G电信网络实现智能，而智能系统高度依赖中央系统或存在于云平台的总系统中进行系统调度，智能系统功能要远远大于智能单品。智能系统是以"智能控制中心＋传感器＋控制器"的方式，形成一个智能系统网络，智能系统是可对各种设备集中统一控制，产品核心包括通信协议、操作系统及针对现场环境做的整体配置解决方案。

②连通机制不同：智能单品功能单一，不兼容，或不需要连通其他设备，而智能系统依赖系统，要求所有设备实现互联互通。没有系统支撑在智能系统中的单品很难实现智能价值。对应的具体产品包括灯光控制、影音控制、门窗控制、环境控制、安防感应、远程监控、背景音乐还有可编程的各种一键式场景及定时功能等。这些设备都将集中在同一系统上，通过系统的通信协议，使各个子系统有机地结合在一起，以方便人们的各种个性化需求，并将现有设备纳入其中，实现各种现代化、智能化功能。

③体验不同：受制于通信及网络条件，智能单品只是实现一个或某两个智能功能，刚开始往往比较新鲜，但很快就会厌倦，体验感很差；而智能系统通过系统互联，不仅实现了单个智能单品难以实现的功能，甚至在万物互联过程中产生新的应用，给人更好的体验感。同时就单品来讲，单个智能单品功能都是强大的，但因为不能相互兼容，需要用户每个家电都单独使用一个相应的APP应用来控制，使用起来特别麻烦，而在智能家居系统中情况就完全不一样了，它可以整合几乎所有的家电设备，将之集成在同一个控制终端，而且可以根据用户的需要进行智能化编程，让各种电器按照用户的意愿来实现动作，真正实现了省时省心省力，这才是真正智能家居的精髓所在！

尽管智能家居单品市场火热，但是我们也要看到，行业存在进入门槛高、缺乏普适性方案、厂家标准不统一等三大行业壁垒，市场上缺标准、使用难、价格高、连接难等四大市场障碍（图7.4）。单品还存在不能互联互通、功能单一、不兼容、稳定性差等问题，这些因素影响了人们的感受体验，将是未来需要解决的难题。而现实中由于每个单品后面都是一家公司，要实现互联互通特别困难，单品和系统各有优劣势，单品在用户认知和接受度上有优势，但不能满足用户对智能系统集中管理的需求，系统则相反，能满足用户集中管理的需求，但在用户接受度上没有优势。目前，虽然有不少人认为智能单品很有前景，但不可否认的是很多单品厂商都在逐渐向系统转变。那么单品和系统，谁才是智能家居的未来？

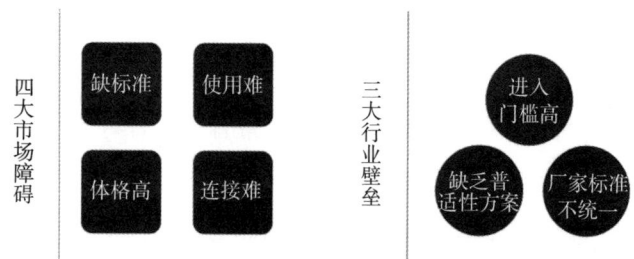

图7.4　智能家居市场存在的四大市场障碍和三大行业壁垒

在现阶段，单品和系统应互相补充、共同发展。随着数字化建设、三网融合、物联网、大数据、云计算等应用技术的发展，智能家居互联互通的趋势进一步加强。不论是单品还是系统，互联互通是大趋势。智能化的家居单品要建立自己的系统体系，以多类产品互联、互通、相互协作为方向；智能家居系统也不要满足于以控制为主，而是需将所控制的设备逐渐纳入自己的系统中，步步为营，力图实现系统、系统中的设备及系统中设备所控制的设备的整个"圈"的全智能。值得一提的是，在单品与系统的较量过程中，出现了另外一种别出心裁的模式，也就是苹果公司在前段时间所推出的、没有硬件（单品和系统）的智能家居平台，或许这也是智能家居未来重要的一极。

图 7.5 是利用 Wi-Fi、红外技术、RF 等技术实现语音智能交互，从而实现智能家居的原理。

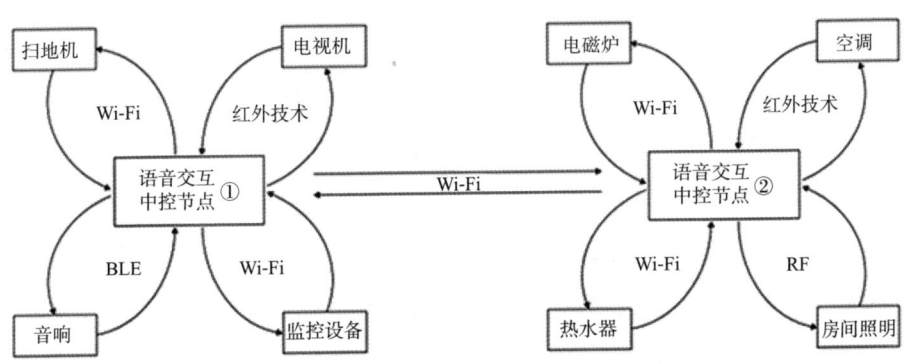

图 7.5　语音交互通过 Wi-Fi、红外技术、RF 技术实现智能家居

第四节　制造业智能化转型的路径

过去 10 多年来物联网、5G、人工智能等科技的爆发性发展带来了算力和算法的巨大进步，传统制造业的数字化发展又带来了海量的数据。三者的日益融合逐渐形成了以"数据＋算力＋算法"为核心的智能制造技术体系，成了驱动

制造业智能化转型的关键力量。

与传统制造体系相比，智能制造生产体系的优势主要表现为：消费者洞察从间接到直接，研发环节由串行到并行，采购环节实现自动化、低库存化和社会化，生产环节全面智能化，以及无所不在的智能销售和售后服务。在此背景下，企业智能转型有4条路径：一是规模化供给解决定制化需求，实现长尾重构；二是精准捕捉用户需求，快速推出新品，实现敏捷响应；三是工业大脑结合行业洞见，重构人机边界，实现智能决策；四是工业互联、云平台助力大型集团构建高度协同的智能制造生态体系。

智能制造颠覆了传统产业几百年来赖以生存的"传统工具+经验决策"的发展模式，掀起了在工具和决策两个维度上的深层次革命。工具革命大幅提高了生产效率，而决策革命则需要企业通过人工智能等手段优化决策的准确性、及时性、科学性，实现真正意义上的智能化生产。

传统制造业智能化转型的路径如下。

产品智能化：给传统产品装上传感器，通过5G通信信号实现万物互联，对自动化生产线进行升级换代，自动化生产线能自动读取每个设备的运作数据，对产品能有效识别、定位和追溯，MES系统根据客户的定制需求进行生产。

装备智能化：装备智能是智能制造的核心，智能制造装备涉及智能传感器、工业机器人、3D打印设备、数控机床、智能控制系统等主要行业，通过装备智能化、优化智能车间和建立数字化工厂，让各种资源要素、生产要素、制造资源、物料管控、质量管控数字化，可以大大提高生产效率和工人的积极性。我国装备智能化工作正加快启动，根据工业和信息化部的数据，2010年以来我国制造业产值规模占全球的比重在19%～21%。

生产流程智能化：随着企业规模的扩大，制造现场很难实时掌握，人工管理方法产生延时、错误和矛盾。人工管理方法已经无法对生产流程管理实施有效的控制，难以适应市场激烈竞争的需求，通过打造智能工厂，实现生产流程智能化，利用物联网技术和监控技术加强信息管理，集初步智能手段和智能系统等新兴技术于一体，关键生产环节基于模型的先进控制和在线优化，在深入研究生产机制基础上通过数学模型控制生产算法以解决复杂过程的高度非线性和高维性问题。生产流程智能化是关键步骤。

车间数字化：在产品智能化和装备智能化基础上，以搜索各种产品数据为基础，通过 VR 数字孪生技术，对生产过程进行模拟、仿真和优化，并进一步扩展到整个产品生命周期。车间数字化有助于企业提高生产效率，降低生产成本。

管理智能化：企业产品的好坏与生产过程中的管理与控制息息相关。管理智能化是通过各种传感装置、各种智能终端、大数据驾驶窗、LED 智能生产看板对整个生产过程从端到端进行数据采集、控制、实时了解、智能分析、优化决策，实现及时、动态、优化的管理。

服务智能化：在智能工厂的基础上，通过各种智能装备和智能产品，积极利用各种物联网、人工智能技术优化服务环境，在供应链管理、客户服务等方面实现人机交互、网络智能等，如利用无人机器人进行货品分拣、利用各种智能语音机器人进行客户服务等。

第八章

做减法：平台化转型的 3 种发展路径

哈佛大学马克·杨西蒂（Marco Lansiti）曾说过：未来的竞争不再是个体公司之间的竞争，而是商业生态系统之间的对抗。运用关联组织的能量组成一个新的竞争系统，从而去突破成长的上限！对于这种能量的聚集方式，我们称之为平台化转型。

互联网平台改变了世界，颠覆了巨头。2019年，在全球十大市值公司排名榜中，前5名分别是苹果、微软、Alphabet、亚马逊、Facebook，而传统的金融、石油、零售公司已经完全被平台公司取代。阿里巴巴和腾讯两家中国的平台公司也进入了前8名。这说明平台的时代已经全面到来，从"互联网+"到"智能+"，从传统经济到数字经济，平台化是传统经济转型数字经济的必由之路，驱动着传统行业进行转型升级，这就是人工智能、大数据、物联网、区块链、云平台给传统行业带来的变革。为了抓住智能革命的浪潮，不管是互联网相关企业还是传统行业领域的企业都在求新求变，线上线下融合已经形成标配。

在未来5～10年内，不善于经营"平台"的企业、组织甚至个人，必将遭遇严峻的发展困境，凡是在事业上取得持续辉煌的企业和组织，绝不是靠一己之力去谋求自身的发展，而是平衡地利用关联组织的能量和价值组成一个新的竞争平台。当今世界范围内的竞争由过去的国家与国家、企业与企业、团队与团队之间的竞争，逐渐演变成联盟与联盟、系统与系统、平台与平台之间的竞争，大平台在竞争中的优势日益凸显出来。

平台转型对中国企业尤其重要，相比欧美分割的市场和日益增长的保护主义，在中国，平台型企业有着更适宜的发展环境。高度一致的国内市场进一步促进了平台化的扩张速度，商业模式可以一地试验，全国推广，快速复制。中国也是全球唯一的全生产要素的工业国，中国的产业链平台化进程具备天然的工业基础，平台承载的就是生产价值的交换。随着"一带一路"的展开，中国市场与全球市场的融合也在加速，多边贸易机制即使有所变化，中国的开放决心仍然不会动摇。理解平台化对于中国的企业尤其重要，如何设计和治理平台企业，如何管理平台变革都成为企业领导者日益紧迫的课题。

目前平台化生态已经初步形成，是形成平台化转型的助推器，平台生态中的信息技术基础、物流体系、服务生态都已不断成熟，5G网络、云计算技术、LBS定位系统、智能化硬件、大数据挖掘技术等信息技术基础已全面具备；物流体系经过近30年电商发展已经初步完备，DC仓、地区仓、城市仓、前置仓在一些城市基本构建完整。京东的仓、菜鸟的仓、苏宁的仓及其他物流企业的仓，包括针对2B、2C的仓配体系基本构建起来，服务生态基本完整。目前，围绕厂家平台化转型的周边生态服务体系在逐步完善，包括搭建连接平台、交易平台、支付平台技术体系基本完整；实现企业与消费者、终端连接的平台技术基本成熟，可以帮助企业直接对接消费者、终端店。

第一节　平台智能化的商业模式特征

在智能商务时代，平台智能化和智能平台化是发展的两个方向，智能平台化是企业智能化转型的第二步和第三步，智能化转型分为单品智能、交互智能和系统智能三步，智能平台化就是向交互智能和系统智能转型，是企业成长的关键阶段；平台智能化是互联网化平台智能升级的表现，是平台化发展的高级阶段。

同互联网时代的平台商业模式相比较，智能化时代的平台商业模式呈现出以下 5 个方面的特征。

一、平台"智能化"

流程自动化、推荐自动化、结果数字化，智能商务平台利用各种数字化工具，打造线上线下的数据结构，自动读取、自动分析、提取有价值的信息。通过各种智能传感设备与智能终端和人工智能、大数据、云平台技术，实现人与人、人与平台、平台与平台之间的集成，形成产业价值链智能化网络系统。

二、平台"生态化"

通过连接上下游资源，把商户与消费者进行对接，形成各种各样的商业生态，以平台（智能交易平台、智能制造平台、智能分析调度平台、智能终端平台）为主体，连接上下游各种资源，形成众投研发平台、电子交易商城或智能商店、智能服务平台等。以智能平台为中心，让消费者与用户连接在一起，实现精益生产和精准供给。智能商务生态化极易形成各种以价值链、以生产供需等模式为主的商业模式创新。阿里通过商户与下游消费者对接，通过建立芝麻信用、融资平台、支付平台、生产平台打通商家形成生态圈。

三、平台"扁平化""去中间化"

智能商务平台通过建立商家与消费者的连接，消除中间商，让渠道扁平化。以 OMO 商业模式（Online-Merge-Offline）形成线上线下商务的有效聚合，简化获得实体商品和服务的途径，降低经营成本，拓宽收益渠道，增加客户黏性，促进产业升级。

四、平台价值创造多元化

基于智能商务平台的众筹、众包、众投、众创商业模式，众筹可以筹人也可筹智，众包可以分散压力，众投可以降低风险，众创以众人之力完成一些大事，利用互联网消除了"时空约束"，利用智能化消除了信息约束，形成全球买全球卖全球销的新格局。

五、平台产业"虚拟化""无边界化""业务边界模糊化"使跨界经营"常规化"

智能商务平台利用数字化、网络化、智能化的特征，构建出一个企业"无"边界、产业"无"边界的"虚拟化"商业价值生态体系。人工智能、大数据、物联网的高速发展使这一切成为可能。例如，微信（WeChat）本是一个即时通信社交软件，但它却可以为用户免费提供短信、图片、语音通话等功能，这间接进入了传统电信运营商的地盘，从而成功实现跨界经营。目前微信利用庞大的社交人群通过电商入口为京东赋能；通过社会服务入口为用户提供增值服务，从而建立起一个新的小生态。

智能商务平台以平台为导向的经济变革为社会整体和商业机构创造了巨大的价值，包括创造财富增长、满足需求。

第二节　平台分类及成长逻辑

"让天下没有难做的生意"，以亚马逊和阿里巴巴为代表的电子商务平台改变了商品交易的形式，以 Windows+Intel 平台为核心的 PC 产业改变了我们日常工作和信息处理的模式，以 Uber 和滴滴平台为核心的打车颠覆了我们平常的出行模式，以 Google 和百度为主导的搜索引擎平台改变了我们获取信息的方式，以微信平台改变了我们参与移动社交的动机。

这些平台企业在领导和推动一场场经济社会变革和转型的同时，自身也借助资本的力量获得快速发展。阿里巴巴 IPO 首日市值竟与中石油这样的巨无霸相当，前者经营收入却不及后者的 1/10，管理精英们不得不深入思考这样一个问题：现在和未来，全球经济社会的组织形式和价值形成机制正在发生什么变化，以及将要形成何种趋势。

经营企业一定要看趋势。因为互联网的高速发展，中国及世界的市场环境都发生了巨大的变化。现代企业都将由过去的传统企业变成互联网企业。传统企业的生存、销售、物流、服务都将由线下转入线上。企业的发展空间和时间都将成为市场的竞争优势。所以传统企业将重新洗牌，人人必须参与平台化思维、平台化运作，否则就会被市场淘汰出局。

平台化的企业正在抢占传统市场，按规模大小、功能类别可分为四大类。

一、智能商务综合信息平台

智能商务综合信息平台是指不只针对特定群体而提供各种综合服务的平台，包括亚马逊、苹果、百度、阿里、新浪、网易等提供各种信息的交互平台。

综合信息平台的优点是服务范围广、服务人口多、企业规模大、发展时间长，所以现在智能商务企业若想寻找机会，你必须细分市场，创造行业类平台。

二、智能商务行业垂直平台

智能商务行业垂直平台就是专注于某一个行业、服务某一类特定群体的市场。如主要提供各类服务信息的 58 同城，提供交友信息的世纪佳缘平台，提供就餐、电影、交通出行的美团平台，提供招聘服务的 Boss 直聘平台，提供打车服务的 Uber、滴滴打车平台等，这类平台的共同特点就是行业细分，纵向服务，在一厘米宽度做到一千米深度。

智能商务行业垂直平台的发展商机非常大。因为现在还有太多的行业没有形成行业类的专业平台,所以参与平台创建的人都有机会。毕竟专业类平台比综合类平台服务更精准、更专业,信赖度更高。

三、智能商务企业类平台

智能商务企业类平台是指企业根据自身的品牌、产品、服务创建的一个独立性平台。这家企业既不依附于综合信息平台,也不依附于行业类平台,而是自己建平台,自己做推广,自己拉客户。

企业类平台的好处是具有独立性,企业的经营和管理不受别人限制。缺点是企业类平台经营成本太高,不容易推广,很难吸引客户。

四、智能商务产品类平台

智能商务产品类平台是指既可以专门生产某一类产品进行销售,也可以建立平台后专门代理销售某一类产品,打造产品平台。产品类平台的优点是企业投资小,资源集中,定位精准。缺点是客户少,积累慢,企业难以做大。

产品类平台相对于企业类平台来说更有优势。因为互联网平台的消费者不受时间和空间的限制。如果创业者具有工匠精神,把一个产品做精、做细、做成品牌,进行单品突破,精准定位,也是一个好的营销策略。

无论是哪种平台,最后都需要深度运营,流量运营、生态运营都很关键。

为打造成功的智能商务平台商业生态系统,需要实施平台化发展战略,该战略的内涵包括平台商业生态系统的参与者及其需求、平台系统的功能模块、平台的架构、平台运营流程、平台商业模式、平台商业生态系统的动态演变机制、平台发展方向和战略重点、平台运营和管控策略、平台系统动态优化方法、平台化发展战略的实施流程等多个方面。

首先,要做好精准定位,确定平台的参与者,辨识参与者的动机和需求,通过数字画像精准描绘消费者特征,做好精准定位和规划。其次,在第一步基础上设计平台化发展战略，明确发展的基本方向、战略重点和可行策略，并将平台化发展战略转化为具体的行动步骤。接下来，设计与开发平台架构、功能模块和服务流程，对于有一定基础的平台企业，一方面是平台功能和服务的创新；另一方面是技术平台的建设和优化。进一步，需要制定平台系统的推广方案和竞争策略，吸引各类用户加入平台并开展交易或匹配活动。最后，对平台系统上各项服务的使用情况和运营效果进行监测、反馈和提升，实现对平台商业生态系统的治理、持续优化与转型升级。

第三节　从社群零售到智慧零售，平台的价值逻辑

做零售数字化和智能化的企业和平台众多，扎根零售的深度也在下潜。从有限SKU、有限场景、有限结算层面的数字化到精细入微的全场景数字化运营，通过信息系统进行数字化穿透，已经逐渐从零售企业的"选装"成为"标配"。

一个不被人熟知的信息是，除了在视线内活跃的巨头们，如阿里、腾讯、小米等，而华为、美的、格力等科技企业也早已开始默默布局着自己的智慧零售解决方案。想要在零售数字化的过程中玩出新花样并不容易，这不得不让人充满期待。

从社群零售到智慧零售，图8.1中的智慧零售超级连接示意系统显示了变化的逻辑。从传统零售到新零售，零售的形态在变，但价值逻辑不变，智慧零售平台的价值逻辑是创造价值、分享价值、获取价值。每一个智能个体都是价值的总来源，又是总价值的受益者，一切都回归本源，以消费者需求为中心，以数据化、网络化、智能化助推消费者精准画像，私人定制，生产流程数字化、物流信息化、推荐自动化，让生产、物流、支付、采购、服务都进行数据化和智能化，最终实现零售商与消费者价值最大化，平台生态化。

零售企业的数字化、智能化、生态化要分为3个步骤。随着新零售的理念越来越被接受，人工智能、5G物联网、区块链、云平台、大数据等技术的不断

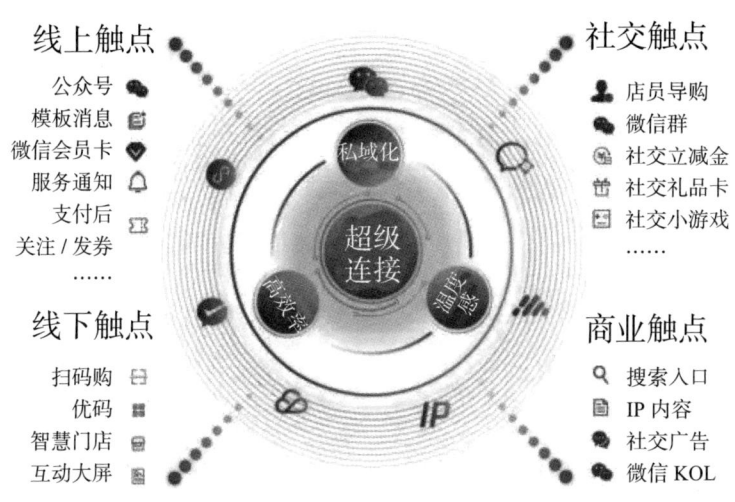

图 8.1　智慧零售超级连接示意

成熟，商家的数据意识不断增强，智慧零售的发展越来越深化。

第一步，智慧零售的需求数字化，消费者很少去考虑家庭每个月的开支种类，如鸡蛋的需求数、青菜的需求数、猪肉的需求数，汇集到一个小区一个月的总需求数，如果这些数据与商家打通，商家就会根据消费者的需求进行自动化生产，避免供应过多价格下降，也避免过少造成价格回升。作为商家有意识地搜索这些数据，如某类产品销售额、用户信息、生产成本、原料采购、管理费，并根据这些与 ERP、MES 等系统对接，这是所有智慧企业成功的第一步。

第二步，打通线下线上数据，实现人机交互和协同运营。在数据修正的基础上，利用各种智能终端、人脸识别、传感器、RFID 等对上下游企业数据、运营数据、零售网点数据、消费者过往需求数据进行智能分析、智能挖掘进行辅助决策和自动化推荐，并利用各种智能工具如 VR 虚拟试衣、智能停车、以图搜图提高消费者体验，利用微信小程序、智能摄像头、RFID 巡检等对门店进行远程智慧管理，实现远程打卡、消费者未到而系统提前告知，根据消费者自动定义门店的产品等，指导商业决策、提升运营效率。

第三步，以智能商务驱动新零售"人、货、场"的重构，人变成"数字化的消费者",货变成"基于体验的场景解决方案",场变成"各种不断细分的场景"。基于人工智能、区块链、智能语音、自然语言处理等各种技术的不断运用,对各种消费数据、交易数据、消费者数据进行有意识地收集、处理,随着算法的不断优化,通过数据＋算法围绕业务场景,进行全渠道、数字化、场景化的改造,使实体零售实现降本提能,实现从生产端到最终销售端的全面提升。

● ● ● ● 第九章

做乘法：从共享到普惠

传统企业搭上数字化转型列车，共享经济、普惠经济是不错的选择，目前全球共享经济处于高速发展期，参与共享经济的人口不断增多，共享经济平台收入大幅提高，共享经济领域不断拓展。随着中国经济步入新发展常态，经济开始进入了转型关键期，推动了共享经济、分享经济的快速崛起。共享经济模式已经深入到社会的层层领域，深入到人们生活的方方面面，传统企业做乘法，搭上共享经济的班车，加快智能商务步伐。

目前绝大多数的共享经济企业，本质都只能说是搭上互联网列车的传统经济模式，只是在服务形式、效率、成本等方面进行了更新升级，并没有改变实质，而智能商务要求从本质上颠覆传统的经济模式。目前共享经济呈现出五大趋势：内涵持续深化，外延不断扩大；竞争日趋激烈，少数企业胜出；传统企业转型，积极拥抱分享；监管体系重构，社会协同治理；倡导开放包容，走向信息社会。总体来说，从共享到普惠，分享经济发展前景呈现大好形势。

广义的普惠化是指利用互联网技术基础设施，让人人参与建设，人人享受成功，从而实现科技普惠、金融普惠、贸易普惠的普惠生态。互联网生态建设、要发挥最大群体形成生态协同效应，普惠就是最基本的要求，是生态之核心。

第一节　共享经济本质、特征及爆发根源

"没有一件商品也可以开商场,阿里做到了;没有一个房间也可以开酒店,Airbnb 做到了;没有一辆车也可以开租车公司,滴滴做到了。"仿佛一觉醒来,共享经济就已经来到了我们身边,并在不知不觉中改变着我们的生活。

Uber、Airbnb、Facebook、维基百科、滴滴打车、Youtube、股权众筹等被称为是共享经济的典型案例。共享经济的特征如下:一是分享的标的物。主要是闲置资源,包括闲置物品、碎片时间、认知盈余(未被充分使用的知识与专长、技能和经验、关系与服务)和资金盈余、闲置空间与公共服务。海量指资源的广泛性及其庞大的数量。分散指多数来自未被整合协同的个人资源或者是信息不对称的沉没资源。二是实现的方式。基于互联网、IoT、云计算、大数据等构建平台,形成规模与协同,以更低成本和更高效率实现经济剩余资源智能化的供需匹配。这是共享经济的核心。三是实现的结果。共享经济平台可以使得前述闲置资源实现经济价值与社会价值的创新,过去大量的资源并未进入到价值创造的体系,同时共享经济可以在可持续发展、生态、就业、协作、文化等方面产生积极正面的影响。此外,分享标的具有私有权或公共服务属性。

共享经济包括不同人或组织之间对生产资料、产品、分销渠道、处于交易或消费过程中的商品和服务的分享。这个系统有多种形态,一般需要使用信息技术赋予个人、法人、非营利性组织以冗余物品或服务分享、分配和再使用的信息。一个通常的前提是,当物品的信息被分享了,这个物品对个人或组织的商业价值将会提升。便利、参与感和信任是推动共享经济发展的主要因素。

共享经济的核心特征主要有 3 个:产能过剩的产物,让过剩产能重新得以进入生产循环;平台共享,让众多的共享产能得以在平台上交易;人人参与,每个个体都有机会在平台上交易,如图 9.1 所示。

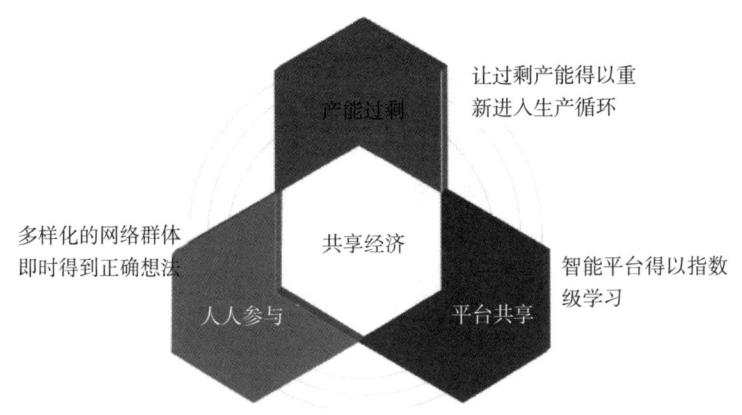

图 9.1 共享经济的特点

共享经济是时代发展的必然产物，根据国家信息中心分享经济研究中心发布的《中国共享经济发展报告（2020）》显示，2019 年共享经济市场交易额为32 828 亿元，比上年增长 11.6%；有 8 亿人参与其中，网约车客运量占出租车总客运量近四成，在线外卖收入占全国餐饮业收入的比重达到 12.4%。2020 年共享经济增速将因疫情影响而出现一定幅度的回落，预计在 8%～10%。共享经济的快速发展有如下八大驱动力。

客户驱动：有效降低客户使用的成本，使用而不占有。

剩余价值驱动：即分享者拥有对某种东西多余的使用价值，这是共享经济存在的物质基础。只有存在剩余，才可分享。

信任驱动：普惠共享以信任为前提，将重构供给与需求之间的衔接。

平等与自愿驱动：分享者与被分享者之间是完全平等、自愿撮合与成交，不存在第三方影响力，不存在甲方乙方，他们是一种合作者的关系，是利益共赢者，而非买者与卖者的对立关系。

平台驱动：借助各种平台，闲置资源得以再利用，平台通过制定规则撮合交易、提供信息再次参与价值分配。

数据驱动：通过对平台用户数据、交易数据、财务数据、产品数据进行分析挖掘，可以有效辅助决策，用以指导行业生产和销售。

体验驱动：建立与解除分享关系简单。加入分享平台完成分享，或者离开分享平台，都很简单，不像解除一种公司雇佣合同或者交易合同一样程序复杂。决定建立或者解除共享关系的关键影响因素是体验和参与感。

价值驱动：闲置资源、过剩产能可以参与价值创造，认知盈余、闲暇时间可以价值化，连接本身就具有价值，可以使交互更具意义。

从共享打车到共享雨伞，从共享旅游到共享用工，并不是所有的经济都可以共享，支撑共享经济发展的有三大基石，分别是信息要对称、平台要公开透明、人人参与共同协作。

信息对称：对普惠共享而言，降低信息不对称将有助于资源的聚集、资源配置、建立供需连接、提升用户体验、提高交易成功率。

平台规则：好的平台规则有助于供需双方的有效匹配，公开透明的规则是好的平台的有效保证。

协同协作：参与者彼此依赖，与平台方共建共享，形成协同消费、协同创新。

共享经济的前提是不影响所有权。如出租多余的房间，把私家车加入易道专车来分享你的驾驶和汽车，分享一段视频，分享一段文字，都是把你拥有的多余的使用权拿来分享，而你依然保有所有权。

共享经济的本质是一种使用权的分享。明晰的产权保护和隐私权、安全性保护，是分享者愿意进行使用权分享的前提。

第二节　智能商务发展加速普惠化

从传统商务到智能商务，从共享经济到普惠经济，智能商务的发展为大规模普惠化创造了条件。科技是第一生产力，智能语音人机交互为残疾人提供了普惠、自然语言处理为大旅游带来了普惠、VR技术为远程医疗带来了普惠。一部信息技术的发展史，就是不断走向普惠化的历史。互联网的发展使得人与人之间的距离不再遥远，社交、消费和娱乐变得更加便利。智能技术的发展使得人机交互、网络协同、生态协同成为可能。

在智能商务环境中，"人人参与、共建共享"的特点实现了普惠贸易、普惠科技、普惠物流、普惠金融。各种智能终端、传感设备、人脸识别把消费数据、交易数据、生产数据、经营数据进行智能加工，算法在不断优化，决策更加科学合理，数据的普惠让商家节约了生产时间，提高了交易效率，让消费者在更短的时间得到了自己定制的产品。人工智能的发展让机器"听懂"人话，云技术的发展降低了技术门槛，区块链的发展实现了去中心化，社会变得更和谐。

① 5G 及通信技术发展促进信息及万物互联的普惠化，从 20 世纪 80 年代通信 1G 模拟时代进步到 90 年代的 2G 数字时代，从 2000 年的 3G 移动互联网规模商用到 2010 年 4G 的数据流量开放，再到现在的 5G 进入万物互联时代，5G 将会引导信息的普惠互联网向价值普惠互联网转移，实现万物互联向万物智能的转变，是打破信息壁垒，实现信息互联网全民普惠。

② 物联网的发展促进了智能商务，把普惠从人与人之间推向更为广阔的人与物、物与物之间。物联网的发展使得万物互联、人机协同、网络协同成为可能。在人工智能区块链的赋能下，在智能商务的平台上，物联网在 3 个方面发挥重要的普惠作用。第一，通过智能商务的智能设备如手机、Ipod 等智能终端及智能传感器、RFID、人脸识别等技术收集信息、感知万物，从而实现信息搜集的普惠化。第二，在智能商务环境中，利用智能语音技术、自然语言理解、利用自身或边缘计算节点的能力通过算法模型进行分析和计算，并将计算出来的有价值信息进行普惠化分享，帮助决策和降低成本。第三，利用智能商务平台，实现设备与设备之间、设备与人之间进行人机交互、网络协同。物联网突破了单一智能产品的界限，使得系统智能成为可能，从而延伸了普惠价值。

③ 云计算促进算力普惠化，有力地促进了 IT 技术革命，间接促进了组织变革。云计算的出现解决了传统 IT 设备大量部署而算力有限的困境。成千上万台的服务器能够通过虚拟化和分布式计算等技术随需提供计算和存储能力，通过 SaaS、PaaS、IaaS 的服务形式为商家提供服务，如百度提供的搜索引擎服务，

谷哥提供的 GoogleDoc、GoogleApps 服务等。云计算的出现将 IT 设施变得像水电公共设施一样方便，不仅大大降低了企业的使用成本，缩短了应用开发时间，提高了使用效率，而且使单体看似无价值的数据汇总到云平台上，通过大数据分析而产生巨大价值，云—管—端成为数字经济时代的基础设施，大大促进了 IT 设施的普惠，加快了智能商务发展，有力促进了数字技术与实体经济的深度融合。

④区块链促进了信任的普惠化，信任是稀缺资源，交易双方通过去中介化交易一直是难题。区块链技术的出现，凭借其分布式、去中心、不可篡改、集体维护、安全性等核心特征，有助于信任的普惠化，如通过区块链建立契约凭证的可信存证，可自动执行的智能合约利用信任机制建立金融的普惠化等。

⑤智能语音、自然语言处理等人工智能有助于算法的普惠化，人工智能技术大大加速了智能商务的效率，通过各种智能终端、智能传感设备自动提取智能商务交易数据、消费数据、运营数据，并进行智能分析，提取有价值的信息，不断优化算法，让系统更加智能。事实上，智能音箱、城市大脑、智慧零售、智能客服都是智能的产物，是人工智能带来的实惠价值。从大型机时代到 PC 时代、从互联网时代到智能化时代，服务器、网络流量、存储的增加、智能终端成本的降低或处理能力的增加，无不是数字技术普惠化的推动力量，共同推动智能商务的高速发展，推动商务从封闭走向开放，从独享走向共享和融合（图 9.2）。

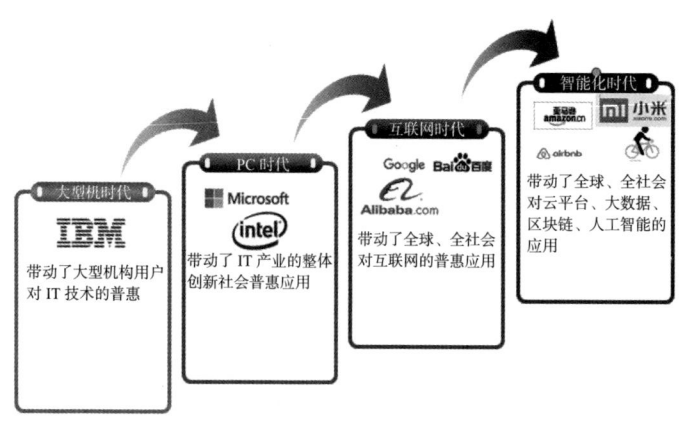

图 9.2　技术发展促进普惠化

第三节 共享单车存在的模式问题及解决思路

早上,快迟到了,赶快扫一辆共享单车,飞速奔驰到地铁口。

中午,去拿快递,默默扫一辆共享单车,悠闲骑到菜鸟驿站。

晚上,会会朋友,开心扫一辆共享单车,加速驶向公交站。

共享经济是互联网经济下的新型经济模式,作为新四大发明之一的共享单车就是依托移动互联网技术搭建信息平台,解决"共享"的信任问题;通过"分时租赁"分离商品的所有权和使用权,降低消费者的使用成本,实现"经济"效益。自2015年正式诞生至今,共享单车迅速占领了市场。一直处于风口,也处于浪尖之上,既然共享单车具有环保、灵活、方便等优势,并解决了人们出行的"最后一公里"问题,却为什么屡遭破坏,作为共享单车双雄 ofo 黯然离场、摩拜并入美团?有人借此抨击共享经济是昙花一现,所以很有必要讨论一下。

共享单车问题有哪些?本质是什么?问题主要有随意停放,影响城市交通出行;相继倒闭退款难;商业模式中成本高等问题。其中,盈利模式关乎企业如何赚钱,是这些问题的关键。

①盈利模式太重,采购成本太高,无论是摩拜还是 ofo 还是后来的小蓝单车都是直接采购模式,一辆单车的成本按照纯材料、人工及其他费用核算一辆车的成本不低于 300 元,有的企业更高,如摩拜,第一代摩拜车的成本为 3000 元左右,第二代的成本为 500 元左右,根据市场监测数据,ofo 和摩拜投放单车辆数均超百万辆,摩拜投放 12 座城市,有 1000 万用户。ofo 投放 40 座城市,用户数量高达 2000 万。那么造一辆共享单车需要多少钱?摩拜生产一辆单车的成本在 2300 元;ofo 单车轻便,成本低,每投放 1000 万辆,光成本就达到 30 亿元,这么重的资产对企业是个沉重的负担,报废后对社会是个巨大浪费。2019 年我国共享单车全行业累计投放单车 4000 万辆,根据北京、上海出台的共享单车 3 年强制报废标准,4000 万辆单车报废后,将产生近 50 万吨废金属,相当于 6 艘航空母舰结构钢的重量。

②收益率太低。如按每天骑 10 次，每骑一次 1 毛钱，收益为 10 元，月收益为 300 元，一辆单车成本为 1000 元，回收期为 3 个月零 10 天。事实上，由于缺乏监管造成丢失、损坏率畸高，每投放 500 辆就需增加一人的维护成本，据推测一辆单车的年运维成本达到了 1000 元左右。实际收益率可能更低。

③模式单一。共享单车主要依靠广告和押金来实现流量的变现，目前的操作上押金收益占了大部分，这也最为诟病。

④"烧钱"模式积累用户，但过度依靠融资运营导致企业后继乏力。互联网企业都喜欢"烧钱"来发展用户，这种操作模式对资金依赖度过强，特别是共享单车模式中行业门槛低，一窝蜂大量的共享单车上市抢市场，资金链断裂成为常态。

⑤竞争无序。由于模式中的进入机制没有防火墙，几十家共享单车企业蜂拥而入，超出了市场的容量，打破了市场的发展平衡，让共享单车产品趋于同质化，导致共享单车出现泛滥成灾的畸形竞争局面，原有的发展轨迹受到影响。

⑥退钱困难，消费者体验差。很多共享单车公司退押金手续烦琐、时间很长，影响了消费者的体验，造成对共享单车热度不高，转化效率不足，如果没有押金支撑，盈利堪忧。

这些问题的出现既有企业自身的问题，也有社会的问题、消费者的问题，如果能合理规避风险，找到解决思路，共享单车的优越性就能显现出来。具体建议如下。

一、政企合作，实现资源合理配置

共享单车作为公共出行服务，受到政府的监控和管制，停放区域、单车（公众财物）监管、车身广告等都应受政府监管，避免企业为了盈利而采取扰乱城市秩序的手段。政府应该出面整合各家共享单车商，对于停靠区域投放数量进行大数据模拟测算，并对管理规范企业进行一定的社会补贴，通过政企合作，可以对资源进行合理的配置，保证共享单车行业健康持续发展。

二、优化商业模式

共享单车的重资产问题、盈利问题要靠企业自己优化解决，有了一定用户的共享单车企业可以与采购商进行对赌，也可以通过广告或其他衍生业务来增加企业的盈利能力。

三、完善信用体系，促进资本增值效益

信用体系对于购销双方来说都是一个重要问题，对于大数据对消费者出行路线进行优化设计，以技术为驱动来构建全面可靠的信用系统，建立企业和消费者的信用体系，增加消费者的破坏成本，减少企业的运营成本，还能实现对押金的合理利用，让闲置资本发挥增值效益。押金对于共享单车企业来说是一块"看得见吃不着"的大蛋糕，对于用户来说是一个重要而又敏感的话题，这其中的关键就是信任机制。

四、发展生态体系，优化上下游资源

可以通过向前一体化或向后一体化策略，上游与阿里、腾讯合作成为生态链，下游可以与其他企业共享客户资源、共享资源和技术，发挥各自的优势能力，利用规模和资本的溢出效应，实现"1+1>2"的协同发展效应。

共享单车以网络平台为依托，通过互联网技术将自行车资源在供方和需方精准匹配。随停随取、智能锁和便捷的移动支付使它克服了传统自行车的弊端，帮助人们解决了出行"最后一公里"的难题，实现了资源的高效利用，成为现代城市不可分割的出行方式之一。面对目前困难，解决问题才是王道。

第四节 区块链的"互赢共生模式"有助于共享经济、普惠经济

共享经济是移动互联网时代的产物,特别是随着物联网、大数据、云计算等技术进一步发展,共享经济呈现出高速增长之势。与此同时,其发展过程中出现了诸如资源配置效率低下、资产和服务质量不高、资产安全无法保障、资产不透明、平台信用体系不完善等问题。区块链技术的分布式记账、不可篡改、可溯源、机器信任等特性,与共享经济发展需求高度契合。区块链的爆发使共享普惠价值溢出,普惠经济也是一种集约型经济、绿色经济、共享经济,它能高效对接供需资源,提升闲置资源利用率,实现节能环保。目前全世界共享经济发展如火如荼,我国共享经济的市场规模也在持续扩大。来自国家信息中心的数据显示,自2016年起,我国共享经济市场交易额以年均40%以上的速度连续增长,到2018年,交易规模达到29 420亿元,直接融资规模约1490亿元,参与者约7.6亿人。未来3年,我国共享经济仍有望保持年均30%以上的增速。共享经济拥有良好的成长环境,百姓也正享受着共享经济带来的各种利好。数据显示,共享经济推动服务业结构优化、快速增长和消费方式转型的作用正日益凸显,2015—2018年,出行、住宿、餐饮等领域的共享经济新业态对行业增长的拉动分别为每年1.6个、2.1个和1.6个百分点。

共享经济特有的低成本、低消耗、高利润等特点,完全符合现代消费者的需要,但其监管和安全保障仍存在着弊端。共享经济本质上是陌生人之间的交易,那么交易的信任从何而来,这时候,第三方提供信任保障和承诺兑现的平台便应运而生,通过搭建和维护技术平台,它们聚合、重组、分配零散的资源和需求,核实供方和需方的真实身份、专业资格及背景资料,提供交易信息、支付工具和点评记录,最后促成双方交易。有没有一种技术解决方案,能够完全去除交易双方之间的中介?是否存在一个系统,使人能够与任何人直接交易,并免受欺骗,同时无人拥有该系统,因此没有佣金收取方呢?区块链技术使解决上述问题成为可能。

智能商务里的区块链因其卓越的技术特点——公开透明、唯一性和安全可靠、去中心化、智能合约、集体维护可以快速渗透共享普惠领域，而区块链的核心——互信和共享，则与共享经济的理念完全契合。因此，我们有理由相信区块链一定可以在共享经济领域大显身手，从而推动共享经济向更高的阶段发展。

一、区块链的核心特点去中心化与共享经济、普惠经济的宗旨高度吻合

区块链作为一个去中心化的一致性共享数据账本，整个系统对集体都是公开透明的，它将让共享经济变得更加容易。如果能将智能合约运用于自行车租赁、房屋共享、共享单车等领域，将会给整个行业带来全新的改变。

互联网的本质是连接、共享、去中心化。在中心化的世界里，大家都知道月亮围绕着太阳转、个体服从于整体。共享经济的发展完全符合互联网的本质。共享经济重塑从政府到企业再到个人，每一个社会领域的商业形态乃至思维方式。共享经济是互联网时代，精准匹配供需双方，实现信息撮合的一种商业模式。为有价值的闲散资源、零散时间、特殊技能创造一个共享环境，以达到供需匹配的便利。

去中心化是区块链的核心特征，去中心化并不是反中心，实际上是分中心。价值在于促进各行各业的中心化机构之间达成共识、构建联盟，形成多个中心组成的商业生态圈，这样的生态系统突出中心的职能，大大简化了中心化机构运营成本。同时，区块链去中心化的作用正开始在各个金融领域得到广泛运用，它也将成为普惠金融发展的催化剂，不仅大幅节约成本，同时也极大提升了共享经济、普惠经济的效率。

二、区块链解决了共享经济、普惠经济的共享难题

共享经济、普惠经济建立在大数据的基础上，而获取大数据会涉及太多的

隐私，甚至包括企业、政府等重要数据。区块链则解决了数据共享的难题，区块链是一种去中心化的、高保密的、完全不需要人掌控的技术。安全性由计算机系统控制，而不是由某一家企业或公司控制，也不是通过法律控制。用计算机控制安全，就真正解决了人工智能最底层的数据共享问题，通过这样的方式，未来人们才可以大胆使用人工智能。未来人工智能、区块链将携手改变世界。

共享经济在全球一路攻城略地，"哪里有痛点，哪里就有共享的空间"。展望下一个"风口"，教育、医疗、知识、物流、技能等众多领域都有很大的共享空间。国家信息中心分享经济研究中心预测，未来几年，我国共享经济仍将保持年均30%左右的高速增长。到2020年，共享经济规模会占到GDP的10%；2025年预计达到20%。

三、区块链自动执行智能合约，大幅降低契约建立和执行成本

区块链是分布式数据存储、P2P传输、加密算法、共识机制、全网维护等一系列技术融合在一起的新的应用模式，它本身不改变现在互联网的架构，只是在互联网的基础上做了一层安全高效的信任化保证，借助智能合约技术能够自动执行满足某项条件下的操作，也能够使得更多商品"共享"，大幅降低契约建立和执行成本。从信息互联网到价值互联网是区块链的重要特征。

四、区块链的"互赢共生模式"有助于共享普惠价值创新

区块链通过价值重组、协调运行和利益合理再分配三大核心机制与共享普惠关联产业和谐共生。

共创：通过区块链聚集全社会各类资源，使每一个具有科学思维和创新能力的组织或人都可参与创新，形成大众创造、释放众智的新局面。

众包：借助互联网等手段，将传统由特定企业和机构完成的任务向自愿参与的所有企业和个人进行分工，最大限度利用大众力量，以更高的效率、更低

的成本运营。

共扶：汇集大家的力量互助互扶，构建良好商业生态。

共享：通过社会资源的重新优化排列组合为企业和社会创造更大价值，让参与者共享增值。

五、区块链采用的非对称加密有助于解决信用问题

解决信用机制也是共享经济的一个重要难题，区块链能轻松解决用户的信任问题，打破了共享经济的信任障碍。区块链非对称加密技术的应用和分散化信任允许个人之间直接互联、共享和交易，它是一个真正能够实现对等交易和共享经济的平台。在区块链中，信息的传播按照公钥、私钥这种非对称数字加密技术实现交易双方的互相信任。非对称加密技术是区块链技术体系很重要的一部分。非对称密码的特点：算法强度复杂、安全性依赖于算法与密钥，但是由于其算法复杂，而使得加密解密速度没有对称加密解密的速度快。对称密码体制中只有一种密钥，并且是非公开的，如果要解密就得让对方知道密钥，所以保证其安全性就是保证密钥的安全，而非对称密钥体制有两种密钥，其中一个是公开的，这样就可以不需要像对称密码那样传输对方的密钥了，这样安全性就大了很多。

六、区块链有助于解决共享平台的独立化问题

从传统经济到共享经济是一个"去中介化"和基于共享平台的"再中介化"过程。近几年，随着共享经济模式 Airbnb、Uber 的出现，在其发展的过程中依然存在着很多的问题。例如，行业平台独立化、服务断裂化等问题严重阻碍了共享经济模式的发展，而利用区块链技术可以很好地解决这一问题，因此，区块链技术促进了共享经济模式的创造，是共享经济、普惠经济的下一站。

在当今这个资源稀缺的世界里，共享经济利用已有的资源，如有形资产、

技术、网络、设备、数据、经验和流程等，这些组织可以以指数级成长。而区块链重新丰富了我们对于资产、监管、管理的理解，再次把共享普惠推向更高的程度。

　　技术从不因人而停滞，人却可以因技术而解放。未来，随着互联技术的不断进步，信息传输速度和软硬件性能的不断提高，相信区块链终将克服所有障碍，而成为最有效、最流行的技术方案，其所蕴含的全新的制度机制也必将绽放出人类文明之花。

•••• 第十章

做除法：生态协同数字化转型路径

从传统经济到数字经济，从传统商务到智能商务，企业之间的竞争经历了三代，第一代是渠道的竞争，传统经济思维的核心是渠道为王，占有渠道就是赢家，就意味着影响力，就直接反映在销量的增长上；后来互联网来了，线上线下 O2O 整合成为常态，点击决定业绩，流量决定销量，在各种电商平台上，点击率直接体现在浏览量上，而流量更是销量的直观体现；而今天智能商务时代，数据重构商业，体验改写未来，用好人工智能、大数据做生态布局是当今时代数字化转型的核心（图 10.1）。从万物互联到万物智能，正在推动产业互联从线性产业链向智能生态群演进。随着智能商务、人工智能的大力发展，传

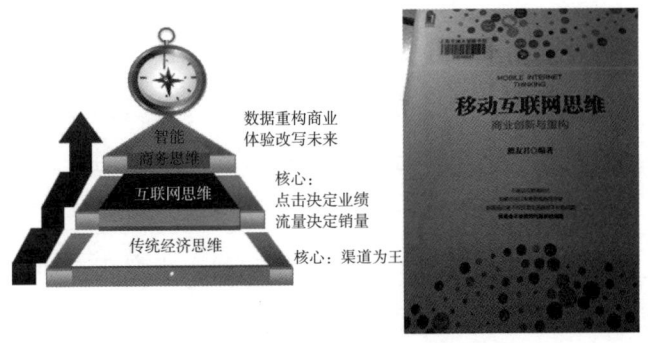

图 10.1　数字化转型思维创新路径

统产业正在发生解构,发展的主要特点如下。

基于交易的数字化,线下生意正式走向线上,首先在消费端发力,数字化平台如淘宝、京东、苏宁易购、美团等;数字化营销如网页广告、微博营销、微信朋友圈营销、抖音带货等;数字化交易如支付宝、蚂蚁花呗、京东白条等;数字化物流如智能仓库、电子回单、无人机配送等。如今,消费数字化正向产业数字化加速转移。取而代之的将是产业化数字化生产,如智能传感器、智能能源管理、物联网设备;产业化数字化营销如平台广告、自媒体营销、大数据营销;产业化数字化交易如企业电子支付、电子合同、区块链发票;产业化数字化管理如智能订单管理、智能测评、数字人力、智能财务等,如图10.2所示。

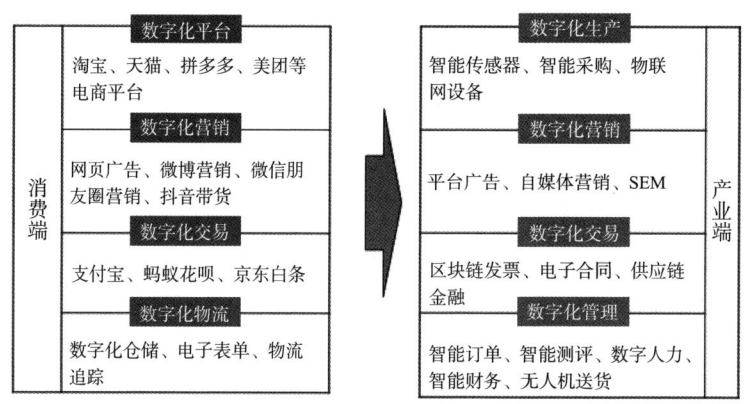

图 10.2　数字化由消费端向产业端延伸

基于交易的智能化:智能终端、RFID、云平台、人机交互、网络协同、智能传感器、数据分析、生产自动化、智能工厂、私人定制、S2B2C、自动化推荐等正在替代传统的人工,智能革命正在一点一点地发生,不断改写智能商务的版图。

线上线下的融合化:传统的线下生意和线上生意正在加速融合,单纯的O2O已经让位于OMO,线下的商家通过美团、自建APP、阿里等平台加速向线上转移。线上的企业通过自建或加盟等方式加速线下布局,如携程在线下开的旅游推介网点、京东小店、阿里小店等。传统的单独线上或线下的生态很难存在。

平台革命在加速：全球设计平台、远程定制平台、智能服务平台与分散生产平台正在改写传统的线性生产链，实现产品全生命周期的生产与服务。设计人才、生产设备、终端产品和终端用户分别与其对应的上下游平台连接，实现信息对称。分散化生产设备通过智能化生产流程生产所需产品，并通过智能物流系统把产品送达用户手中。智能家居平台、无人驾驶平台、智能商务平台正在不断攻城略地。

数据正在变成新的"石油"：在智能商务系统中，数据正在不断发挥价值，各种商务智能工具借助 RFID、Wi-Fi 智能终端、智能传感设备与系统开始基于平台进行智能分析、精准推荐、撮合交易、个性化定制、数据价值交换。企业在研发、采购、生产、营销、用户使用、企业管理的各个环节获取的数据，借助各种数学模型和智能算法，通过数据分析、数据挖掘，从生产经验、隐性知识等提取有价值信息并让结果显性化，继而对生产和企业变革产生重大影响。

第一节　数字化转型的三大动力及五大挑战

一场数字革命正在世界市场全面推开。从世界范围来看，经济的新形势，加上受到新兴技术公司的冲击，传统企业向数字化转型升级的趋势愈发成为共识。数字化转型已经不是选择，而是唯一出路。数字化转型的概念代表了革命和机遇，尤其在竞争加剧的今天，为了生存，传统企业需要获得持续发展的能力。而通过转型，一方面企业可以借助数字化创新，加快内部流程、业务模式等方面的变革；另一方面通过变革，企业逐渐转变成为由数据驱动的组织，意味着企业决策和发展更具洞察力。

数字化转型已经无处不在，当下，数字化转型已经渗透入人们日常的衣食住行、工作生活、生产服务等方方面面。例如，智能夹克，将互联网技术充分运用到袖口中，在骑车过程中可通过轻拍袖口将蓝牙与手机相连，播放音乐，彻底将技术运用于无形之中。在汽车运用方面，百度汽车、小鹏汽车已经将自动驾驶、新能源、数字技术等充分融入到汽车当中。此外，还有智能烹饪系统、自动洗衣机器人、自动机器人的铺路技术等均是数字化转型的典型案例。

企业数字化转型的三大动力：一是宏观环境。目前，中国市场整体经济增长速度正在下滑，增速下滑对于所有行业都会产生较大的影响。二是市场竞争激烈。在中国市场，企业大多通过价格战的形式抗衡竞争，这一竞争形势将影响所有行业，导致市场竞争异常激烈。三是用户需求越来越个性化。需要为用户提供个性化的产品和服务（图10.3）。

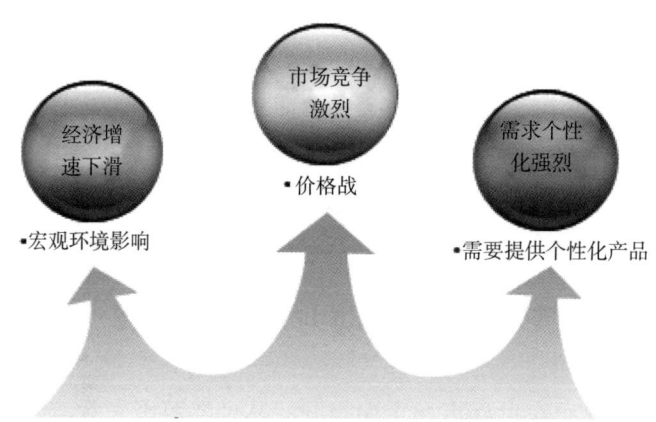

图 10.3 数字化转型的三大动力

从全球角度看，政治经济波动持续、逆全球化趋势抬头、技术加速变革商业等因素促使企业需要数字化转型。从国内形势来看，党的十九大报告传达出五大关键词，这五大关键词将使所有行业受益。一是文化复兴，涉及影视、动漫、娱乐、知识付费、电子图书、出版等。二是科技引领，未来科技将与实体经济相结合，智能制造、生物科技、海洋、天空等领域都会受益。三是创新驱动，创业成本降低，创新、创业氛围良好。四是全球布局，中国"一带一路"建设及自由贸易区这两大方向将支持中国整个全球布局战略，良好的政治关系将为中国的IT厂商及行业用户提供巨大的成长空间。五是民生为本,将更加强调节能、环保、教育、医疗,大健康产业在未来有非常大的成长空间。

数字化转型为什么会引领企业的未来？企业业务范围呈现金字塔结构,最顶层是智能决策,强调实现决策模式创新；第二层是智能研发、智能管理、智能物流,强调实现运营模式创新；第三层是智能生产线、智能车间、智能工厂,强调实现生产模式创新；第四层是智能装备、智能产品、智能服务,强调实现产品服务创新；第五层是数据挖掘与分析服务、投资与融资服务,强调盈利模式创新。这五大创新分别对应数字化转型的五大方面：一是管理模式转型。数字化转型一定是业务转型,而业务转型则需要"一把手"的参与和决策。二是运营模式转型。三是工作资源转型,需要整合外部资源。四是全方位体验转型。需要满足用户的个性化需求,提升用户体验。五是信息与数据转型。信息与数据在未来将直接产生收入（图10.4）。

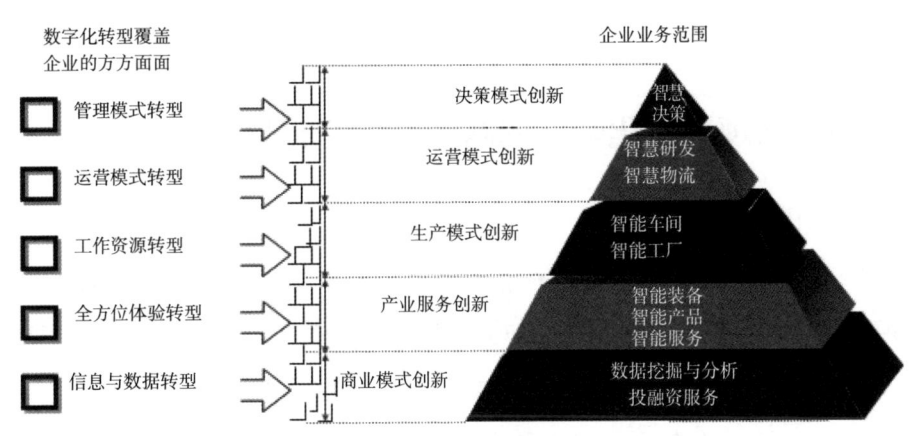

图10.4　数字化转型引领企业未来

数字化转型涉及企业的方方面面,传统企业转型数字化主要面临五大挑战,具体如下。

一是缺乏清晰的愿景,简单理解智能商务＝智能＋商务,数字化转型就是数字化,没有明确的战略路线图。

二是孤立的组织架构，缺乏业务协同能力，僵化的组织体系使得组织与企业缺乏跨业务部门的协调能力，公司的潜能不能最大化，变革的速度也受限。

三是短视的技术规划，以为技术就是一切，以为数字化转型就是建立技术平台，片面强调数字系统价值，以技术取代管理。

四是不足的创新协同，平台需要各部门协同，人机协同、生态协同停留在会议上，流于形式。

五是陈旧的考核体系，智能商务企业更关注的是OKR而不是KPI，更多的是关注员工成长。

企业通过数字化转型带来的好处也显而易见，会创造出新的商业模式和数字化产品，创造新的价值。主要体现在：一是产业数据资产化，实现数据的直接或间接变现，如各类型大数据交易所；二是延长产业链、拓宽产业范围，如以大数据为核心催生出数据挖掘、分析预测服务、决策外包服务等；三是利用数字化技术应用创造服务新业态，激活新动能。

第二节　实现数字化转型的路径与3个误区

在新旧动能转换及数字技术不断冲击的当下，企业急需找到新的增长点，而数字化转型就是极为有效的方式。据专家估计，到2020年数字化将为中国GDP带来3.7%的增长，相当于5270亿美元。10年前，企业还在为"转型是找死，不转型在等死"中沉沦，今天，转型创新已经成为新的共识。

如何进行数字化转型，在转型过程中要避免哪些误区呢？企业数字化又有哪些路径呢？

传统企业的数字化转型，除了避免战略不清、模式不明和组织不力三大症结，还要充分认识到转型过程中可能遇到的凶险，在时机选择和操作过程中注意稳扎稳打，避免剑走偏锋，最后折戟沉沙，走入误区和歧途。

误区一：数字化就是搭平台，建设APP，或数字化就是开发系统，或数字化就是开发线上商城。它们认为数字化很容易,就是花钱造个系统,这些企业中有的还是传统领域中做得很成功的,一上来就要做一个大平台,结果死得很惨。富士康集团为了做线上电商平台花了几个亿,万达为了做电商平台,与腾讯、百度一起成立"腾百万"公司,花了很多钱,换了许多人,也没有做起来,最后团队解散。

误区二:数字化转型就是运用智能改造或软件升级。并非任何工厂、任何流程、任何岗位每一个业务模型都需要进行数字化转型。数字化转型并不是简单的一次软件升级、智能改造或供应链的优化。它更像是针对原本运行平稳的系统发起的一次数字化冲击。在数字化转型前必须做好充分准备,是在对业务和公司实际情况认真评估的基础上,利用算法反复建模进行测算,利用仿生技术进行模拟,然后在此基础上做创新及实证。

误区三:数字化转型就是技术上升级迭代。数字化转型是一次战略调整,是"一把手"工程,上级领导公开的、稳固的、长时间不动摇的支持是转型的重要保证,在转型过程中远比想象中要难很多。

实体企业数字化转型路径:依托在对产业资源和产业互联网的理解,一类企业将自身实践转化为对外合作的产业互联网平台,如华为 Fusion Plant 工业互联网平台、徐工的工业云平台、海尔的 Cosmoplat 平台;另一类企业则依托在消费端的数字化能力,向上游对生产端进行数字化改造,如青岛红领集团。这些数字化企业平台基于 IT 的云服务平台及通用 PaaS 平台,通用性强,是将各行业领域的知识与经验沉淀为数字化模型,并以组件形式供开发者调用。数字化模型是影响工业数据分析深度的主要因素,是工业 PaaS 平台核心。

互联网企业有先发优势,利用在互联网上积累的技术、资本、用户、品牌等资源禀赋,利用中国传统行业高度分散、中小企业占比较大的客观现状,加强对传统企业的整编,做成横向一体化平台或纵向一体化平台。如阿里巴巴集团通过阿里云大数据平台进行支撑,对天猫、淘宝交易的数据进行精准分析和智能挖掘,对制造业进行指导,工厂数据线上化,实现 C2B 与柔性供应链,并将制成品通过菜鸟直达用户,实现厂家零库存,并根据需求提前预警,帮助制造业企业提高效率,降低成本。

一些具备互联网思维的企业,通过企业平台实现用户、生产、供应链、物流的数字化管理,形成横向或纵向的产业化协作,如小米公司;还有一些企业利用柔性供应链,企业内部划小,做成各个作战单元,对市场快速反应,如韩都衣舍等(图10.5)。

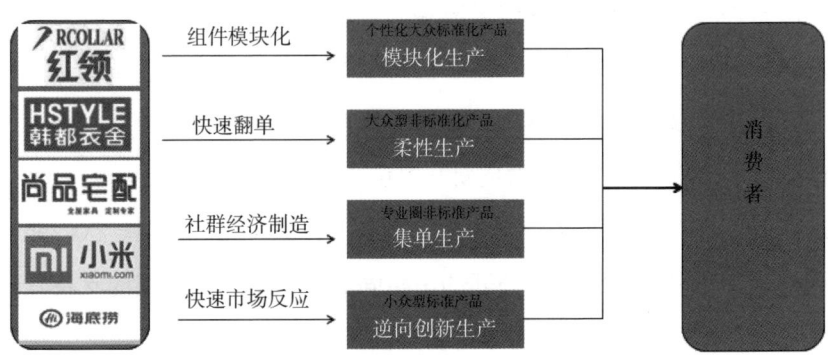

图10.5　互联网思维企业数字化转型路径

事实上,数字化转型远比想象中难,需要有强大的领导支持、良好的体系和流程、清晰的愿景及高度的激情和动力。数字化转型只有在强大的领导力推动、自上而下给出清晰有力的方向下,才能激发全员动力。海尔董事局主席张瑞敏曾在公司内部讲了八字方针,转型就是"自杀重生、他杀淘汰"。转型道路上任重道远,认识到不去做,也会错失机遇,曾经诺基亚很早就发现了触屏手机,但由于内部利益未能及时转型,只用了4年,市值蒸发了千亿美元,从神坛跌落入被并购的命运。

第三节　数字化转型的六大战略步骤

数字化转型大势所趋,一切皆变,一切皆存在。身处当下瞬息万变的市场环境中，数字化技术催生的商业模式应接不暇，数字化技术的广泛应用重构了消费者、企业、员工、合作伙伴之间的价值链，也重构了企业管理的思想和理论。数字化革命不仅深刻影响到我们的日常生活，同时也冲击着企业传统的业务流程。随着互联网逐渐渗透到各个行业，企业管理者已普遍认识到了数字技术的价值，以及这些技术对改善企业运营流程的巨大潜力。为了将数字技术真正运用到企业产品、服务与流程中，无论是高科技行业还是传统行业的企业都纷纷开始了自己的数字化转型之旅。

在有效规避数字化转型大坑之后，如何实现数字化转型呢？以下六大战略步骤护航企业数字化转型。

一、制定数字化转型愿景

清晰的愿景是企业成功的一半，在做数字化转型之前，一定要明白为什么做数字化转型，5G 物联网使得人与人、人与物、物与物连接成为可能，人工智能又使万物互联变成万物智能，在这个过程中，消费者的消费需求、行为习惯正在不断发生变化，他们对个性化的渴求及更好的体验、更好的质量的渴望正在改写竞争版图。

如何清晰定义数字化转型目标意义重大，它要求企业领导对未来技术发展方向、行业发展趋势、消费者变化规律等诸多因素进行综合分析，并对公司的能力大小、资源禀赋进行合理评估，定义本公司最优的数字化目标。在制定目标过程中，要基于公司长远战略，分阶段分批实行，目标要简明扼要清晰，如提升运营效率（效率提升 20%）、驱动收入增长（销售额增加 40%）、建立合理的收入结构（存货周转率提升 50%）等。

二、结合最新 ICT 技术深度探索优化企业的商业模式

5G 物联网、人工智能、大数据、云平台、区块链技术爆发为商业模式优化

提供了可能，结合最新的技术与业务深度融合。例如，可以通过数字化扩展产品和服务类别，如小米智能音箱，通过音箱可以智能唤醒其他智能产品；也可以用数字化产品替代原有产品和服务，如胶囊胃镜替代传统胃镜；也可以创造新的数字化产品和服务，如VR远程医疗实现远程辅导；也可以用数字化转移价值主张或者用数字化创造新的客户体验或者是重组供应／分销链等。

三、优化并建立适应并支持数字化转型的组织架构

在目前的数字化转型大潮中，组织创新层出不穷，海尔实行的是倒三角制，强调客户价值；阿里采取的是客户第一、员工第二、股东第三，把客户放在第一位；韩都衣舍采取的是小组制，贴近市场；腾讯采取的是内部创业制，鼓励员工创新。

四、优化建立新的适合数字化转型的绩效考核体系，数字化企业更关注的是OKR而不是KPI，更多的是关注员工成长

传统企业老板关注的是关键绩效指标（Key Performance Indicator, KPI）体系，KPI是通过对组织内部流程的输入端、输出端的关键参数进行设置、取样、计算、分析，衡量流程绩效的一种目标式量化管理指标，是把企业的战略目标分解为可操作的工作目标的工具，是企业绩效管理的基础。KPI主要有财务KPI、业务KPI、运营KPI等，但数字化企业更关注的是OKR（Objectives and Key Results），即目标与关键成果法，是一套明确和跟踪目标及其完成情况的管理工具和方法。OKR相比KPI更强调基层员工的创造力，目标（O）确定首先是让基层员工讨论自己的目标（O）、部门目标（O），再汇总公司目标（O），这是一个自下而上的过程；随后再进行自上而下的目标（O）的分解，公司目标（O）的载体是战略地图与BSC，同样可采取群策群力的"目标（O）分解研讨会"的形式来进行，其意义在于充分保证上级（分管领导）和下级（部门经理）在分解部门与员工目标（O）时获得充分沟通的环境。

互联网时代的信息互联技术首先彻底打破了沟通壁垒，从而加快了外部市场、消费者需求等环境的演进与变化速度；将战略目标与绩效指标设定在做好长、中、短期的平衡。OKR 根据公司中长期战略分解年度目标（O），首先实现长期、中期目标的联动，同时为了确保年度目标（O）的实现，OKR 可以结合外部环境的短期变化，以季度为单位调整季度目标（O），并讨论支持季度目标（O）实现的关键工作成果（KRs）。

五、创造数字化转型适合的场景氛围，统一思想行动

商鞅变法的第一步是城南立一根木条并承诺谁能搬到集市北门，就给他 50 两黄金。有人壮着胆子做了，商鞅立刻命令给他 50 两黄金。在明确数字化转型目标后，企业必须展开更为深刻的内部变革，从观念到能力都需要新的变革，以创造有利于数字化转型的场景氛围。

企业需要在全公司上下提升各方对数字化转型的认同感，并提升到公司战略高度进行宣讲，上行下效。同时在文化上宣扬数字化思维方式，并对员工进行相应的数字化知识培训；在公司管理上倡导数字化管理氛围，强调 ERP、OA 等数字化系统的效率性；在内部流程上以数据进行驱动；在合作方面开放能力，引导建立合作生态；在工作模式上进行人机交互和生态协同。

六、创立并固化数字化转型的创新文化

要想数字化转型成功，就要积极创造转型创新文化，一开始就要旗帜鲜明地认识到转型从来都不是一蹴而就的，可能需要很长时间甚至几代人的努力，要充分认识到转型的艰难性、崎岖性，因此在文化上倡导就显得特别重要。要倡导一个适应变化更快、协同合作水平更高、风险接受意愿更强的数字化企业文化，这主要体现在以下两个方面：团队内部形成一个合作氛围，鼓励各方通过合作的方式（内部和外部）来更好、更快地解决企业遇到的问题，人机交互、

网络协同；鼓励创新的工作方式，形成新的电子化员工行为。在企业内部提升对数字化转型的认同感、打造数字化思维、培育数字化能力，从而建立起可持续的数字化商业模式和运营模式。好的文化使人如沐春风，也更容易成功。

在"数字中国"的大潮中，数字化转型已成为每个企业的当务之急。借力数字化打造和提升竞争力，企业将在数字时代迸发出更大的活力。

将以上六大步骤措施梳理清楚，然后再行动，在行动过程中要注意以下几个细节：一是起步要小，聚焦核心优势；二是迭代要快，发挥速度优势；三是战略上藐视"敌人"，战术上要重视"敌人"。

◉···· 第十一章

智能商务引起的行业革命

第一节　智能商务赋能智慧零售，第四次零售革命爆发

智能商务的发展必将引来零售行业的革命，这一次与前几次会完全不同。什么是智慧零售？智慧零售就是运用互联网、物联网技术，感知消费习惯，预测消费趋势，引导生产制造，为消费者提供多样化、个性化的产品和服务。

为什么说智慧零售是第四次零售革命？

智慧零售发展在于三大方面：一是积极拥抱智能技术，如人脸识别、智能客服、智能语音、自然语言处理、VR 等时代技术，创新零售业态，变革流通渠道；二是商业模式不断创新，从以前的 B2B、B2C 转到 C2B，再转向 S2B2C，实现大数据牵引零售；三是运用社交化客服，实现个性服务和精准营销。

工业革命促进了商品经济的繁荣，人们的交易频次和规模迅速扩大，零售组织方式开始发生重大变革，引发了数次业态革命，经历了百货商店、连锁超市超级市场、电子商务、智慧零售 4 次革命性的变化。4 次零售业态革命如表 11.1 所示。

表 11.1 零售革命

零售业态	第一次革命	第二次革命	第三次革命	第四次革命
新业态	百货商场	连锁或大商超	电商平台	智慧零售
主要变革	单项经营变综合经营 讨价还价变为明码标价	有模式创新 产品开始分类 有品牌加盟	网上交易 O2O 线下体验线上交易 平台进出需审核模式有 B2B、B2C 等 人工分拣及配送	OMO 线上线下深度融合 大数据推荐分析，系统撮合交易 模式由 B2B、B2C 转为 C2B 或 S2B2C 采用无人机、人工智能、区块链、云平台等先进技术 开放共享的生态模式

智慧零售是引领世界零售业的第四次变革，有以下几个特征。

①它采取 OMO 线上线下融合模式，线下引流线上消费。

②模式由 B2B、B2C 转为 C2B 或 S2B2C 模式。

③大数据成标配，系统根据数据分析采取大数据推荐分析、系统撮合交易。

④广泛采用无人机、人工智能、区块链、云平台等先进技术，AR 大屏、AR 互动游戏、虚拟试衣、智能机器人、多点触摸、全息成像、球幕互动、机器人停车、以图搜图等技术广泛应用。人工智能技术在仓储配送等环节有着极大的应用空间，其成功应用可实现无人仓库、无人配送，极大节省人力，降低物流配送的成本，破除发展瓶颈。以无人仓、无人机和无人车为三大支柱的智慧物流体系将使物流成本接近于零。

⑤开放共享的生态模式，智慧零售由于广泛消费者和广大供应商交易数据、消费数据、偏好数据等存在于智慧平台上，通过数据分析和智能挖掘自动推荐形成生态共享。

这次零售科技革命不仅催生了电子商务新业态，还加速推进实体零售的数字化转型，利用数字技术提升实体零售的前景十分光明。根据世界经济论坛（WEF）发布的《数字化转型倡议》，消费品行业数字化转型所创造的价值居各行业之首,在 2016—2025 年的 10 年间,它可带来 4.877 万亿美元的产业价值和 5.439 万亿美元的社会价值,减少 CO_2 排放 2.23 万吨。根据埃森哲数据,批发和零售业是我国利用人工智能技术获益最多的 3 个行业之一,到 2035 年人工智能将推动其增长率提升 1.7 个百分点。对本次以数字化、网络化、智能化为主要特征的零售科技革命,零售商业已由生产驱动、渠道为王两个时代进入消费者主权时代,消费者真正成了上帝。智慧零售正在加速推动智能商务的发展。

第二节　智能商务赋能教育的数字化未来

据 CNNIC 数据预测,到 2020 年,"智能+教育"将带来 30 000 亿元的庞大市场规模。

依据图 11.1,2018—2022 年中国教育市场规模及 AI 渗透率显示,教育行业市场规模增长率达到 12.9%,经过 20 余年的曲折发展,随着用户对在线教育

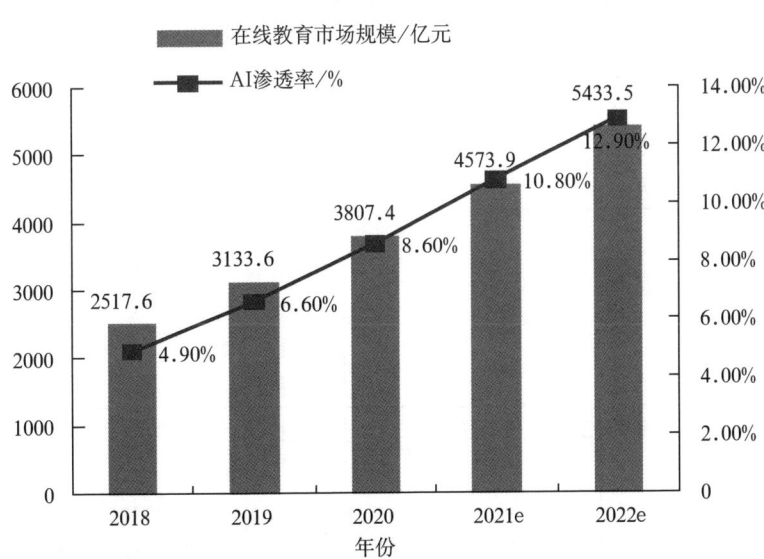

图 11.1　2018—2022 年中国教育市场规模及 AI 渗透率

资料来源:艾瑞研究院。

接受度的不断提升,在线支付意识逐渐养成及线上学习体验和效果的提升等因素影响,中国在线教育的市场规模与用户数量进入了初步成熟阶段,2018年在线教育市场规模达2517.6亿元,付费用户数量超过1.35亿人,人工智能技术、区块链技术、云平台等技术进入教育领域后,市场上涌现出大量专注于"AI+教育"的新型教育机构,在线教育企业也在已有业务基础上引入人工智能技术,提升教育效率、拓展商业模式。在AI技术不断发展及教育领域AI落地成熟持续提升的背景下,预计2022年与人工智能技术相关的在线教育业务规模将超过700亿元。

在智能商务赋能教育方面,美国引领世界,而新加坡、韩国、日本又领跑亚洲。在最近16年里,美国联邦教育部更是先后4次颁布了国家教育技术规划,用以指导国家未来教育信息化的发展;英国政府制定的E-Strategy战略规划为所有机构提供国家宽带服务,并优先发展落后地区和弱势群体;国内人工智能也已经上升至国家战略高度,国家政策利好频出,智能教育如火如荼(表11.2)。

表11.2 国家人工智能与教育结合政策汇总

政策名称	颁布时间	颁布机构	相关内容
《关于2017—2020年开展示范性虚拟仿真实验教学项目建设的通知》	2017年7月11日	教育部	规范了现实项目与本科教育的结合,统筹规划到2020年认定的1000项左右示范性虚拟仿真实验教学项目
《新一代人工智能发展规划》	2017年7月20日	国务院	设立人工智能专业,推动人工智能一级学科建设,建设人工智能学院;建立相关的终身学习和就业培训体系;在中小学阶段设置人工智能相关课程,推广编程教育
《交互式电子白板》系列两项教育行业标准	2017年10月11日	教育部	明确提出,硬件大型化、智能化;应用网络化、智慧化
《"一带一路"数字经济国际合作倡议》	2017年12月3日	第四届世界互联网大会	促进数字技术在学校教育及非正式教育中的使用,推动实现学校宽带接入并具备网络教学环境,越来越多的学生可以利用数字化工具和资源进行学习

续表

政策名称	颁布时间	颁布机构	相关内容
《关于深化产教融合的若干意见》	2017年12月5日	国务院	建立紧密对接产业链、创新链的学科专业体系，大力支持集成电路、航空发动机及燃气轮机、网络安全、人工智能等学科专业建设
《教师教育振兴行动计划（2018—2022年）》	2018年2月11日	教育部	充分利用云计算、大数据、虚拟现实、人工智能等新技术，推进教师教育信息化教学服务平台建设和应用，推动以自主、合作、探究为主要特征的教学方式变革；启动实施教师在线开放课程建设计划
《政府工作报告》	2018年3月5日	国务院	做大做强新兴产业集群，实施大数据发展行动，加强新一代人工智能研发应用，在医疗、教育等多领域推进"互联网+"
《关于发展数字经济稳定并扩大就业的指导意见》	2018年9月	发展改革委	形成适应数字经济发展的就业政策体系，大力提升数字化、网络化、智能化就业创业服务能力
《关于促进人工智能和实体经济深度融合的指导意见》	2019年3月	中央深改委	提出促进人工智能和实体经济深度融合，探索创新成果转化的路径和方法，构建数据驱动、人机协同、跨界融合、共创分享的智能经济形态
《国家新一代人工智能创新发展试验区建设工作指引》	2019年8月	科技部	提出开展人工智能技术应用示范、人工智能政策试验、人工智能社会实验，积极推进人工智能基础设施建设，到2023年布局建设20个左右的试验区

目前是智能教育发展的最好时期，从供给端看，教育行业的发展受相关政策驱动明显，而现阶段政府发展教育事业，提升教育内容质量既是适应经济发展、满足公众文化生活需求的客观需要，也是经济转型升级背景下，全面提升劳动力素质的必要举措。从需求端看，随着人民整体生活水平的提高，在物质生活得到一定满足的前提下民众接受更优质教育的意愿也更加强烈，文化需求得到了发展强力的支撑。

传统教育模式下,教育质量取决于老师,即所谓"名师出高徒",家长们都希望自己的子女在重点学校接受优秀教师的授课,但"优秀教师"这种核心教育资源的培训周期长、数量有限且分配严重不均衡。而人工智能与教育的结合可以创建一种新的教学模式,如图 11.2 所示,人工智能技术如自然语言处理、智能语音、计算机视觉、智能搜索、AR/VR 广泛应用在学习管理、学习测评、教学辅助、教学认知参考等多个学习环节中,这种学习方式注重学生个性化的教育,有助于教师因材施教,提升教学与学习质量,在一定程度上改善教育资源分配问题,促进教育均衡化、可负担化。"AI+ 教育"产品及服务已经开始在幼教、K12、高等教育、职业教育等各类细分赛道加速落地,主要应用场景包括拍照搜题、分层排课、口语测评、组卷阅卷、作文批改、作业布置等。就目前而言,"AI+ 教育"的应用场景还只是停留在学习过程的辅助环节上,越是外围的学习环节,越先被智能化,而越是内核的学习环节,越晚被智能化。未来随着教育测量学和人工智能技术的进一步发展,人工智能有望逐步渗透到教学的核心环节中去,从根本上改进用户的学习理念和学习方式。

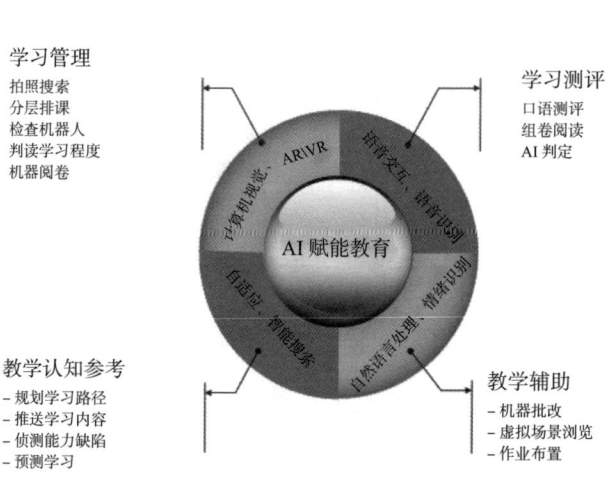

图 11.2　人工智能赋能教育

经过 20 余年的曲折发展,随着用户对在线教育的接受度不断提升、在线付费意识逐渐养成及线上学习体验和效果的提升等因素影响,中国在线教育的市场规模与用户数量已进入了初步成熟阶段。2018年中国在线教育市场规模达2517.6亿元,付费用户数量超过1.35亿人,人工智能技术进入教育领域后,市场上涌现出大量专注于"AI+教育"的新型教育机构,在线教育企业也在已有业务线基础上引入人工智能技术以提升教学效率、拓展商业模式。艾瑞认为,目前在线教育中与人工智能技术相关的业务规模已超过120亿元,在AI技术不断发展及教育领域AI落地成熟度持续提升的背景下,预计2022年与人工智能技术相关的在线教育业务规模将超过700亿元。

如今教育工作者开始逐渐认识到人工智能的重要性。随着数字化转型与教育科技的兴起,教师的教学、评估甚至教室物理环境的布置,都发生了史无前例的巨大变化。智能商务赋能教育的五大趋势如下。

一、VR虚拟现实、AR增强现实与MR混合现实技术

AR增强现实、VR虚拟现实与MR混合现实技术用在教育上,可以同步创造内容有趣、参与度高的沉浸式课程,从而提高教师的教学效果。VR虚拟现实技术能够将外部世界带到教室,也能将教室带到外面。科技公司Unimersiv开发的VR软件,用户可以在Gear VR和Oculus Rift进行体验,其原理遵循了美国教育学家埃德加·戴尔所倡导的"在两周后依旧能保存在人脑中的记忆,看到的占10%,听到的占20%,亲身体验过的占90%"教育理念,通过这款软件,学生能学到一些基本的宇宙航天、地理历史和生物学知识,Unimersiv这样的应用可以让学生穿越回古希腊,又可回到现在。而德国Delightex公司推出了一个CoSpaces应用,可以让用户在iOS和Android设备及谷歌Cardboard眼镜盒上探索并分享虚拟现实空间。除了公司基于网页能够让用户轻松快速创造虚拟空间外,学生通过CoSpaces能够与全世界分享自己的虚拟创造。

Kathy Schrock是威尔克斯大学(Wikes University)的在线兼职教授,也是一位教育科技学家,他认为虚拟现实技术有可能会提高用户的视觉素养、

科技素养，吸引观众的注意力，而且 AR 增强现实、VR 虚拟现实与 MR 混合现实技术的综合运用也备受瞩目。以私营企业 Magic Leap 为例，虽然它还未真正开始销售产品，但市值早就突破了 45 亿美元。这证明了科技改革课堂的无限可能性。

二、智慧课堂

智慧课堂是基于各种智能传感设备、人脸识别、云平台、大数据等技术，利用数据分析、数据挖掘工具打造的，利用智能化、网络化、在线化的一些工具辅助在教学分析、交流互动、作业批改、评价反馈、交流互动、资源推送等方面。智慧课堂的出现有助于实现学生远程学习、多人学习、碎片化等多种学习方式，是课堂的一次重大创新，将在未来产生重大价值。

三、学习空间的重新定义

学习空间与过去的概念完全不同，教室里不再是循规蹈矩并排朝向教室前方的课桌。而是一个有利于合作的空间；不再是粉笔书写的黑板，取而代之的是智能板；学生能够创造媒介而不仅仅是观看，甚至是网上虚拟空间。

四、学习机器人

苹果的 Siri、亚马逊的 Alexa、讯飞语音输入法、叮咚智能音箱都是很好的交流工具，利用学习机器人可以帮助学生远程回答、作业批改、教学质量评估、资源推送，有效解决学生个性化学习，减轻老师压力。

五、游戏化学习

"90 后""00 后"更加个性化，如果把游戏变成一种辅导工具，娱乐和学习两不误就更好了，游戏化学习工具可以把抽象艰涩的学习内容变得更有趣，更有互动性。随着"AI+教育"进步，智能教育越来越近了。

随着人工智能大数据物联网的发展，新的学习模式总是令人期待，给我们带来无穷的可能性。

第三节　智能商务赋能交通，自动驾驶汽车变革通勤

"开车上路，全程绿灯。"这是每个车主驾车出行时的最大愿望，如今，在智能商务技术的支持下，这样的想法已经不再遥不可及，甚至这样惬意的场景即将发生：您在自动驾驶汽车，可以在车内通过联网处理单位工作事务，车辆自动识别红绿灯、指示牌等各类路况信息，并相应做出直行、刹车、变道等决策，无须您进行任何手动操作，等到了单位工作也已处理好。

①智能商务数据赋能交通出行。借助智能商务形成的数据，包括线上的行为轨迹数据、线下监测的人、车流数据，借助于智慧城市中各种传感器和物联网设备及线上的各种地图公司数据如百度地图、高德地图及滴滴、摩拜等互联网厂商的地图数据，还有线下的传感器智能监测点数据，进行数据分析和挖掘，进行智能人行通道红绿灯转换设置，可以大大提升出行体验，提高通行效率。

②交通治理从根据经验做专项行动，升级为通过数据统计分析进行精准打击和专项治理，让交通管控模式由"大海捞针"向"精确制导"转变，交通行业告别"汗水警务"，在海量的疑似违法库里，通过人工智能进行违法预审，过滤筛选，以减人增效，提升执法量，降低违法率，提升畅通指数，保障文明安全出行。

首先，随着城市扩展建设，道路长度不断增加，车辆数井喷且流动性大，传统仅依靠民警上路巡逻查获交通违法行为、当场予以教育或处罚的执法工作方式，已不能适应当前道路交通安全管理发展的趋势，急需升级为"AI+人工"的新管理模式。其次，在现场执法中，诸如路边违章停车、占用非机动车道、鸣笛，

滥用灯光等，容易造成现场执法争执、阻扰、抗拒等现象，需要非现场执法来突出重事实、重证据，进一步体现执法公正性。另外，当下智能交通范围治理关注点在向人、车两个方向发展，形成的海量交通大数据包含人、车、路；视频、图片、交通流等各类数据，后端需要有效处置的技术手段，以形成精准打击。这些需求变化既是市场痛点，也是突破点。

③智能商务助力交通流管控方案，包括时空分析引擎、智能分析交通流量、服务交通出行。基于卡口过车数据、路口交通流采集数据及基于视频解析的交通流量与排队长度等信息，进行互联网数据融合，形成精准交通态势感知，及时发现路面交通路况和拥堵点发现并进行预警，提高处置效率。它能自主学习交通流规律，主动学习全城路网交通流量规律，生成信号优化配时方案，与交通控制信号系统对接，主动缓解交通拥堵现象。

④智能交通的发展取决于车路网的优化，智能商务为其赋能。未来"车"也不只是交通功能，而是一个移动的商务手机，只有实现智能化、信息化、平台化，智能商务才有实现的可能，自动驾驶汽车依靠人工智能、视觉计算、雷达、监控装置和全球定位系统协同合作，让电脑可以在没有任何人类主动操作下，自动安全地操作机动车辆。未来，通过万物互联，在无人驾驶的车上实现智能下单、远程会议、商务等都一点不耽搁。

未来，"路"也已不是用来行走功能。智能商务要求车路协同、车网协同，要将各种传感器及各种路况信息实时传递给车，经过智能分析后车能主动避开障碍，识别红绿灯，实现智能商务。

"网"是智能商务的基石，安全是自动驾驶的底线，5G将成为解决车车通信、车路通信的撒手锏。

第四节　智能商务赋能数字农业

农业是人类赖以生存的根本，在三次产业中占据基础性地位，对经济社会的稳定与发展至关重要。然而，随着人口的快速增长、耕地面积的逐步缩减及城镇化的加速推进，农业面临的挑战日益严峻。为此，国内外都在探索通过信息技术来促进农业提质增效，其中以人工智能为基础的智慧农业新模式得到迅速发展（图 11.3、图 11.4）。

图 11.3　对农作物生长进行数据的智能采集和分析

图 11.4　智能商务赋能农业的应用场景

①智能商务赋能农业作业方式，种子质量直接关系到农作物的产量。种子的纯度和安全性检测，是提升农产品质量的重要手段。因此，通过人工智能选种和检测，对提高农产品产量和质量起到了很好的保障作用。

②智能商务赋能智能种植，传统农业需要耗费大量的人力、物力、财力，而智能时代的智能技术将彻底改变这一状况，如对灌溉和用水进行智能管控、

对养分和肥料进行合理使用、根据图像的养分和肥料使用的机器人、数据智能精准预测农作物的收获时间、智能推荐种植农作物的品类等。

③赋能精细化养殖，即利用可穿戴设备及摄像头等收集家畜、家禽在饲养、繁育状态下的数据，并对收集到的数据进行分析，进而判断家畜、家禽的健康状况、喂养情况、位置信息、生长阶段等。精细化养殖可以有效降低畜禽死亡率，提升产品质量。

④赋能农作物生产监控和无人机植保，通过各种智能传感器智能收集农作物生长情况，预测天气状况，准确掌握浇水、施肥的时间；监测杂草和病虫害；精准预测收成，并向消费者智能推荐。无人机植保是指利用无人机搭载传感器设备和药剂对农作物实施精准施药。无人机植保是一种对人力劳动的取代，一方面可解决农村劳动力不足、人工效率低下的问题；另一方面通过标准化的精准施药，可优化农药的使用，降低农药对环境和农产品的污染。

⑤赋能智能追溯，通过二维码技术及智能商务技术，可以进行食品溯源，动态追查食物链，知道哪里生产的、自动还原生产过程，对于政府管理政策制定特别有益。

⑥赋能食品从田头到餐桌，通过智能商务平台智能推荐，进行产品信息分析，远程预订，自动分发，解决"最后一公里"问题。

广义的农业主要包含种植业、林业、畜牧业、渔业及农业辅助性活动五大行业。传统产业的AI赋能都以其数字化程度为基础，中国农业在耕地面积有限且不断减少、规模化种植范围较小、机械化程度不高等因素的影响下，数字化程度处于较低水平。由于农业的信息化、数字化基础薄弱，人工智能在农业中的成长壮大还需要一段积累数据和调整算法的培育期，并随着农业数字化程度的逐步提升及农业企业、农业规模户对"AI+农业"产品服务的认可而迎来新的发展（图11.5）。

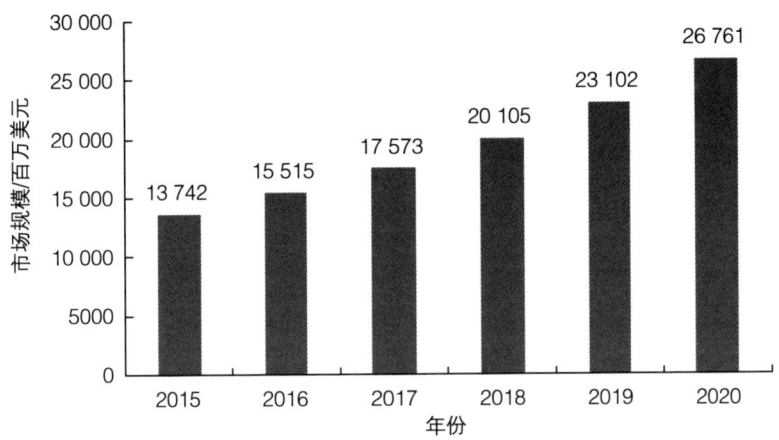

图 11.5 2015—2020 年智慧农业市场规模

资料来源：华为研究院。

第四部分

智能商务之管理创新

  管理从来都不是一成不变的,从传统时代到工业时代,从工业时代到互联网时代,从互联网时代到智能商务时代。智能商务是以平台化、数字化、普惠化、智能化为主要特征的新工业革命的关键基础设施,是深化"智能+"先进制造业的重要基石,是全球新一轮产业竞争的制高点。党的十九大报告明确,加快建设制造强国,加快发展先进制造业,推动互联网、大数据、人工智能和实体经济深度融合,产业互联网具备三大核心要素,分别是智能设备、智能系统和智能决策。从传统经济到数字经济,从消费互联网到产业互联网,战略、营销、组织、生产都发生着重大变化。

  顶层设计,格局决定结局;盈利颠覆,颠覆竞争规则;流程革命,突破发展瓶颈。新技术只是单点突破,量的积累,而量的积累达到一定程度,质变就将发生,而这正是互联网下管理创新的内涵。对于企业来说,管理创新有时比应用某项单一的技术更重要。

  从古代猿人到现代智人,从小型部落到特大城市,从物物交换到虚拟货币,人、社会、商业从没停止过演进的步伐。随着移动互联网、物联网、大数据、区块链、虚拟现实、人工智能、基因技术、纳米科技等新技术的层出不穷,一场以大数据和人工智能为代表的智能革命正在悄然发生，人、社会、商业又一次迎来了进化拐点。数字经济正在渗透至中国社会的方方面面，人工智能、大数据和云计算会极大地影响数字化进程并将指导企业界和创意界在中国取得成功。

企业传统管理思维更符合"工具论"的一般原理。"管理"被视为主体，通过"+互联网"的方式体现出工具效应，而"互联网+"，即在互联网技术和互联网经济环境下，探索企业符合当下经济趋势的方法、规律、原则，将互联网及相关优势应用到社会各项事业建设中，这其中就包括企业管理创新。

第一，战略上要从"以企业为中心"向"以用户为中心"的思维转变。传统商业经济时代受限于社会体制、经济制度、市场环境等框架及盈利思维，只能是以企业为中心，现在由于互联网影响，消除了"信息不对称"，基于大数据技术可以有效实现市场、用户的预测，"用户"的涵盖范围也愈加泛化，任何一个人都可能成为企业产品的用户，而将这种"可能"转化为"实现"的关键，就是符合用户的需求，企业可以通过互联网技术进行低成本的市场调查和用户体验收集。海尔提出"人单合一双赢"战略："人"是员工，"单"是用户价值。将每个"人"和他的"用户价值"连接起来，其实很难。德鲁克指出，每个企业都要问自己：我的客户是谁？我给客户创造的价值是什么？很多人回答不上来。不能说做鞋的就是卖给买鞋的。问题是为什么人家要买你的？这是差异化的问题。所以，真正要找到自己的战略，不是这么简单。

第二，组织上要改变单一的架构向自适应的组织架构发展，传统企业依然沿用"金字塔"型管理组织结构，这种结构的好处是执行力强，但这很容易导致管理者的权力放大，并形成"官本位""家长思维"等管理理念。未来随着产业互联网的高速发展，不确定性程度会越来越高，不能适应的组织将会很快被淘汰。不合理的企业管理组织架构不仅影响各部门、上下级之间的信息传递效率，同时也会造成机构臃肿、人浮于事，无法形成积极的创新意识和有效实践环境，同时互联网经济时代市场机遇稍纵即逝，这会严重削弱企业的竞争力。

组织创新要在两个方面发力：一是企业现实管理中"去中心化"，即从"金字塔"式的组织结构转化为"扁平化"结构，打破各部门、各阶层及员工与管理者之间的隔阂，实现内部管理效率的有效提升；二是企业信息管理"去组织化"，基于企业信息化建设的完善及互联网技术的有效利用，员工与管理者之间的信息交流更加便捷，传统的汇报、申请、建议、意见等交流机制不断挖掘。例如，员工可以通过微信、QQ等直接与管理者沟通，每个员工都可以成为市场、用户信息的收集节点，这将大大降低企业信息收集和决策的成本。此外，基于互联网思维融合的企业管理组织结构创新，本身也是一种"圈际文化"体系构建，对企业跨界发展、综合能力提升有很好的促进作用。

第三，从落后僵化的企业文化向开放包容的文化转变。企业文化是企业全体成员的理念、行为、观念、价值观等的总和，企业文化保守意味着企业缺乏创新勇气，一定程度上，企业文化保守是由于企业对经济收益的过度追求造成的，关注眼前利益，忽视长期性、战略性发展，在企业管理中表现为"得过且过""不思进取"的精神状态。而互联网时代蕴含着强烈的探索性、竞争性，充满了对未知形态的渴望，这对于一个企业文化保守的企业组织而言是很难接受和认同的。特别是现在的"90后""00后"个性更加张扬，这对传统的文化管理体制形成强大冲击。传统的人力资源管理体系已不能适应现代的企业机制，招聘体系、薪酬体系、绩效体系、职业发展通道、素质模型都面临挑战。人才的"管、用、育、留"要重新改写。

第四，管理理念要从传统的"自我为中心"向"学习型组织"迈进，传统管理思维下，企业生产、研发、销售等活动都离不开管理层的协调和指挥，这容易导致管理者不断强化"自我为中心"的理念，并基于工作便利需求掌控尽可能多的资源，强调"内部集中化管理"。相应地，企业集中精力展开内部管理的过程中，用于了解市场和用户需求的资源严重不足，新的管理理念要有清晰的互联网思维，向学习型组织迈进，不断学习新知识，适应大数据时代人工智能时代的需求，对传统的市场营销、品牌及产品生产和商业模式进行重构。

每一次社会的转型都会带来机会与挑战。互联网和数据正在改变我们的时代，世界的主导力量正在由工业时代的重视资源和资本，向数据经济时代的重视数据和算法演进。

党的十九大报告提出推动互联网、大数据、人工智能与实体经济的深度融合，体现了党中央对最近几轮信息技术革命成果的高度重视，根据腾讯研究院数据，2016年我国数字经济总体量达到22.77万亿元，是仅次于美国的世界第二大数字经济体。在众多细分领域，我国数字经济更是一枝独秀，计算机出货量、手机出货量、网民数量和网络零售额连续多年保持世界第一，移动互联网领先世界，"双创"发展如火如荼。我国数字经济在国民经济中的占比2016年达到30.61%，相比于1996年提升了25.61个百分点。但相较于美国、英国和日本等发达国家，数字经济占比仍明显偏低，未来发展空间很大。

当前，互联网已经深刻改变了零售、物流、交通、金融、住宿、餐饮、旅游、娱乐等服务业，正在加速向制造业渗透，制造业成为"互联网+"的主攻方向。但是制造业数字化转型的内涵并非"中国制造+互联网"所能涵盖。在工业和信息化部推动下，有关方面正在酝酿推动工业互联网平台、工业CPS信息物理系统、工业技术软件化、数字工厂等发展的政策措施，制造业的数字化转型将进一步深化。制造业如何结合数字经济进行管理创新呢？参考《熊友君2：人工智能大数据+管理创新＝转型成功》。

当数字经济牵手传统制造，工业研发设计、生产过程控制、节能减排、安全生产等领域将增添"智慧"之翼，快速推动传统工业向数字化、网络化、智能化升级，以工业云、数字工厂、机器人技术等为代表的"智能制造"将促进我国工业装备水平大幅提升，自主创新能力显著增强。数字经济与制造业的交融互动将使制造业活动更加灵活、敏捷、智慧。管理创新迫在眉睫。

● ● ● ● 第十二章

智能商务之组织创新

组织从来都不是一成不变的，从标准化到差异化，智能商务组织环境面临从稳定到快速变化的趋势变化，企业的组织结构正从金字塔结构向网状结构转变；企业的组织边界正从封闭走向开放；企业的组织形态正由"公司＋员工"变成"平台＋成员"；企业员工正向合伙人转变；组织机制正从被组织、被驱动转向自驱动、自适应。

智能商务时代社会经济中的生产方式、消费方式发生了极大的改变，包括企业从内部的提升与聚焦到以客户为中心的"向外看"视角转变，从垂直整合和大企业主导式创新向协同创造、多元分散的模式转变，从固化流程到移动互联的办公方式转变，从稳健存续的经营方式向快速迭代和跨界竞争转变，智能商务时代的组织呈现无边界、去中心化、自组织、社群化形态（图12.1），而这些变化都驱动着组织的进一步变革。

由于企业经营环境的改变，企业的组织形式也要发生变化，为更贴近用户的需求、柔性生产、人机交互、网络协同等需求，企业组织生态正由以前的直线制、职能制、直线职能制、事业部制开始向平台网络化的方向发展，"平台＋团队＋生态"的组织方式，正从幕后走向前台，这种模式将适应大规模个性化定制的需求，面向不同客户、面向不同场景提供差异化的解决方案。主要变化如下。

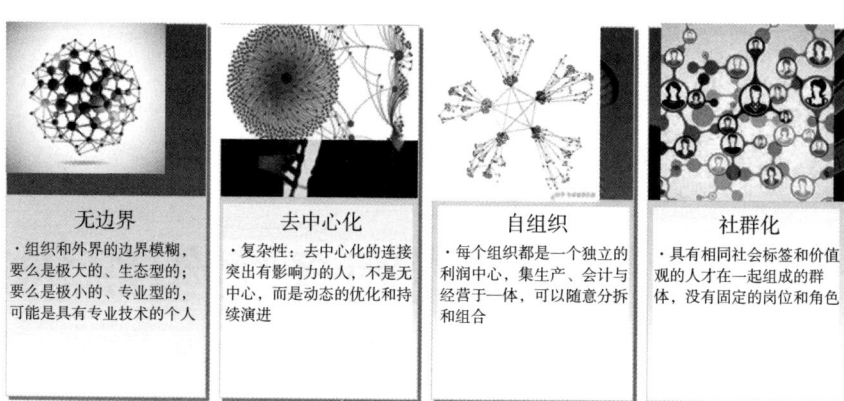

图 12.1 智能商务时代的组织特征

一是内部日常管理平台化，员工日常管理由被驱动变成自驱动，员工日常信息转向平台，从对人力资源部的依赖变成平台自组织。

二是人事管理转向赋能，人力资源部将从大量烦琐的日常招聘、薪酬、绩效事务中走出来，进入业务流程中进行赋能，帮助业务部门实现绩效目标。

三是结构由垂直部门走向网状联合，特混编队作战是未来的一个大趋势，即当某一需求下来时，组织成员可能来自不同部门进行混编组成。企业各业务单元、内部生产与外部市场之间、上下游工序之间均可实现无缝对接。

四是组织内部扁平化、简单化，压缩管理层级。华为是让听得见炮火的人指挥战斗，小米公司是合伙人直接管理员工，扁平化的管理有助于企业快速反应，及时调整。

五是组织文化由等级森严文化走向融合，阿米巴组织的自我创业、内部创业、小组制、倒三角等组织创新无不是强调员工平等性，强调组织融洽，员工和谐。

六是业务单元微型化。生产和服务等业务单元将逐步微型化，以满足个性化定制的需求，如海尔的"平台+小微"，韩都衣舍的小组制，各种众包模式，如京东买菜众包、猪八戒网等。众包组织者把各种需求发布到众包平台上，平台通过审核对接报价后公开发布，众多承包商在众包平台上选择任务，执行任务，众包组织者验收任务并付款，众包平台再把报酬支付给众包商（图 12.2）。例如，滴滴上有众多的司机，这些司机与滴滴平台之间只有众包服务之间的关系，并没有实际的劳动人事关系，实现了业务单元的微型化。

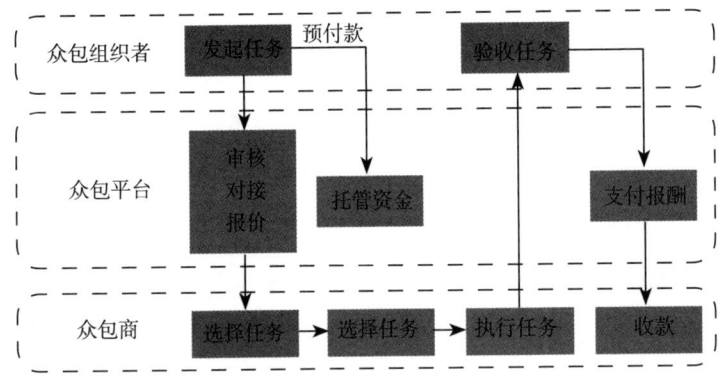

图 12.2 众包流程

七是组织边界柔性化、模糊化。企业的组织边界柔性化，模糊客户、员工、老板之间的界限，企业的边界从有界向无界、单一向跨界演进，内外部界限被打破，任何能够与智能生态群核心平台进行对接的组织、个人和用户都将成为企业的一部分。企业的边界模糊化，"平台+团队+生态"形式，以平台为核心，聚合团队，形成一个一个小的生态单元，企业不再局限自有资产、产业属性、产能条件、人力资源等硬性约束。

组织演变之道如图 12.3 所示。

组织结构	·金字塔结构——网状结构
组织机制	·被组织、被驱动——自驱动、自适应
组织者	·员工——合伙人 ·管理者——领导者
组织形态	·公司+员工——平台+个人
组织边界	·封闭——开放
组织文化	·个体与分工——群体与协作 ·命令与控制——自发与协同

图 12.3 组织演变之道

第一节　组织创新经历了正三角、倒三角到平台型组织

美国的企业史大师钱德勒有一句话说："企业的发展取决于两个变革，一个变革是企业正确的战略，另外一个变革就是企业的组织结构。这两个变革之间，企业的战略决定组织结构，组织结构保证企业战略的实现。"组织结构，经过合理的设计并实施后，从来都不是一成不变的，它们如同生物的机体一样，必须随着外部环境和内部条件的变化而不断地进行调整和变革，才能顺利地成长、发展，避免老化和死亡。

①组织和组织结构：组织就是人们为实现某一特定的目标，互相协作结合而成的集体或团体，如军事组织、企业组织、党团组织等。组织结构决定了对工作任务的正式划分、组织的方式。组织结构的设计往往要考虑工作细分、部门固定、指挥链条、管理幅度、集权与分权、系统固化等六大要素。

②组织创新是指组织受到内外部环境的变化影响，对成员责权利的关系进行变更重建，也是对资源的重新配置，它包括人力、物力、财力资源及其结构的重新调整优化，表现为企业功能的完善、内部资源的优化，也称为组织开发（图12.4）。

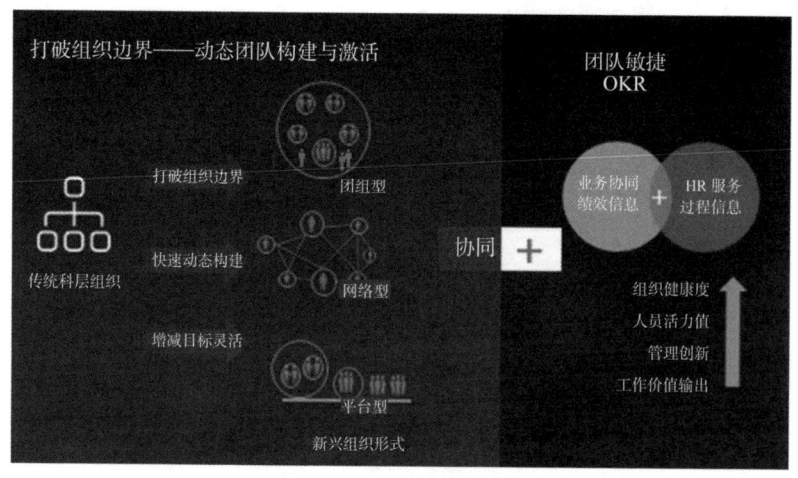

图 12.4　组织创新及团队构建

③创新型组织，是指组织的创新能力和创新意识较强，能够源源不断地进行技术创新、组织创新、管理创新等一系列创新活动。彼得·德鲁克在谈到创新型组织时说：创新型组织就是把创新精神制度化而创造出一种创新的习惯。创新型组织有如下的特点：创新型组织首先是一个学习型组织；创新成为企业文化的核心特征；创新是组织的一项基本职能；创新是组织的核心竞争力；创新是一种团队运动。

如何为客户创造价值、为客户提供好的产品与服务，这是未来决定一个企业成长的战略发展空间的核心。而组织的变革是所有命题的关键。

组织的变革与创新主要受两大基础因素的影响：第一个是人的因素，包括消费者需求的变化、人的需求的变化。消费者和人才需求的变化在倒逼组织变革与创新，使得组织真正做到以客户为中心，持续激活组织，去释放人的价值创造的活力与创造力。第二个是技术因素，包括技术革命和所面对的数字化、大连接、智能化时代。技术革命和数字化、大连接、智能化重构了组织与人的连接关系，为组织模式的创新提供了技术基础平台。

一、组织 1.0：正三角型组织架构（金字塔型组织架构）

传统工业时代需要的高效和执行力，科学生产需要相应的组织架构，企业的管理者获取订单和相应的市场信息，通过层层会议把信息传递给中层干部，中层管理者再根据领导者的要求进行资源合理的调度和分配，把要求发放到一线工作人员，一线工作人员再把客户及消费者的需求应用情况反馈给中层管理者，中层管理者再把信息逐级上报给公司决策者，这样形成一个三角型，有人将其称为"正三角组织架构"，也有人称为"金字塔组织架构"。一个正三角型的组织架构就应运而生了。正三角的组织设计强调工作效率，强调工作的专业化分工，强调严格的等级制度，因而有利于提高组织的稳定性和可控制性，也有利于组织目标的实现。正三角架构保证了组织的上通下达，对工业革命的发展和大规模的用工环境创造了良好条件（图12.5）。

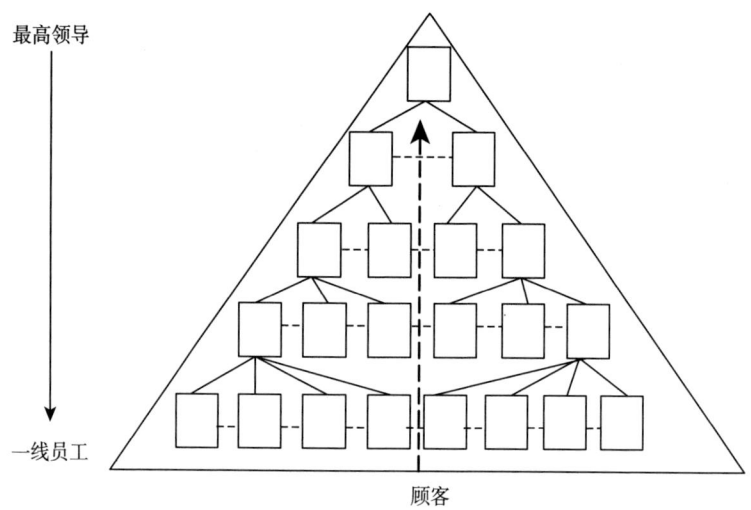

图 12.5　传统的组织管理体系：正三角组织

正金字塔模式叫科层制管理结构，是控制型管理，从公司的董事会到中层到基层，特别强调老板要做正确的事情，员工要把事情做正确；老板强调决策力，员工强调执行力。在这种传统的组织结构之下，员工是没有思考力的，是一头狮子带着一群羊在做事情。

组织 1.0 的核心特征如下。

中心：以生产为中心，以提高效率为核心诉求，目标是追求边际利润。即总收益低于总成本，但总收益大于变动成本情况下，通过大生产量和效率提升来逐步摊薄固定成本，在固定成本不断减少直至总收益大于总成本时赢得利润。

组织形式：科层制，强调等级制度，即下级服从上级的官僚体制，下级对上级负责，要绝对服从上级的指示，上级对组织负责，公司董事长或总经理、厂长是权力中心。

工作作风：是家长意志的命令链，上级就是家长，即上级在组织中拥有绝对的权力，领导的意志就是命令。

文化体系：官僚文化，上下级之间是不平等的文化，内部强调的是执行力文化。

模式：以 B2B 或 B2C 为主。

结构：非常稳定，有利于组织运转和效率提高，有利于组织目标的实现。

正三角型组织架构的缺点：过分强调职权对被管理人员的控制作用，过分强调等级的严格性，因而不利于人的积极性与创造性的充分发挥，使组织缺乏灵活性，而且会造成被管理者与管理者的敌对状态，使被管理者对组织持反对态度，从而阻碍组织目标的实现。虽然看起来效率会很高，但是公司越大，基层的效率就越低，最后会产生内部博弈、分薪分资源、流程以企业为中心等问题，属于"集权的有市场的计划经济"。

二、组织 2.0：倒三角组织架构

随着经济的发展，"正三角"或金字塔组织架构的弊端慢慢开始显现出来，传统"正三角"结构可以使组织很稳定，但是缺少活力。为此，西方一些知识型企业开始尝试建立和传统组织完全相反的结构——"倒三角"组织（图 12.6）。

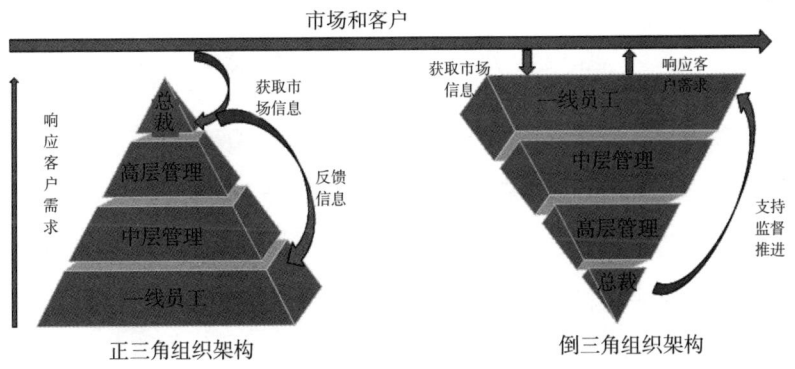

图 12.6　正三角组织架构与倒三角组织架构对比

海尔积极探索"倒三角"组织，以客户需求为中心建立外驱力，在外驱力中有三类自主经营体：一级经营体处于市场一线，对于是否开发某项产品或服务拥有决策权。他们可以倒逼二级经营体，让其提供资源和流程支持。同理，二级经营体也可以倒逼三级经营体。三级经营体不再"发号施令"，而是要保证不同经营体之间能有效协同，同时要注意大的趋势，发现战略性的机会。通过建立顾客驱动机制，海尔希望能够实现"与顾客零距离"（图12.7）。

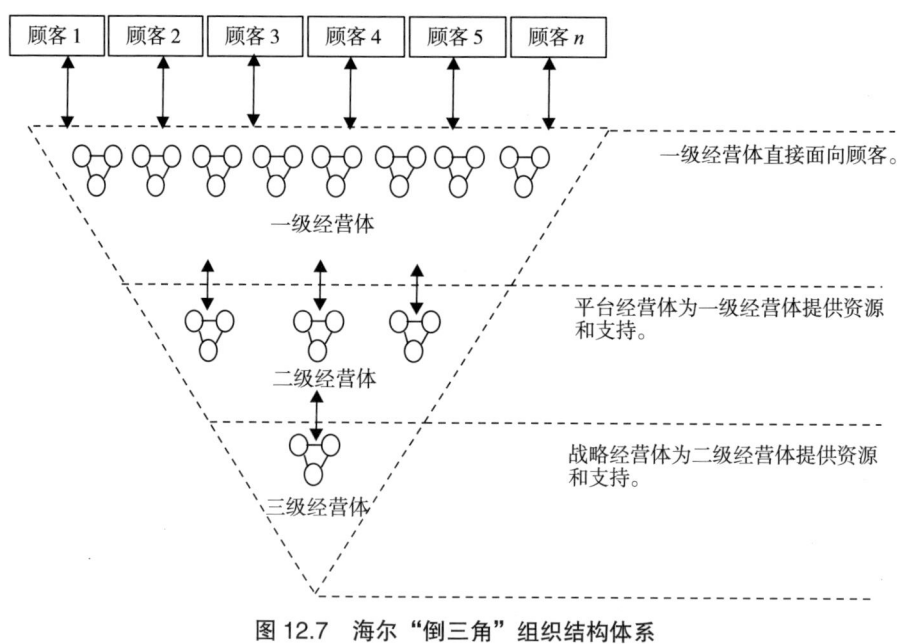

图12.7 海尔"倒三角"组织结构体系

在此基础上海尔形成了"人单合一"制度，即"人"指的是员工，"单"指的是市场目标，"人单合一"的意思就是员工与用户融为一体，"双赢"则体现为用户创造价值的同时也实现了自身价值，其探索的目的一是让组织灵活快捷，使员工在第一时间对市场做出反应；二是应对互联网、人工智能、物联网等高科技等对企业的挑战（图12.8、图12.9）。

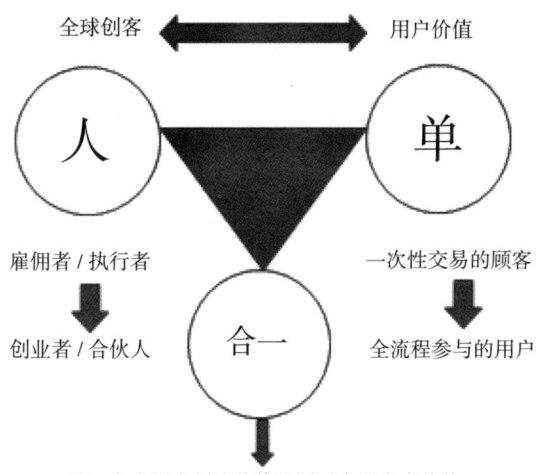

图 12.8　海尔"人单合一"模式

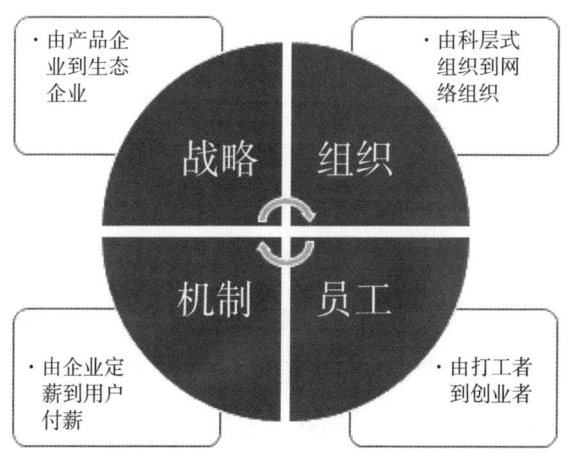

图 12.9　"人单合一"模式的四大颠覆

海尔的"人单合一"模式是由产品企业到生态企业的探索，由科层式组织到网络组织的探索，员工由打工者到创业者的探索，由企业定薪到用户定薪的探索。即员工不是根据上级下达任务完成的多少和好坏领工资，而是以员工创造的用户价值来体现自己的价值，倒三角的组织架构很好地回答了德鲁克所要解决的 4 个问题，即谁是你的客户？什么是客户认可的价值？你从客户那里获得的成果是什么？你的客户战略是否与你的经营战略配合得很好？

以客户为中心的自主经营体，是服务型管理。在这样的组织结构之下，由上面每一个小的业务单元，来做大部分的决策，为客户创造价值。而管理层为一线经营体提供资源支持，提供资源发现机会来做服务。

倒金字塔型组织结构强调开放共赢、挣薪挣资源、流程以客户为中心，属于"放权的有计划的市场经济"。

在控制型管理里面，老板叫"天花板"，老板的高度决定了企业的高度，这句话在传统的模式里面是对的，但是在倒金字塔服务型管理里，老板是"地板"，老板的强度决定了企业的高度。

组织2.0的核心特征如下。

中心：以顾客为中心，以满足用户需求为核心诉求。

组织形式：科层制，但与正三角型组织相比有很大的自主性和弹性。改变过去由高到低、由内而外建立组织管理流程的方式，建设以客户需求为驱动、满足市场一线员工需要的组织管理流程，即倒着做组织流程。可以根据市场和客户需求变化而随时调整变化，海尔集团的"人单合一"就是很好的尝试。不再强调等级制度，上级也不能发号施令，一切以顾客为中心，消费者是权力中心。

工作作风：根据企业文化而不同，上下级之间平等融洽的关系是主流。

文化体系：上下级之间平等对待，尊重每一个员工。

模式：以C2B，即私人定制为主，还有S2B2C等。

结构：相对稳定，一方面组织运转和效率较好；另一方面有利于对市场做出快速反应。

倒三角型组织架构的缺点：过分强调以顾客为中心，过分强调消费者需求，过分强调平等，因而不利于组织的效率，影响组织目标的实现。

三、组织3.0：自主经营体

金融危机和中国经济进行结构性调整，导致企业的生存环境发生巨变。为适应外部环境变化和满足客户需求,企业对组织管理进行变革,使企业的管理模式由推式管理向拉式管理转变,驱动力则是如何快速、有效地满足消费者需求。特别是互联网的发展倒逼组织创新,尤其近年出来的平台企业,如滴滴打车、共享单车 ofo、小猪短租等越来越挑战传统的组织形式,"正三角"或"倒三角"组织架构的弊端慢慢开始显现出来,传统"正三角"结构可以使组织很稳定,但是缺少活力;"倒三角"组织架构虽然面向顾客,但对于数万人大企业很难运作。因此,更有组织效率、更加接地气、相对松散的组织架构诞生了(图 12.10)。

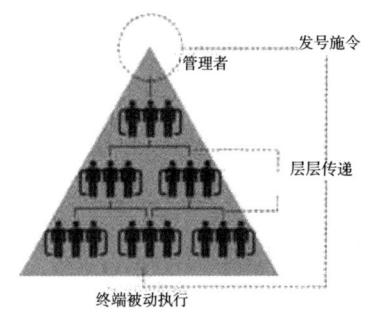 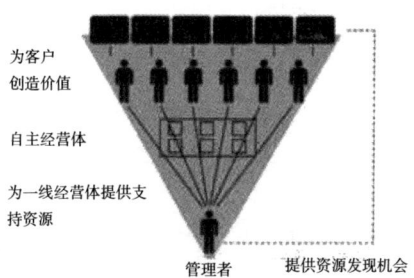

图 12.10　金字塔式职能管理结构与以客户为中心的自主经营体对比

划小经营单元:划小经营单元是一种组织再造,即根据业务单元类型经营单元划小,有些企业甚至划分至最小单元——岗位,提出人人都是经营者的思想。海尔的最小单元约 10 人、韩都衣舍约 3 人、Spotify 约 8 人、Burrtzorg 约 10 人。简单来说,这和阿里巴巴提倡的"小前台、大中台"的理论是一致的,也和初创公司之所以能快速崛起的道理一致。小而精简的组织有足够高的敏捷性和较低的协作成本。

流程倒着做:为满足市场的不断变化和客户的个性化需要,改变传统由上到下、由内到外的组织流程管理模式,而是以客户需求为驱动中心,全体员工倒过来支撑一线员工的需求，从一线往回梳理，管理部门及后台支撑部门倒过来以一线需求为核心，公司领导倒过来支撑管理部门，即流程再造。

主客体目标趋同化：主客体目标趋同要求基于组织目标一致的基础上，根据业务发展和市场竞争情况细分出每个部门甚至每个岗位的目标，再根据集团人力规划为每个岗位设定职业发展通道和详细的 KPI 考核指标。这些 KPI 指标是切实可行的，目的是使每位员工的发展意愿都与公司目标相一致。组织与个体趋同，发展目标一致。个人微小的努力加在一起就会形成组织的江河。

组织 3.0 的核心特征如下。

中心：以消费者为中心，以满足用户需求为核心诉求。

组织形式：相对松散，"聚是一团火，散是满天星"，每个人都是 U 盘式生存，支持随时插拔，组织形式权变。

工作作风：平等尊重，互相依靠，互为信赖。

文化体系：为了满足消费者需求，分工合作，协同作战，平等尊重。

模式：各种模式混存，有 B2B、B2C、C2B、S2B2C。

结构：相对松散，需要时随时优化调整。一方面组织运转和效率较好；另一方面有利于对市场做出快速反应。

组织 3.0 架构的缺点：由于过于强调一切以消费者为中心，组织相对松散，利益需求不均衡，一旦得不到满足易产生争吵，组织的效率不高，影响组织目标的实现。值得注意的是，单元组织小和试错速度快其实也意味着它们是处在不断分拆和重组过程中的。如果单元组织不及时解体和新生，就会失去快速迭代的意义。只不过，在上述公司中，潜在创新者不会因为所在小组的解体而离开公司，他们会融入新的小组，和新的潜在创新者一起探索新的方向。

第二节　工业 1.0 到工业 4.0 之组织变革路径的选择

从互联网到移动互联网，从传统经济到智能经济，未来商业的发展趋势非常明确,那就是基于智能商务的人机协同、网络协同、数据智能(数据＋算力＋算法)重新定义商业形式,组织变革迫在眉睫。管理学大师德鲁克曾说过:"过去200年的组织创新其实就是三次工业革命的创新。"工业革命的历史就是组织创新的历史,每次工业革命的诞生都对组织提出了更高的要求。

一、工业1.0:机械化

18世纪60年代中期,以蒸汽机广泛使用为标志的第一次工业革命爆发,工业革命1.0是技术科学替代愚昧和落后第一次走向前台,在生产效率上,机器大规模取代手工劳动,使生产力得到极大提升;在生产关系上,工人取代了自耕农,工业资产阶级和无产阶级得到壮大,自耕农作为阶级消失了。

原来所有的手工作坊靠的都是经验的传承,但是第一次工业革命所有机器的改良和设计,是基于科学原理在技术上实现了突破。作坊、学徒制的组织形式开始产生,通过以帮代学、师傅传承制的组织方式,技术得以延续,效率得到极大提升,组织目标得以实现。

组织特征:作坊、学徒制(图12.11)。

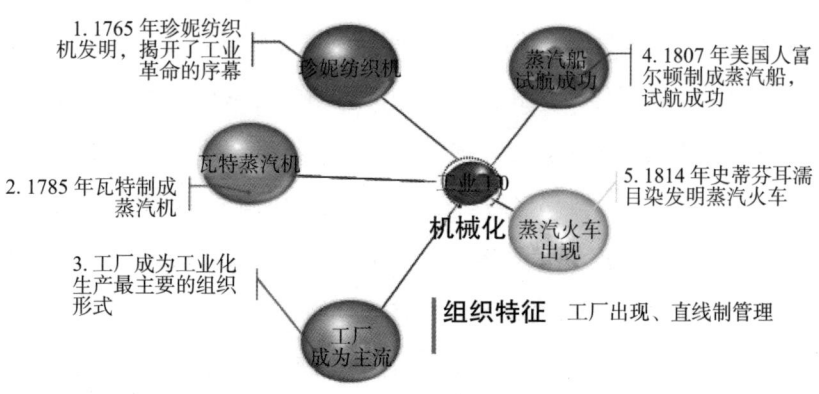

图12.11 工业革命1.0与组织特征

二、工业 2.0：电气化

19 世纪最后 30 年和 20 世纪初，以泰勒制为代表的科学管理得到普及为标志的第二次革命开启，这次工业革命是以"电气"取代"蒸汽"为标志，科学技术进一步确立了领导地位，工作科学化、可度量化、可标准化。公司这种新组织随着科学管理思想的发展而兴起。

第二次工业革命，由于电作为基础设施得以普及，机械化大规模生产成为可能，这个时候需要协调更多的角色，于是出现了管理的需求。流水线上需要的工人，跟原来的工人是不一样的。泰勒提出了科学管理的概念，全世界第一批商学院都是在这个时候出现的。大规模标准化的训练，足够多的管理人才，成为这个时代的刚需。这个时代的核心是通过管理来提高人的生产效率，相应的组织创新就是出现了公司——有限责任公司。管理也出现了从最早的职能管理，到 M 型的组织管理，再到今天大家熟悉的矩阵管理，核心都是提高人在生产线上的效率。

组织特征具体如下（图 12.12）。

专业创造价值，直线制：领导负责指挥与管理，下级绝对服务上级，上下级的权责关系是直线型。优点：权责明确、命令统一、决策迅速、反应灵敏；缺点：权限高度集中，易独断专行、长官意志，组织发展受到管理者个人能力的限制。

职能型组织：以工作方法和技能作为部门划分的依据。优点：高度的专业化分工，管理权力高度集中，方便决策；缺点：没有一个直接对项目负责的强有力的权力中心或个人，各部门易站在自己立场，协调十分困难。

事业部型组织：根据经营的事业，依照产品类别或市场地区来划分若干事业部门，各事业部是在总部领导下，拥有完全的自主经营权，实行独立经营、独立核算的部门。优点：专业化分工，极大释放事业部门积极性；缺点：易产生本位主义，一定程度上增加了费用开支。

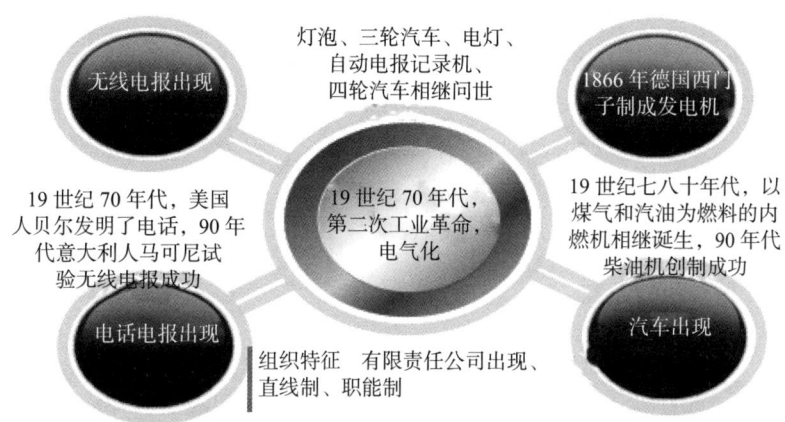

图 12.12　工业革命 2.0 与组织特征

三、工业 3.0：信息化

电子计算机的迅速发展和广泛运用是第三次工业革命的核心标志，从 20 世纪四五十年代以来，在原子能、电子计算机、微电子技术、航天技术、分子生物学和遗传工程等领域取得重大突破，标志着新的科学技术革命的到来。这次科技革命被称为第三次科技革命，第三产业迅速发展。它也带来了一种新型经济——知识经济，知识经济发达程度的高低已成为各国综合国力竞争中成败的关键所在。

第三次工业革命是管理革命，知识成为超越资本和劳动力最重要的生产要素。和体力劳动者相比，知识工作者是否努力工作，很难被直接观察和测量，相应的管理的重心也从可度量的结果考核转向激励，特别是动机的匹配。期权激励是这 20 年高科技企业大发展最重要的组织创新。

沿着这个思路，把我们正面临的时代大变革称为第四次革命，创造力的革命。到了 20 世纪四五十年代，由于 IT 和信息化的发展，管理本身变得非常复杂。管理的核心不再是流水线的效率，而是公司这个组织本身的效率。这个组织本身的效率依赖于信息的流通和处理效率，于是出现了第三次革命，就是知识的革命,出现了大家所熟悉的 IBM、Oracle 这一批公司。ERP（Enterprise Resource Planning），也就是"企业资源计划"的本质就是把知识体系化、流程化、软件化、自动化,这样整个公司的管理效率就提高了。信息与知识的管理效率的不断提升成了第三次工业革命最重要的价值创造来源。

组织特征:流程再造,矩阵型组织,流程型组织,期权激励（图 12.13）。

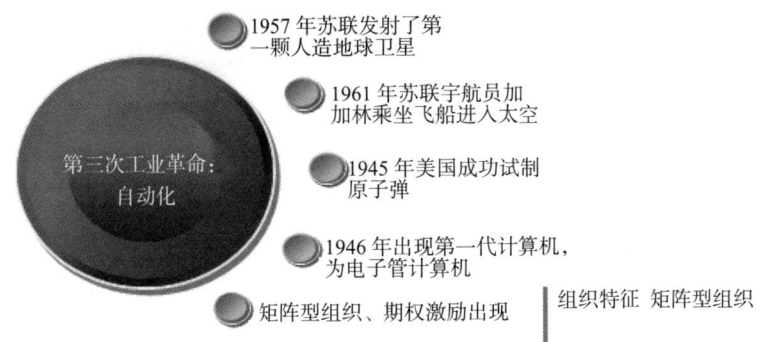

图 12.13　工业革命 3.0 与组织特征

四、工业 4.0:智能化

第四次科技革命（20 世纪后期）以人工智能、大数据、物联网不断成熟及系统科学的兴起到系统生物科学的形成为标志,系统科学、计算机科学、纳米科学与生命科学的理论与技术整合,形成系统生物科学与技术体系,包括系统生物学与合成生物学、系统遗传学与系统生物工程、系统医学与系统生物技术等学科体系,将导致的是转化医学、生物工业的产业革命。

智能化时代的组织形式多样,人类似于一个 U 盘,随时支持可插拔,进入到另一个组织形式,扁平化、去中间层、小组制、倒三角各种创新组织不断产生。

组织特征:组织平台化、U 盘式组织、从"管理"走向"协同"（图 12.14）。

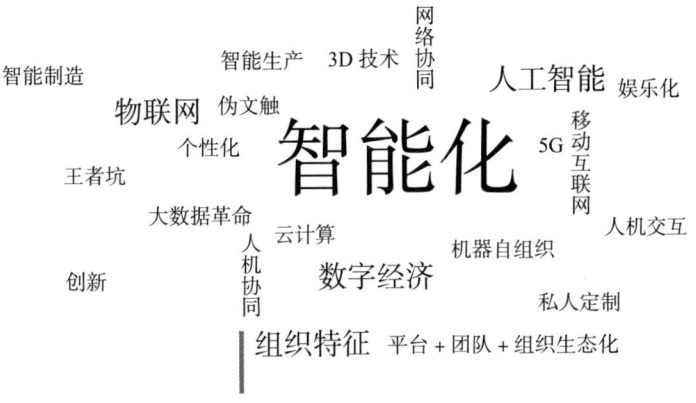

图 12.14　工业革命 4.0 与组织特征

第三节　平台型组织的 6 种模式及核心特征

平台型组织的核心特征：去中心／去中层／扁平化／倒金字塔＋自组织／社群／众包＋（平台＋团队＋生态）。

互联网和智能商务的高速发展为组织创新提供了丰富的土壤和源泉。为适应平台型企业的发展，组织不断创新与蜕变重生，形式越来越千变万化，减少管理层级，分散决策，充分授权，去中心化的、去中层的、扁平化的、倒金字塔＋自组织的、社群的、众包＋（平台＋团队＋生态）的各种创新层出不穷，细细梳理主要有 6 种模式，分别如下。

一、小组制（Squads）：实现"责、权、利"统一，提升运营效率

小组制特点为：①组织整体由各个跨职能的自组织小组组成；②每个小组像一个迷你创业公司；③组织整体会建立机制促进工作协调，同时尽可能减小小组之间的摩擦；④每个小组专注于一个特定的任务，但是由产品负责人（或销售负责人）监督，要确保完成任务，并帮助确定工作的优先级。

大部分企业将小组制的员工划入"社区"——一个拥有相似技能和背景的社区（如设计师或前端开发人员的社群），如图12.15所示。

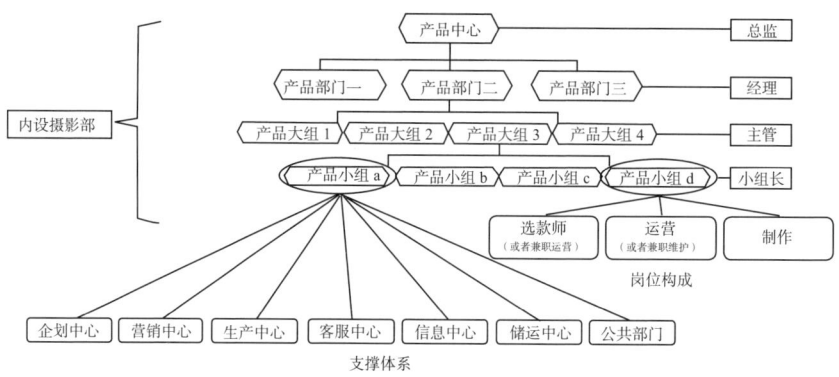

图12.15　小组制不单纯是小组的集合，而是一个综合性的体系

优点：这种模式将权力下放的程度非常深。同时，尽管组织的基本单位是一个小组，但由于社群和其他跨职能团体，团队中个人的发展不会受到限制。这种模式能够促进实验，如启动一个新服务时，可以创建一个完全独立的新团队。大规模的协调能力是很关键性的。清晰的愿景、产品负责人之间频繁讨论、团队之间定期的评估都是大规模协调能成功的要素。此模式尤其适用于数字产品服务的发展。

缺点：小组单个抗风险能力较低，如果整体环境有问题，组织很容易出现问题。

实例： 韩都衣舍的小组制创新

据网上公开资料，韩都衣舍于2008年成立，短短3年就由年销售额300万元做到了2.8亿元。据称韩都衣舍有280多个产品小组，每个产品小组通常由2~3名成员组成，包括设计师（选款师）、页面制作专员、货品管理专员。产品设计、页面制作、库存管理、打折促销等非标准化环节全权交由各小组负责。

产品小组模式在最小的业务单元上实现了"责、权、利"的相对统一,是建立在企业公共服务平台上的"自主经营体",培养了大批具有经营思维的产品开发和运营人员,同时也为多品牌战略提供了最重要的人才储备。这种模式下,韩都衣舍一年可以设计30 000款新品,而我们比较熟悉的时尚品牌Zara一年也只有22 000款。小组拥有的自由度比较大,如设计什么款式、多少种颜色、多少个尺码,定价多少,参加什么活动,打多少折扣,这些都可以由产品小组自己决定。

产品小组也可以创立自己的品牌,只要向平台的品牌规划组提交申请,如果通过,平台会给予资金和流量上的支持。

1. 小组制有明确的责、权、利划分

①责任,管理层每年10月会和每一个小组确定第二年的生产和销售计划,确定每个小组预计完成的销售额、毛利率和库存周转率,这就是责任。

②权力,第一是款式,打算上市的款式,小组内自己商量;第二是颜色和尺码,每个颜色和尺码的库存也由小组来确定;第三是价格,公司只提供最低价格标准,最终价格由小组成员敲定。

③利益,就是奖金的计算。非常简单,奖金 = 销售额 × 毛利率 × 提成系数。小组内的利润、奖金不是由公司来决定的,是自己干出来的。

2. 小组制的运作机制

①新组启动,新小组成立每人2万~5万元的初始资金额度,保证小组业务正常启动。

②资金核算,3个月以内小组可100%使用,4~6个月逐步递减到70%。

③利益分配,小组长协同组员工作,分配组内提成比例,组内利益趋同。

④裂变保护,裂变后,新小组向原小组贡献月销售额的10%,作为原小组的培养费,持续1年。

⑤小组每周每月进行销售排名,并且以季度排名进行末位淘汰。

3. 发挥"末端决策能力"

①打通"部门墙",提高沟通效率。传统的服装企业有3个核心部门,分别是营销中心、产品中心和生产中心。一般是销售来主导,销售的营销策略制定好了,打通产品配合销售,采购部门去落实。这样会出现一个问题,如果今年业绩好,到底算谁的功劳?说不清楚。所以传统的部门分工对于调动基层员工的主观能动性是有限的,同时也不利于效率的提升。而韩都衣舍的小组制通过打破"部门墙",能够提高内部的沟通效率。

②责、权、利匹配,培养小组成员的"老板"意识,在试错中成长。小组制,一方面通过给小组团队充分授权,让每个小组自行权衡销售量和上新等环节,从而提高运营效率;另一方面细化到每个小组的销售额、库存周转率等指标的考核,将小组利润最大化,同时也降低了库存风险,这就是小组制的核心优势所在。

培养了小组成员的"老板"意识,给他们权力、利益,提高了"末端决策能力"。

二、阿米巴(Amoeba)组织:人人都是经营者

阿米巴组织的特点:①以年度计划为基础,进行推选领导,实现"量化赋权"直至最小的细胞组织;②构建细分市场和客户的经营策略,搭建赋权赋能型运作的细胞组织体系;③引入内部市场化机制,搭建公平、公正、公开的赛马体制;④识别最小利润的单位,依托"经营会计"和"附加值核算"进行细胞组织的独立核算;⑤以利润作为核心目标,从经营角度展开组织和个人绩效管理,用量化数据客观评价员工的贡献与能力;⑥构建二元制自主经营性的人力资源体制,实现业务、财务、人事数据融合;⑦通过"理念"与"算盘"两手抓,实现"自约束、自组织、自驱动、自激励、自经营、自进化"的现代经营模式。

阿米巴组织划分原则如图12.16所示。

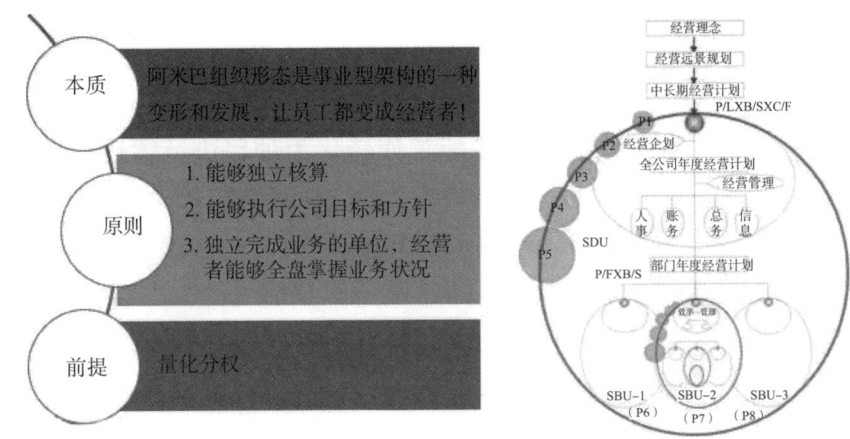

图 12.16　阿米巴组织划分原则

阿米巴组织经营的本质就是量化赋权，赋权不是简单的放权，而是在放权的背后要有统一的价值观体系、统一的经营哲学思想，这样才能真正地实现组织的激活。如果简单放权，就是"老板"的个人意志，就只是一种"承包模式"，而赋权则是组织的意志，达成共识的赋权才能真正实现"全员自主经营"。

当下组织创新有很多，如华为流程性平台组织，号称"铁三角"机动小分队，任正非称为要"打赢班长的战争"；海尔"人单合一"网状组织；韩都衣舍的"三人小组制"；小米的"层层一把手，个个责任人"去组织化。与这些相比，阿米巴组织具有以下显性优点。

①经营决策权下放，有助于把员工培养成为具有总裁思维的人，从全局考虑问题。

②把组织划小，组织创新。

③培养全员精打细算理念，用算盘让全员参与经营，学会算账。

④将管理做轻，经营做重，把企业做成员工的平台。要求员工深度参与管理，对员工要求更高。

缺点：过于追求短期利益的最大化，销售最大化，费用最小化，缺乏长期系统考虑；算计过度，浪费了很多业务人员宝贵的经营管理时间；间接导致吃大锅饭现象，只要某个阿米巴组织有业绩，巴内的每个人都有奖金；个人干不过团队，团队干不过趋势，阿米巴组织太强调个人，会导致集团分崩离析。

三、项目制：把企业的一些职能工作转化为项目进行管理

项目制的特点：①分离企业中临时性的，具有明确目标、预算和进度要求的复杂任务；②组织跨部门的团队协作；③引入内部市场化机制，搭建公平、公正、公开的赛马体制；④用量化数据客观评价团队中员工的贡献与能力。

优点：降低组织能耗，提升管理有效性；全面规划管理跨部门工作；及时处理突发事件，提升反应速度；吸引并留住核心人才，快速培养复合型管理人才；快速提升青年管理者的领导能力，"好的项目经理离总经理只有一步之遥"；改变态度，激发热情，增强责任心和归属感。但要求企业内部文化气氛好，能留住员工，同时在小团队出现问题时能及时解决。

缺点：

①管理成本过高，机构重复及资源闲置。项目式组织形式会根据项目需要设置相关机构并获取相应的资源，一个项目一套独立机构，虽然有些机构及资源是完成项目任务所必需的，但是也间接造成人员、设施、技术、设备等的重复浪费。而且该项目完成后，其他项目很难再利用而造成闲置，从而提升了企业的管理成本。

②项目环境相对封闭，不利于沟通共享及专业技术人员的提升。项目环境的有限性必然造成项目团队人员与外围接触的范围面过窄，很难提供同行交流与互相学习机会。

③员工缺乏事业上的连续性和必要的保障，项目式组织随着项目结束而解体。从企业整体角度上看，企业的资源及结构会不断地发生变化。而在项目组织内部，由新成员刚刚组建的组织会发生相互碰撞而不稳定，随着项目进程的进展而进入相对稳定期，但在项目即将结束时所有成员预见到项目的结束，都会为自己的未来做出相应的考虑，使得"人心惶惶"，而又进入不稳定期。

④组织产生"小团体"理念,在人力资源和物质资源上容易囤积。

⑤公司与项目成员之间的沟通主要靠项目经理,容易出现沟通不够和交流不充分的情况,项目团队成员很难得到上级单位的提拔。

⑥项目制相对封闭,公司的政策制度很难得到落实。

四、内部创业管理式（Inner Entrepreneurial Management）：内部创新孵化

内部创业管理式的特点：员工即创客；内部赛马机制，允许内部大量试错；同一个项目交由内部不同的团队开发，哪个团队做得又快又好哪个团队得到孵化。

优缺点：比较适用大公司，有利于有激情有能力的团队脱颖而出。缺点是成本较高,试错成本大。另外,团队之间的协作要求很高。

实例：腾讯的微信开发之路

2010年年底,移动互联时代大幕开启。腾讯高层敏锐地发现这是一次巨大商机,决定开发基于移动互联网即时通信工具软件,让谁来开发呢？当时领导创造性地让3个团队竞争,最终由张小龙带领的QQ邮箱团队做出来的微信胜出。

五、自主经营体：大公司做小，小单元做大

自主经营体的特点：①自我创新、自我驱动、自我运转的自我组织；②把大公司做小,把小单元做大；③每个自主经营体自己面对市场,探索客户需求,以盈亏全归自己的心态去自主工作；④公司矩阵团队为自主经营体提供支持资源,实现两类组织的有效分工,带动经营效率的提高（图12.17）。

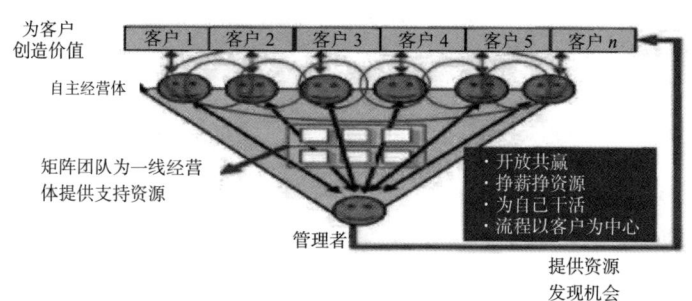

图 12.17　自主经营体运营示意

优缺点：自主经营体模式的优点是通过"端到端""共同目标""倒逼模式"这些特点实现了组织的"自创新、自驱动、自运转"。缺点是要求平台能及时提供支持，反应效率要高。

实例： 海尔的"狮鹿哲学"理念

> 海尔认为自主经营体就是"小企业家"团队。公司中的自主经营体与公司的关系可以描述为：留足企业利润、挣够市场费用、盈亏全归自己。

六、无边界组织（Boundaryless Organization）：模糊客户、员工、老板之间的界限

无边界组织的特点：参与的每个人随时可以成为项目主，也有可能在另一个项目团队里作员工，这种组织将模糊各个利益群体（员工、股东、客户等）之间的界限。参与是流动而非固化的。在这个阶段，每个人都可能是老板，不局限于原来的标准，而是创造另外一种标准，从而对每个行业进行重新定义，创造出一种新的商业模式。空间层面：有深浅不同的参与程度。时间层面：根据需求，容易及时参与。这些组织严重依赖数字工具，有些组织使用区块链来共享信息和做出共同决策。要怀有利他之心，保障每个环节、每个人都能够得到利益，这样系统才能够自主运转。它也非常适合远程工作。

优缺点：

它是唯一真正挑战公司边界的模式。替代某些平台的过度使用，那些平台只关注自身利益或少数利益相关者的利益。在应用方面具有高度的通用性，非常适合于利润驱动的公司，同时可以推动开源项目的发展。也有可能发展成为无组织，边界模糊化，有可能难以在各种角色之间找到平衡。

> **实例：杰克·韦尔奇的无边界组织创新**
>
> 杰克·韦尔奇被誉为全球第一 CEO，他创造性提出了"无边界组织"的理念，即消除各个职能部门之间的障碍，让财务、工程、生产、营销等相关部门之间能够自由流通，打破"国内"和"国外"的业务界限；建立供应商和用户在一起的平台；消除种族和性别歧视；把团队的位置放到个人前面。重组、收购及资产处理，让一个老气横秋毫无生气的公司变成了今天的通用，并在短短 20 年的时间里，韦尔奇使通用电气的市值达到了 4500 亿美元，增长了 30 多倍，排名从世界第 10 位升到第 2 位。正是在无边界管理理念的指导下，通用公司才不断创新，如推行"六西格玛"标准、全球化和电子商务等，无不走在其他公司的前面，始终保持充沛的活力，取得了惊人的成就。

第四节　打造弹性组织：网络化、扁平化、自适应

企业发展取决于经营，企业组织服从于战略，人类社会是不断发展向前的，这必然导致组织也不能一成不变。

据美国《财富》杂志报道，中国中小企业的平均寿命仅 3.7 年，美国中小企业平均寿命不到 7 年，普通企业的平均寿命也不过是 30 多年。现代企业面临的竞争越来越激烈，企业生存环境要求越来越高，消费者的需求也呈现个性化、多样化趋势，这对企业的组织要求也越来越高。组织作为一个系统，具有整体性、

实用性、复杂性和协作性这四大核心特征,因此权变的组织符合现代企业的要求。

管理学家格鲁克(William F.Glueck)在研究了许多文献后,提出了权变组织结构的几项原则。

①组织的目标。职能式部门更为适应组织的目标以降低成本和提高效率为目标。在直线制、直能制选择中,组织目标至为关键。②组织的环境。组织环境的复杂性是组织形式选取的又一重要因素,如果企业员工众多,环境复杂,协同要求更高,这种以矩阵式更为有效。华为现有员工10多万名,产品不仅有通信设备还有手机终端,最终选择的也是矩阵制。③组织的规模。在企业中存在正式组织和非正式组织,正式组织适合企业规模较大且环境稳定的,如果环境变化较大则以权变的组织形式为宜。④行业间竞争。行业竞争程度是组织选取的另一个重要因素,组织存在集权与分权,集权组织适合竞争轻松、稳定的环境,而竞争激烈,则分权更宜。

从传统经济到数字经济,从传统商务到智能商务,面对企业生存环境的变化,如何制定企业的组织战略呢?

图12.18给出了智能商务时代组织变革的建议,国有企业、军队及政府机构在传统上以雇佣制为主,组织导向原则是战略决定组织、组织决定人才,因岗设人,特别强调老板要做正确的事情,员工要把事情做正确;老板强调决策力,员工强调执行力,老板是"天花板",老板的高度决定企业的高度,这种组织形式主要特征是集权式的、雇佣式的,变革力度是保守的。

在共享经济、知识型、智力服务、互联网、金融资本、滴滴打车、猪八戒、货拉拉、Airbnb及多数协会、社团、NGO组织形式里组织是创新的"平台+个体"形式,组织导向是崇尚个体至上,组织为个体服务,人才决定组织,组织决定战略;因人设岗,老板是"地板",老板的强度决定了企业的高度。主要特征是纯平台式、分权式的,变革力度是很大的,比较激进的。

而对于大多数创新型企业:小米、华为、和君、宝洁、谷歌、腾讯、海尔、永辉超市、韩都衣舍、红领、完美世界等采取的是"混搭、紧密平台+个体"

的组织形式越来越显现出活力，这种组织导向提倡平台与个体结合，共同为用户服务，"战略—组织—人才"双向互动，差异定位、角色分工、相互支撑、双向匹配；主要特征是混搭结合/集分式结合，分散式/共性任务上收到平台，个性任务下放到个体。变革处于中庸位置。

组织类型	传统/纯雇佣制	混搭/紧密平台+个体	创新/松散平台+个体
组织导向	崇尚组织至上，个体为组织服务，战略决定组织，组织决定人才；因岗选人	提倡平台与个体结合，共同为用户服务，"战略－组织－人才"双向互动，差异定位、角色分工、相互支撑、双向匹配	崇尚个体至上，组织为个体服务，人才决定组织，组织决定战略；因人设岗
主要特征	纯雇佣式、集权式 集中式中心化	混搭结合/集分式结合 分散式/共性任务上收到平台，个性任务下放到个体	纯平台式/分权式 分布式/去中心化
变革力度	小/保守	中/中庸	大/激进
适用场合 典型代表	传统企业：多数国企、外企、部分民企，多数军队和政府机构	创新型传统企业：小米、华为、和君、宝洁、谷歌、腾讯、海尔、永辉超市、韩都衣舍、红领、完美世界	共享经济、知识型、智力服务、互联网、金融资本、滴滴打车、猪八戒、货拉拉、Airbnb及多数协会、社团、NGO组织

图 12.18　智能商务时代组织变革建议

第十三章

智能商务之营销创新（由事务到引爆）

智能商务时代，"精准"才是营销的新法则。然而，数字时代企业却面临着这样的尴尬，一方面目标消费者越来越感性化、个性化、拥有鲜活诉求和情感表达；另一方面由大数据智能化的技术崛起，理性的，甚至冰冷的数字呈现。到底如何将这样的理性和感性完美地融合在一起，新消费时代消费需求和形态发生变化，消费者对品牌品质和是否满足社交属性提出了更高要求，营销面临理论重构与再造。

据埃森哲预测，到2035年，人工智能系统会为批发和零售行业带来59%的利润增长。而早在2017年的零售总额报告中，就有39%的零售商认为，将用户数据转化为智能和可操作的营销策略是它们面临的最大挑战之一。

第一节 4次工业革命与营销变迁

营销观念是企业营销活动的指导思想，是有效实现市场营销功能的基本条件，营销观念贯穿于营销活动的全过程，并制约着企业的营销目标和原则，是实现营销目标的基本策略和手段。"兵无常势，水无常形"，如今企业的市场环境无论是竞争格局还是消费者思想和行为都发生了很大变化，而随着环境的变化，营销理念也在不断变化。

工业革命的历史就是营销创新的历史，每次工业革命的诞生都对营销提出了新的要求，一部工业革命史就是一部营销史。

一、工业1.0：机械化

以蒸汽机作为动力机被广泛使用的18世纪60年代中期工业革命为第一次工业革命，技术和科学取代了传统经验，使生产效率得到几何级的提升，物质得到极大程度的提升。

营销1.0时代是以产品销售为中心营销阶段，该阶段的营销手段较为传统，主要通过广告方式、价格战促进产品销售，相对而言具有一定的复杂性及落后性，同时营销的过程难以控制。该阶段的主要营销理论有4P(产品、渠道、价格、促销)、罗瑟·里夫斯(Rosser Reeves) USP理论，在1.0时代卖方市场权利大于买方。

由于当时生产力水平比较低，商品供不应求，是卖方市场阶段，企业经营的重点是努力提高生产效率，增加产量，降低成本，生产出让消费者买得起的产品，此时营销理念为"生产观念"。生产观念认为，消费者喜欢那些可以随处买得到而且价格低廉的产品，企业应致力于提高生产效率和分销效率，扩大生产，降低成本以扩展市场。

传统生产观念形成于20世纪20年代，其不是从消费者需求出发，而是从企业生产出发，主要表现是"我生产什么，就卖什么"。企业经营管理的主要任务是改善生产技术，改进劳动组织，提高劳动生产率，降低成本，增加销售量。

二、工业2.0：电气化

电气化时代形成于19世纪末和20世纪初，是以电气化为核心的时代，世界由"蒸汽时代"进入"电气时代"。在电气化时代里由于生产效率得到大规模的提高，在这一时期里，一些发达资本主义国家的工业总产值超过了农业总产值。

在电气化时代里营销的主要观念有产品观念，另外也有生产观念和推销观念，营销学作为一门学科开始有人系统研究。

产品观念是与生产观念相继产生的一种较早的企业营销哲学，认为消费者青睐质量好、性能好且具有创新性的产品。产品观念也是产生于产品短缺的时代，企业关注更多的是产品本身，而不是消费者需求。一旦消费者的需求发生了变化，企业的营销很容易陷入困境。

三、工业 3.0：信息化

第三次科技革命以原子能、电子计算机、空间技术和生物工程的发明和应用为主要标志，发生在 20 世纪四五十年代，包括信息技术、新能源技术、新材料技术、生物技术、空间技术和海洋技术等诸多领域的一场信息控制技术革命，它是继蒸汽技术革命和电力技术革命之后人类文明史上科技领域里的又一次重大飞跃，这次科技革命不仅极大地推动了人类社会经济、政治、文化领域的变革，而且也影响了人类生活方式和思维方式，使人类社会生活和人的现代化向更高境界发展。正是从这个意义上讲，第三次科技革命是迄今为止人类历史上规模最大、影响最为深远的一次科技革命，是人类文明史上不容忽视的一个重大事件。

在第三次信息化革命中，营销观念百花齐放，主要有推销观念、市场营销观念。二者的相同点是都基于物质的极大丰富、生产能力大幅提高，都抛弃了以自我为中心，主张积极主动出击。

不同点：①前提假设不同，推销观念的前提是消费者在没有外力推动的情况下不会自动购买产品；营销观念的前提是实现企业营销目标的关键在于发现并找到消费者潜在的欲望，并满足它们，"生产你能够出售的东西，而不是出售你能够生产的东西"。②环境及时间点不同，推销观念产生至 20 世纪 20 年代末至 50 年代初，由"卖方市场"向"买方市场"过渡的时期。随着生产力的提高，市场供过于求，消费者有了更多的选择权，企业因而面临着来自市场的巨大压力。市场营销观念的形成是企业经营观念上的一次"革命"，它是作为对上述诸观念的挑战而出现的一种崭新的企业经营观念。在20世纪50年代中期，营销观念认为，实现企业营销目标的关键在于正确确定目标市场的需要和欲望，"发现欲望，并满足它们"，"生产你能够出售的东西，而不是出售你能够生产的东西"，"热爱顾客而非产品"，"尽我们最大的努力，使顾客的每一块钱都能买到十足的价值、质量和满意"。概括起来说，顾客需要什么，企业就生产什么。这种观念抛弃了以企业为中心的指导思想，代之而起的是以消费者为中心的指导思想。

推销观念注重卖方需要；市场营销观念则注重买方的需要。推销以卖方需要为出发点，考虑如何把产品变成现金，而营销则考虑如何通过产品来满足顾客的需要。推销观念采用从内向外的顺序，它从明确的市场出发，以顾客需要为中心，协调所有影响顾客的活动，并通过创造性的顾客满足来获利。

可见，市场营销观念的4个支柱是：市场中心、顾客导向、协调营销和利润。推销观念的4个支柱是：企业、产品导向、推销、营利。从本质上说，市场营销观念是一种以顾客需要和欲望为导向的哲学，是消费者主权论在企业市场营销管理中的体现。

四、工业4.0：智能化

第四次科技革命（20世纪后期）以人工智能、大数据、物联网不断成熟及系统科学的兴起到系统生物科学的形成为标志，系统科学、计算机科学、纳米科学与生命科学的理论与技术整合，形成系统生物科学与技术体系，包括系统生物学与合成生物学、系统遗传学与系统生物工程、系统医学与系统生物技术等学科体系，将导致的是转化医学、生物工业的产业革命。

智能化时代的营销观念也不断推陈出新，形式多样，大社会营销开始走向前台,体验营销、内容营销、数字营销、社群营销不断产生。

社会市场营销观念要求市场营销者在制定市场营销政策时,要统筹兼顾三方面的利益,即企业利润、消费者需要的满足和社会利益。"绿色营销""理性消费""金山银山不如绿水青山","人类命运共同体"从关心顾客到关心人类,从关注企业到关注社会等一系列新的营销观念也为越来越多的企业所接受,社会市场营销观念是对市场营销观念的修改和补充。它产生于20世纪70年代,其产生和存在都有其历史背景和必然性,都是与一定的条件相联系、相适应的。

大市场营销观念是20世纪80年代中期提出的,它对于从事国际营销的企业具有现实意义,重视和恰当地运用这一观念有益于企业突破贸易保护障碍,占据国际市场。

环境的变化、消费者需求的变化要求营销观念也要不断变化,推陈出新。智能商务呼唤智能营销。

第二节 营销创新由4P、6P到4C、4R、4V到AISAS或PERI

随着经济的发展和工业革命的开始,营销理念与理论也在不断发展创新,19世纪末20世纪初美国开始形成系统的营销理论,并不断发展,推陈出新。

一、4P理论

4P即产品(Product)、价格(Price)、地点(Place)和促销(Promotion),以4个英文单词的首字母作为营销理论的总概括,强调要以顾客为中心,在营销多个变动因素中关注最有价值的产品、价格、产地、促销4个核心因素。4P理论的提出把厂商或销售主从纷繁芜杂各种琐碎的营销事务中解放出来,重点关注核心变量的变化,今天仍有重大指导意义。4P理论是20世纪60年代麦卡锡在鲍顿提出的营销实践 12 因素基础上进行系统概括提出来的（企业营销 12 因素是在 20 世纪 50 年代由哈佛大学鲍顿教授提出的，即"产品计划、定价、厂牌、供销路线、人员销售、广告、促销、包装、陈列、扶持、实体分配和市场研究"）。

二、6P 理论

4P 理论经过一系列发展，某些弊端也开始显现，如没考虑生态平衡，没考虑政府关系，于是在 20 世纪 90 年代美国营销大师菲利普·科特勒提出增加大营销理论，即 6P 理论，包括：产品（Product）、价格（Price）、地点（Place）、促销（Promotion）、政治权力（Political power）和公共关系（Public relations）。6 个英文单词的首字母作为大营销理论的总概括，强调要以顾客为中心，兼顾政府与生态平衡。在原有的 4P 组合的基础上增加两个"P"，即政治权力和公共关系，帮助企业冲破国际贸易壁垒及其所在国公众舆论的障碍，顺利进入被东道国保护的市场。

三、4C 理论

供给与需求一直是经济学研究的重要课题，需求稳定的情况下供给增大必然带来价格的下降，随着工业化的加深，"需求为中心"开始抬头。1990 年，美国学者劳朋特提出了 4C 理论，即消费者的需求与欲望（Consumer needs and wants）、成本（Cost）、便利（Convenience）、沟通（Communication），强调营销决策要综合考虑以消费者需求为中心，仔细分析研究消费者的需要与欲望；消费者为满足欲望而愿意付出的代价，更方便、快捷、安全对消费者购买时的影响，加强信息和情感上的沟通对消费者消费的影响。4C 理论是在 4P 理论基础上的又一次跨越，对营销有重要的指导意义。

四、4R 理论

竞争加剧，产品生命周期缩短，技术创新加快，成本不断降低，消费个性化、网络化对营销提出了更高的要求，舒尔茨在多次总结 4P、6P、4C 的基础上提出了 4R 理论，即关联（Relevant）、反应（Reaction）、关系（Relation）和回报（Return），强调企业营销动机不是追求短期利润回报而是长期的价值回报。要与客户建立长期稳定的联系，要时刻关注顾客的需求及变化，并与上下游厂商形成价值链，对客户的变化要有快速反应机制，把服务质量和营销有机结合起来。4R 理论是营销理论的又一次重大创新。

五、4V 理论

4V 理论是 20 世纪 80 年代部分学者提出来的，即差异化（Variation）、功能化（Versatility）、附加价值（Value）、共鸣（Vibration），4 个英文单词的首字母作为营销组合理论名字。"差异化"强调在产品性能上、质量上、销售上、生产上等多个维度与竞争对手拉开差距；"功能化"是指根据消费者的消费能力或满足期望可以通过对产品加减功能来实现，是一种变通思想；"附加价值"通过在技术附加、服务附加或企业文化与品牌附加使消费者超出期望；"共鸣"强调企业经营理念与消费者达到和谐一致，双方而不是单方"价值最大化"。4V 理论强调"尊重顾客"和建立"顾客导向"，追求双方共同利益而不是厂商价值最大化，为消费者提供价值溢价，让消费者超出期望，这是从"短缺经济"过渡到"过剩经济"重要的理论创新。

六、AISAS 理论

互联网的发展及人工智能、区块链、大数据、物联网的发展对营销提出了新的要求，互联网及智能商务改变了人们的生产、生活、工作、娱乐、学习的方式，特别是线上线下经济的融合，年轻一代对互联网的依赖，SEO（搜索引擎）开始取代线下广告、快递开始替代步行街、消费行为由线下向线上迁移，消费者的消费行为更加个性化、网络化、小众化。营销方式正从传统的 AIDMA 营销法则（Attention——注意、Interest——兴趣、Desire——欲望、Memory——记忆、Action——行动）逐渐向含有网络特质的 AISAS 发展。

（一）Attention——注意

注意是指我们要想获得一定的业绩，就要首先吸引客户的注意，如果没有客户的话，那后面的一切营销活动都会没有任何用武之地。想要吸引客户的注意，我们可以从多方面来入手，如通过互动营销来吸引消费者到店消费。

（二）Interest——兴趣

吸引住了客户之后，我们要想真正地留住这些客户，就要让客户对我们的产品产生一定的兴趣，让他们发自内心地想要购买我们的产品，这就要求我们在事先要对目标群体进行一定的市场调查，了解目标群体的痒点。

（三）Search——搜索

当目标群体对我们产生一定的兴趣之后，他们可能就会通过一些线上或者线下的渠道来搜集我们产品的信息，这个阶段就是搜索阶段。要想使客户对我们留下较好的印象，线上一定要注意搜索引擎优化，线下要做到优化服务、提升口碑。

（四）Action——行动

第 4 个阶段就是客户的行动阶段了，如果客户经过一系列的调查之后对公司的产品较为满意的话，就会直接到店进行消费。在这个阶段促进订单成交的最主要的环节便是销售环节，所以会对销售员的个人能力有着较高的要求。

（五）Share——分享

如果客户使用该企业的产品获得了较好的使用感受，他肯定会和周围的人进行分享，向周围的人推荐该企业的产品，这也就是所谓的口碑传播。我们一定要重视口碑传播的重要作用，它的说服力能够秒杀一切营销活动。

AISAS 理论在实操中开始向 PERI 转变，即"Priming"，通过事件建立与用户之间的联系，引爆事件；"Expand"，创造多元化的扩散机会，在最大范围内吸引用户注意；"Ropines"，展开各种常态的沟通，并把沟通的结果不断释放，形成黏性；"Interaction"，让用户参与开始引流，时下各种"网红"平台无不是利用这个模式。该理论重构了网络时代的消费者行为模式。两个具备网络特质的"S"——Search（搜索）、Share（分享）的出现，昭示了互联网时代消费者由被动变为主动，充分体现了互联网对于人们生活方式和消费行为的影响与改变。

第三节　智能商务时代的经典营销模式

传统时代营销注重的关键点在于渠道，渠道为王，互联网时代营销重视点击和流量，点击决定业绩，流量决定销量，在智能商务时代数据重构商业，体验改写未来。

由于智能商务技术的发展及消费者消费模式的改变，对营销提出了更高的要求，近年营销创新层出不穷。不仅有产品本身的创新，也有市场渠道的创新、营销策略和营销思维的创新，还有营销模式的创新。

现代营销学之父菲利普·科特勒教授把营销的演化划分为 4 个阶段：①营销 1.0 时代，"以产品为驱动"，营销就是纯粹的推销。②营销 2.0 时代，"以消费者为驱动"，企业不但注重产品功能，还要认真了解消费者的真实需求。③营销 3.0 时代，"以价值观为驱动"，"交换"与"交易"被转化为"互动"与"共鸣"，营销的价值主张从功能与情感的差异化升级为精神与价值观的共鸣。④营销 4.0 时代，"以自我实现为驱动"，在物质过剩的时代，马斯洛需求模型中生理、安全、归属、尊重的 4 层需求相对容易被满足，于是自我实现成为客户必然诉求。4.0 版本的智能营销以消费者无时无刻的个性化、碎片化需求为中心，满足消费者动态需求，建立在工业 4.0（移动互联网、物联网、大数据及云计算）、柔性生产与数据供应链基础上的全新营销模式，将消费者纳入企业生产营销环节，实现全面的商业整合。

从 1.0 的传统营销到 4.0 的智能营销，相较于以广告、价格战为主的 1.0，从以产品为中心转移到以消费者为中心的 2.0，到以道德化的情感营销为主的 3.0，4.0 则是一个全新的营销模式。营销从 1.0 发展到营销 4.0，科特勒认为新时代的营销需要非常重视企业和消费者的关系，但是光有这些还远远不能满足当下的需求，特别是人工智能、物联网、大数据智能商务等的综合发展，要求有更高水平的营销与之相适应，这意味着营销传播不能再跟以往一样单纯对消费者进行信息灌输，而是应该更关注消费者的内心世界，通过内容创新、模式创新、传播方式创新，与消费者沟通，建立情感联系。

根据 Smart Insights 的 2015—2016 年度调研，29.6% 的受访者认为内容将是他们头号数字营销工具，内容营销排在了大数据、营销自动化和移动营销的前面，它还大幅领先于社交媒体营销、搜索引擎优化（SEO）、付费广告等其他营销活动。

一、内容营销

在智能商务时代，消费者因为有了很多智能工具，变得越来越聪明，营销也越来越回到事物的本质上，内容营销正恰逢其时，这个时代刚刚开始；UGC 的内容依然是互联网平台的核心，但是 PGC/OGC 的价值和作用凸显；内容正从文字传播的时代，进入图像、音视频时代；内容形式创新，是接下来相当长时间的热点（VR/AR 等）。

越来越多营销人员的工作重点正在从广告向内容营销转移。我们需要改变思维方式，不能再一味地去宣传品牌的价值信息，而是应传播对客户有用有价值的信息。在内容营销的过程中，我们需要关注的是内容的产出和分配，但也需要合适的生产前和分配后的活动。因此，营销人员想要同客户展开对话，需要完成内容营销的8个步骤，分别为：①设定目标；②受众定位；③内容创意和计划；④内容创作；⑤内容分配；⑥内容推广；⑦内容营销评估；⑧内容营销优化。

若用一句话形容内容营销的效果，那就是"随风潜入夜，润物细无声"。内容营销主要从共享、协同、给予客户答案的角度来向消费者传递信息，而传统的营销更多的是通过打断用户思考、视角、听觉来硬性传递产品信息。企业创建内容的核心是将浏览者转变成购买者，让购买者成为回头客或狂热的追随者及倡导者。通过互联网上内容及信息的传递加深你与客户的关系，企业通过持续不断的创造消费者关注的内容，激励消费者和企业进行互动，最终获得商业价值。

小饭馆开张想做一期营销，一个内容创意是"新店开张，来人五折"。另一个创意是一段视频内容：一个80岁的老太太在一个餐厅对服务员说："孩子，我只有2元钱，你给我买1碗肉汤，我不要肉。"一会儿后，服务员把汤端上来了，里面放了蛋。老太太看到后赶紧说："孩子，我没有那么多钱！"服务员说："婆婆，这个不要钱，你慢慢吃。"

这个场景如果被拍下来传到微博上，将冲击很多人的心灵，就会出现上万条转载和评论。对比之前"王婆卖瓜，自卖自夸"的内容宣传，这样的小故事更能击中消费者内心敏感的神经，这样的内容不仅有营销的广度还有营销的深度。

营销的本质到底是什么？是很多营销人孜孜以求的话题，从推销到产品品质，从性价比到口碑，经历了几代营销人辛苦的探索，依据图13.1智能商务时代的内容营销体系显示，口碑是内容营销核心，围绕口碑的是产品、服务、社群网络和社会媒体，用户要全程参与核心过程，当产品超出期望形成口碑，口碑形成的内容传递给社会媒体，社会媒体通过互动参与和"病毒传播"传递给社群网络,社群网络通过朋友推荐和好的服务响应传递给服务,服务再注入情感给到口碑,再迅速反馈和迭代更新传递给产品,以形成内容营销正循环,无论当年的格兰仕微波炉之战还是云南"褚橙"变成"励志橙",无不是内容营销的结果。

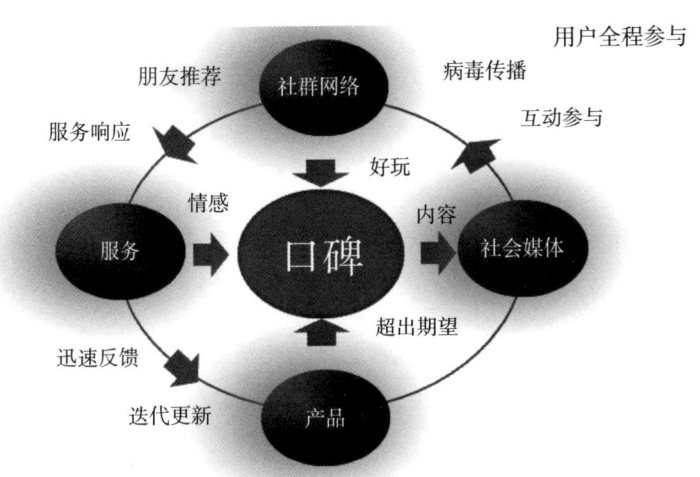

图 13.1　智能商务时代的内容营销体系示意

二、多渠道营销 O2O

多渠道营销是指整合多种渠道,创造无缝持续的客户体验,这就要求打破分割的渠道,统一目标和战略。特别是互联网时代以来的线上线下融合,从 O2O 到 OMO,有利用线上渠道提升产品知名度,然后推动消费者前往线下(实体)商店购买的,也有线下宣传汇总到线上平台成交的,O2O 模式极大地吸引了中国先进企业的兴趣,这些企业在实体商店和分销网络等领域进行大规模投资,让消费者既能享受在传统实体商店购买带来的即时满足感,也能享受电子商务带来的便利。但对不少中国零售商而言,这也带来了不少挑战。由于移动端的加入能增加消费者忠诚度及消费的便利性,也让多渠道营销成为可能。

三、社群营销

"人在哪里,生意在哪里,你的机会就在哪里",社群营销是近些年跟随移动互联网的发展而发展起来的一种新型营销方式,移动互联网的发展大大降低了人们的沟通成本,特别是移动互联网时代的沟通工具如 Line、米聊、QQ、微信等使远在天边、身在异地的人沟通起来特别便捷,而人们基于共同的兴趣、爱好、价值观等因素聚到一起,从而产生相应的基于社群的营销行为。依据图 13.2 社群营销运营显示,社群营销通过社群运营 + 社会化传播组成,社群营销具有以下特点。

①基于相同的爱好、兴趣、价值观等:主打情感牌,通过情感纽带把陌生变成熟悉,并成为朋友。用心服务。

②群里互动性要强:社群营销通过互动交流加强共识,群的活跃度与营销基本成正比,活跃的群更容易产生社群营销行为。

③基于口碑营销:共同的兴趣、爱好、信任是成为群的前提,口口相传,有利于社群营销。

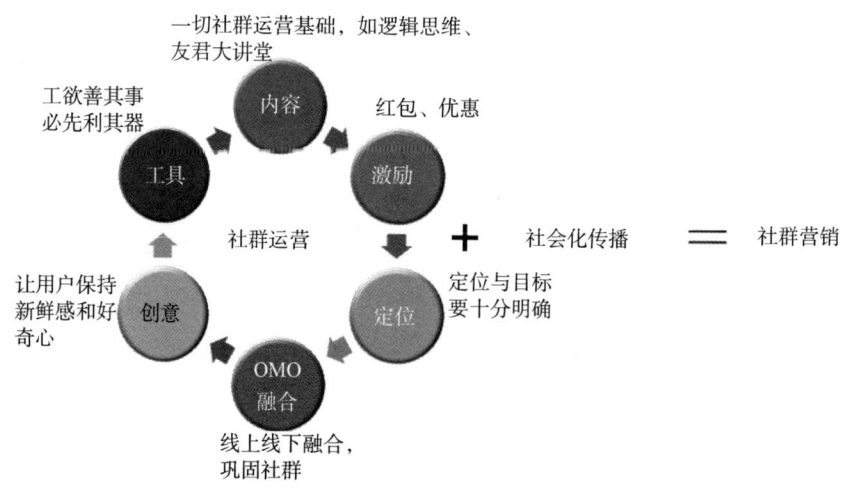

图 13.2 社群营销运营

2019年，通过数字化、内容化、全球化升级突破的电商，利用社群营销、直播营销开始大放异彩，利用各种社群开始由图文转向视频等流媒体形式，淘宝、京东、抖音、快手推波助澜。《2019年淘宝直播生态发展趋势报告》显示，2018年加入淘宝直播的主播人数同比上涨180%，2018年淘宝直播平台带货超过1000亿元，同比增速近400%。直播2小时，带货2.67亿元，直播5分钟，卖掉15 000支口红，李佳奇、薇娅打破了直播界一个又一个奇迹，天猫双11全天，淘宝直播带来的成交接近200亿元，超过10个直播间，引导成交过亿元。其中，家装和消费电子行业直播引导成交同比增长均超过400%。超过50%的商家都通过直播获得新增长。2019年淘宝直播宣告直播平台带货超4000亿元，映客、欢聚时代、陌陌的直播营收分别占到总营收的96.59%、94.39%和79.39%。商家全方位拥抱直播，群直播营销时代进入爆发期。

微信在社群营销方面具备天然优势，微信用户数量大、传播广，且建立了微信号、公众号、财付通等完整生态，商家可通过微信公众服务号对接商城可实时交易，通过订阅号与消费者连接，通过各种微活动进行实时展示，形成微信社群O2O互动营销模式。

"IP+社群+场景+电商"是近年社群营销发展的新模式，即以IP（各种"网红"、关键意见领袖）组建社群，根据产品的使用场景，IP用来引流，场景用来强化体验，社群用来增加黏性加强信任，电商形成商业闭环，完成商业变现。

四、体验营销

阿尔文·托夫勒曾准确预测了"第三次浪潮"的到来，他说"服务经济的下一步是走向体验经济，人们会创造越来越多的跟体验有关的经济活动，商家将靠提供体验服务取胜"。智能商务时代更加重视顾客的体验，互联网时代"点击决定业绩，流量决定销量"，在移动互联网时代"数据重构商业，体验改写未来"，体验从幕后越来越走向前台。

体验营销就是指企业以消费者而不是以产品或服务为中心，通过场景、事件、行为及特定过程的设计，让消费者沉浸于体验，产生深刻印象，并获得精神的愉悦。在体验营销过程中，商品成为场景设计的核心素材，塑造感官体验及思维认同的道具，美国营销大师说，"我们不是卖牛排，而是卖烤牛排时的滋滋声"，通过滋滋声抓住消费者的注意力，让消费者产生联想，从而产生购物行为。

其实体验营销早已在不经意间深入了我们的生活。去商场购买衣服鞋袜，导购会建议你试穿；去家居店买床垫，工作人员建议你去试躺；去4S店购买汽车，销售人员会带着你试乘试驾；就连在菜市场买水果，商贩都会切开一些让你试吃……消费者通过体验产品之后，再决定是否购买，这就是体验营销的起源。

体验营销与传统营销有一定的区别（表13.1），体验营销的销售是以分享和体验为核心的。从产品、价格、渠道、促销等方面来说，体验营销完全不同于传统营销。

表 13.1　体验营销与传统营销的不同

	传统营销	体验营销
产品	汇聚产品功能，满足消费者物质需求	顾客对体验的感知与认同
价格	产品/服务性价比	顾客价值体验
渠道	销售渠道网络的建立	互动场所的提供
促销	产品/服务的认知与传播	口碑传播效果的体现

在一个高度技术化的时代，产品和思想很容易复制，但经验很难复制。因此经验是强大的竞争来源，从产品经济到服务经济再到体验经济，每一步都是跨越。小米手机的董事长雷军感叹"苹果店每年每平方英尺的营业面积可以产生5000美元的销售额，而Bestbuy，还达不到这个水平的五分之一"，这是如何做到的呢。

体验营销设计要关注两大核心要素：第一，要关注客户内在的真实需求，品牌商应注重与顾客之间的沟通，通过数据分析发掘他们内心的真实想法，站在顾客体验的角度,去审视自己的产品和服务。以顾客的真实感受为准,去建立体验式服务。以体验为导向设计、制作和销售你的产品,当茶叶被当成"货物"贩卖时,一斤可卖 500 元;当茶叶被包装为"茶水"时,一杯(半两)就可以卖 20 元;但如能让茶叶成为一种香醇与美好的"体验",在机场 VIP 贵宾厅一杯就可以卖到 100 元甚至是好几百元。增加产品的"体验"含量,能为品牌带来可观的经济效益。第二,要会设计消费情景,在体验营销设计中不要孤立地去思考一个产品(质量、包装、功能等),要通过各种手段和途径(娱乐、店面、人员等)来创造一种综合的效应以增加消费体验,要设计文化属性,提高消费者的满意度。在消费者的感官、情感、思考、行动、关联等多个方面,重新定义、重新设计营销的思考方式。去过美国拉斯维加斯的都知道,一旦进去你会失去时间概念,因为房顶很高,上面画的云与天上的一样,你在里面,分不清白天黑夜,这不断刺激你去消费;高档酒店营造出一个亚马孙热带原始森林的环境,茂密的森林、淙淙的流水、古朴的假山,在这样的环境下就餐会给人一种心旷神怡的感觉,这时吃什么都不重要,重要的是体验消费环境。

体验营销者不仅仅考虑产品的功能和特点,更主要的是考虑顾客的需求,考虑顾客从消费产品和服务的经历中所获得的切身体验,考虑顾客对与产品相关的整个生活方式的感受,这才是体验营销者所真正关心的事情。

五、直销

直销由于减少了代理层级,渠道扁平化,符合智能商务时代的需求。什么是直销?根据第 443 号国务院令公布的《直销管理条例》中首次明确定义:直销是指直销企业招募直销员,由直销员在固定营业场所之外直接向最终消费者推销产品的经销方式。直销模式实质上就是通过简化、消灭中间商,来降低产品的流通成本并满足顾客利益最大化需求。渠道层级的减少,大幅降低商业流通的成本,既惠及厂家、商家,更惠及消费者。直销有 3 个方面的要素:公众消费意识的支持、一对一关系的建立与形成、现场展示与焦点促销。由于直销直接面对客户，减少了仓储面积并杜绝了呆账，没有经销商和相应的库存带来的额外成本，因而可以保障公司及客户利益，加快成长步伐。

直销是社会发展的产物，随着人工智能、物联网、大数据、云计算、区块链等新技术的蔓延，直销必然也受到趋势的影响，直销成了集门店、直销员、电商等多种营销渠道为一体的复合式营销。"互联网+"时代的来临，让线下与线上市场无缝对接，如今网络直销已经成为主要的营销方式。未来的直销行业要靠创新赢得市场，为直销行业内的企业开辟出一条发展的新路。

公司要进行直销，首先必须透彻研究顾客需求，而不是竞争对手，通过细分市场和提供异质化产品来切入市场；其次要增加直销的触角，与顾客保持互动，如网上直销、电子商务、DIY订单接纳、电话直销等；再次要有科学管理直销团队的方法，确保销售团队高效运转。例如，安利公司的店铺+销售代表式直销和"按单生产"的戴尔（Dell）式直销是目前最为成功的两大直销方法。安利式直销核心要素在于提高顾客和职员满意度，戴尔式直销则必须通过不断开发新产品来满足顾客需求的异质性。

无论安利模式还是戴尔模式，合理利用广告途径增加与顾客的沟通是很有必要的，而所谓的直销省略宣传费用而使顾客需求成本降低，是短视和错误的。没有与顾客的有效沟通是很难研发出有需求潜质的产品的，更别说提升顾客满意度和公司业绩了。

直销将沿着减少流通环节提供满意产品的主旨，通过DIY接受订单，采用OEM虚拟经营，贯彻6Σ原则，采用C2P（公司对个人）或P2P（个人对个人）的服务模式不断丰富直销的内涵。在充分了解国家法规、市场特性的情况下采用合理的直销方法，不纯粹模式化，将为直销企业永续经营保驾护航。

第四节　七步成就智能商务时代数字化智能营销

信息不对称一直是经济活动中的重要问题。智能商务时代呼唤智能营销，人们经常抱怨，"我知道我一半的广告投放费用是在浪费，可是我不知道哪一半是在浪费"。根据图 13.3 显示，智能商务服务消费者三大核心特征是低成本实时服务海量用户、满足每一个用户的个性化需求、快速迭代自我更新自我提升。对于任何一家公司来说都需要更精准、可衡量和低投资高回报的营销沟通，更注重结果和行动的营销传播计划，以及更注重对直接销售沟通的投资，"数字化智能营销"应运而生。智能商务的发展，使得精准营销成为可能，将商品信息精准推送给有需求的消费者，这不仅将改变诸多企业，也将改变消费者的生活。

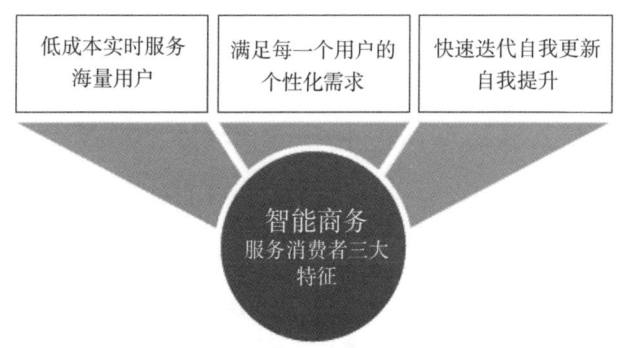

图 13.3　智能商务服务消费者三大特征

大数据是智能营销的基础，我们每天的各种行为、社交都不断产生数据，根据图 13.4 显示，全球每天搜索请求超过 6000 亿次，中国约 70 亿次，新浪微博日活 4.5 亿条，Twitter 每天 2.5 亿条，还有微信、抖音、快手、淘宝等各种平台产生大量的数据，人们的人脉、购物、出行都有大量的数据源，物联网时代数据维度还将不断丰富，应用场景也会不断增多，数据营销也在快速演进，中国的智能营销时代正在到来。将商品信息精准推送给有需求的消费者，这不仅会改变诸多企业，也将改变消费者的生活。

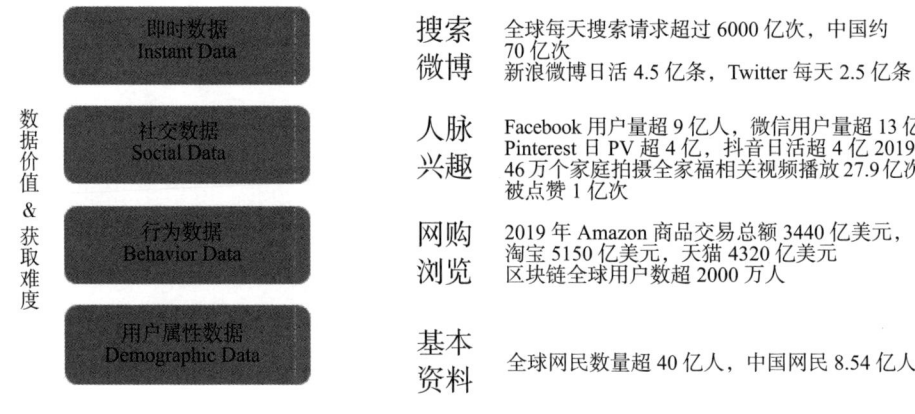

图 13.4　全球单日获取数据数量

资料来源：公开信息整理。

与传统营销相比，在数字化智能营销体系中，通过线下渠道和线上渠道的完美结合，营销方式能够进入到全方位互动时代，拓展流量的渠道更宽；人工智能则通过参与用户画像分析、市场状况分析、触达场景分析、营销产品内容分析，洞悉营销对象的诉求点，利用逻辑算法推荐，从而在真正意义上实现营销的个性化、智能化，让营销变得更加精准、更加有效，甚至让交易达成直接变成了现实，大大提高营销效率。

未来一切终将智能化，"个性的理解""按需所取""服务自我优化升级"等，智能营销是数字生态下的营销革命，借助于云计算、大数据、人工智能等先进的理念，研发出大量具备智能化、自动化的数字营销工具及平台，为数字营销提供服务。智能匹配、智能标签化、智能获取、智能执行，真正的智能化是一个生态系统，能够使数字营销变得更便捷、更轻松。

根据图 13.5 所示，智能营销包括数据采集、用户画像、营销策划、营销实施、营销反馈和改进提升 6 个步骤。利用 RFID、蓝牙等设备对智能营销需要的各类数据进行有效采集，对数据分析形成用户画像，结合数据挖掘手段定位目标客户，结合增值业务产品特征、销售渠道、用户画像制定营销策略，根据数据挖掘、用户画像、营销策略，对用户进行针对性推广，分析营销效果，完善营销策略，加强运营评估，优化智能营销体系，形成一个完整的智能营销闭环。

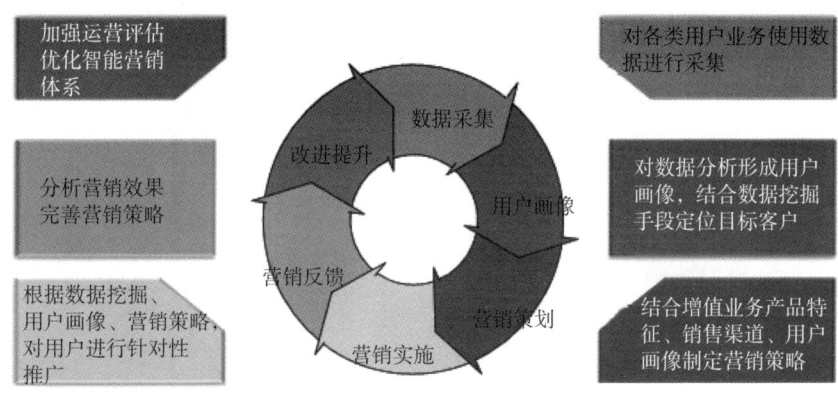

图 13.5　智能营销六大内容

根据图 13.6 所示，智能营销是寻求渠道、应用、用户三者的最佳匹配。智能营销的进化其实可以从数字化开始，门店数字化、产品数字化、顾客数字化、决策数字化。通过数字化，用户接触的方式和整个生活的方式可以实时触达。图 13.7 给出了七步成就数字化智能营销。

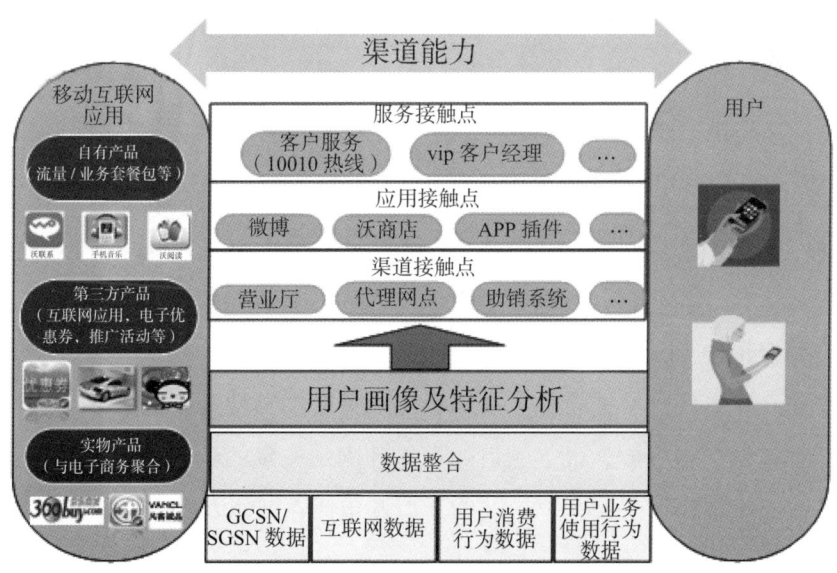

图 13.6　智能营销渠道、应用、用户模型

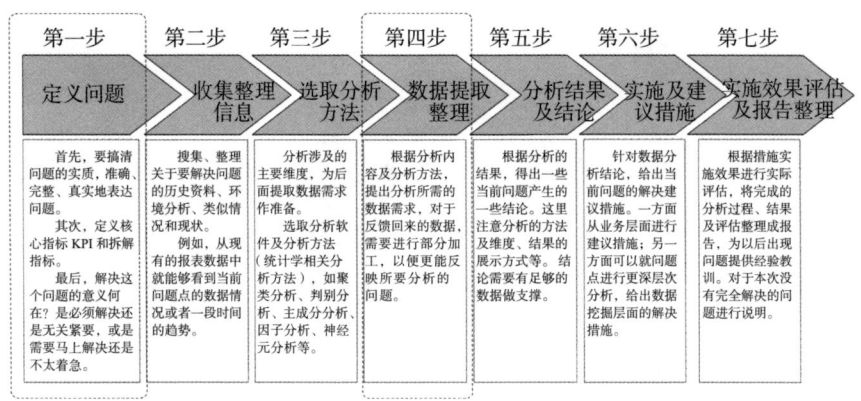

图 13.7　七步成就数字化智能营销

第一步：定义商务问题，找准核心指标和拆解指标

要搞清商务问题的实质是做好数字化智能营销的前提，首先要准确、完整、真实地表达问题。其次，弄清楚为什么要解决这个问题。最后，弄明白解决这个问题的意义何在。是必须解决还是无关紧要，或是需要马上解决还是不太着急。根据商务本质寻找一些核心指标，如净利润、每股收益率、销售成本、销售费用、管理费用等，然后进行各种交叉分析。

爱因斯坦说，"精确的陈述问题比解决问题还来得重要"，这里推荐5W2H法：5W：What，When，Where，Who，Why；2H：How 及 How many。通过5W2H方法精准陈述问题，寻求答案。陈述问题后要设定指标，即数值，用来衡量运营效果。指标可以分为核心指标（KPI）和拆分指标。

1. 核心指标（KPI）

搭建一个系统的数据看板，要基于对业务的清晰理解。例如，市场的人员在各个渠道的广告投放，最终的目的是提升网站流量的数量和质量，那么他们的核心指标就是网站总体的 PV、UV，以及用户在网站内的转化率。

实例：用智能营销方法分析优化用户

分析中高价值客户在未来 2 个月内流失的可能性及高流失概率客户前 4 个月的行为特征和人口统计学特征等，从而帮助业务人员提前采取业务措施实施客户维系。

流失客户分析的目标客户群——中高价值客户，前 6 个月中有 3 个月 ARPU>150 的非神州行客户。

流失客户定义：用户不再继续使用移动提供的服务而终止合同，用户消费 2 个月内最高资费较前 6 个月平均资费下滑 80% 以上。

流失分析目标分群：考虑到预付费和后付费用户行为特征有相当大的差异，因此对预付费客户和后付费客户分别分析，从而提高模型的可信度。

成功目标商业定义：客户年流失率下降到 20%，收益率提高 50% 以上。

成功目标技术定义：准确性 ≥ 70%，命中率 ≥ 40%，覆盖率 ≥ 40%，提升度（流失概率最高的 10% 用户）≥ 3。

可用指标：欠费标志、欠费总额、新欠费额、通话次数、主叫通话次数占比、平均每次通话时长、漫游时长、漫游占比、IP 长途时长、节假日通话时长、节假日通话时长占比、节假日主叫通话时长占比、闲时通话时长、应缴费、代收费、月租费、其他费用、其他费用占比、通话费、主叫通话费占比、优惠费、优惠费占比、主叫优惠费、长途费、长途费占比、国内长途费占比、本地费、本地费占比、优惠时段通话费、优惠时段通话费占比、基本通话费、基本通话费占比、呼转次数、呼转次数占比、平均每次呼转通话时长、无条件呼转次数、呼转秘书台次数、呼转网通次数、交往圈、主叫交往圈占比、最频繁联系号码通话次数、最频繁联系号码主叫通话次数、平均最频繁联系号码每次通话时长、短信次数、客户类型、付费方式、用户在网时长、用户状态、免催标志、换品牌标志、可用资金额、未缴账单数、预存次数、预存金额、有效期。

2. 分析拆解指标

明确了核心指标（KPI）之后，需要对每一个核心指标进行不同维度的拆解，如对市场运营人员来说，核心指标可以按照全渠道流量的新老用户的占比、各个渠道和广告来源的质量及用户在产品内的最终转化来拆分。

如果我们要分析一家企业，可用平衡计分卡原理，分成财务维度、客户维度、内部管理和员工成长4个维度来综合考评（图13.8）。

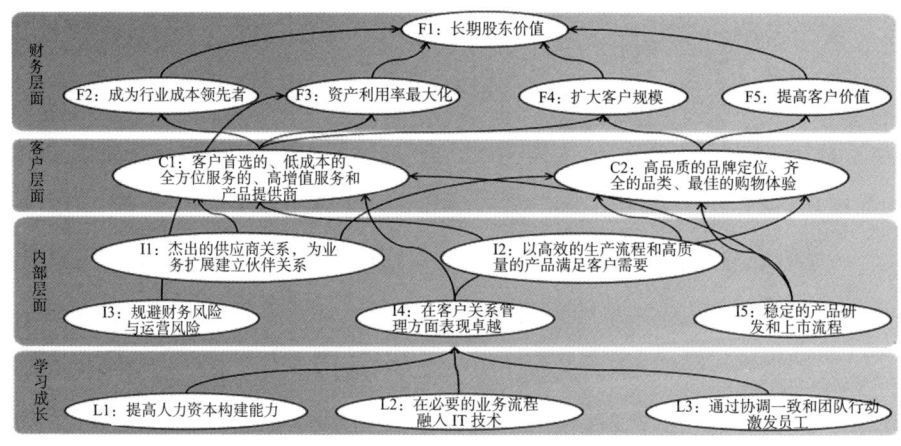

图 13.8　平衡计分卡原理

3. 维度

对核心指标的拆解是基于维度的，维度是对指标进行细分的属性和特征，包括性别、学历、家庭、行为等属性。

对指标进行维度拆解要遵循以下两个原则：①优先拆解对指标可能产生影响的维度；②尽可能地拆解全面的多维度。

拆解指标的作用在于，当你发现核心指标出现问题（或高或低）时，你可以直接下拉看板，查看拆解指标立即定位问题，及时介入。一个好的数据看板，在迅速传递信息的同时，更应该支持层层下钻，定位和分析问题。

第四部分 智能商务之管理创新

实例： 如何用维度分析汽车市场

首先根据车型、长度、大小细分出 A 级、B 级、C 级、SUV 级、MPV 级，如果再对 SUV 级分类，根据平台、车体类型、平台售价细分出两厢 SUV 和三厢 SUV（图 13.9）。

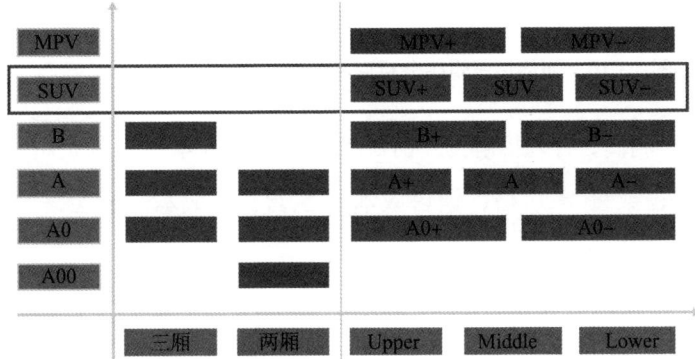

- 以生产技术为导向，基于平台、车体类型和售价，把各个细分市场再划分出三厢/两厢、Upper/Middle/Lower 车型

- 针对 SUV 市场，除了解 SUV 总体市场情况外，还具体分析 SUV+、SUV、SUV- 之间的差异表现

图 13.9　如何用维度分析 SUV

第二步：收集整理信息

有了详细的目标之后，就要为目标匹配相应的信息和数据，搜集、整理关于要解决问题的历史资料、环境分析、类似情况和现状。例如，从现有的报表数据中就能够看到当前问题点的数据情况或者一段时间的趋势。

很多时候我们看到的问题往往是冰山上的部分，而对于造成的原因却往往藏在冰山的下面，这个时候使用逻辑树有助于我们做出正确的判断（图 13.10）。

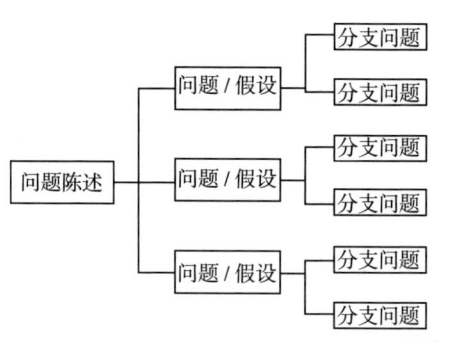

图 13.10　如何用逻辑树分析商务问题

例如，要分析企业净利润，可以拆解为：销售收入－销售成本－各种费用＝净利润，销售收入＝销售数量×价格，销售成本＝主营业务成本＋税金＋销售费用等。

第三步：选取分析方法

分析涉及的主要维度，为后面提取数据需求作准备；选取合适的分析软件及分析方法（统计学相关分析方法），如聚类分析、判别分析、主成分分析、因子分析、神经元分析等。分析方法再细分可分为：判别分析（贝叶斯判别、费歇尔判别、非参数判别等）、聚类分析（系统聚类、动态聚类等）、探索性分析（主成分分析等）等。机器学习方法可分为：归纳学习方法（决策树、规则归纳等）、基于范例学习、遗传算法等。神经网络方法可分为：前向神经网络（BP 算法等）、自组织神经网络（自组织特征映射、竞争学习等）。数据库方法分为：多维数据分析和 OLAP 技术。此外，还有面向属性的归纳方法。相关分析是数据分析中经常使用的分析方法之一，通过对不同特征或数据间的关系进行分析，发现业务运营中的关键影响及驱动因素，并对业务的发展进行预测。相关分析如图 13.11 所示，主要有正相关、负相关、不相关或相关但非线性相关等，选取分析方法是智能商务的基础。通过选取数据分析方法，对数据间关系进行度量，并将数据间关系转化为模型，可以对业务发展进行分析和预测。

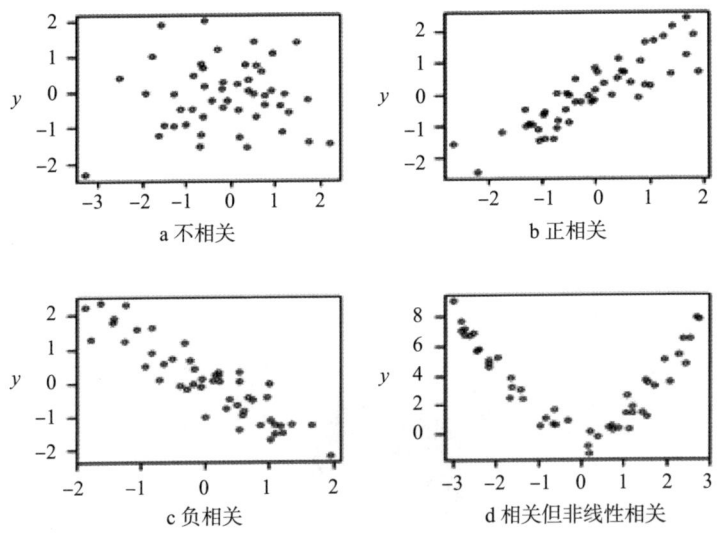

图 13.11　数据相关分析的 4 种形式

第四步：数据提取整理

根据分析内容及分析方法，提出分析所需的数据需求，对于反馈回来的数据需要进行部分加工，以便更能反映所要分析的问题（图 13.12）。

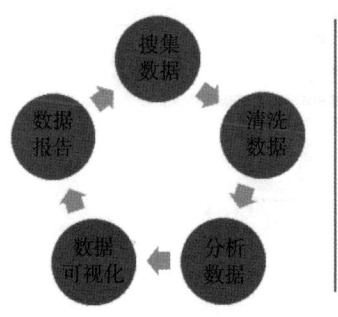

> 互联网企业、SNS、微博、微信、视频、电子商务、海宝、天猫

> 物联网、移动设备、终端中的商品、个人位置、传感器采集的数据

> 联通、移动、电信等通道和互联网运营商

> 天文望远镜拍摄的图像、视频数据、气象学里面的卫星云图数据等

图 13.12　如何采集数据

数据提取整理分析是智能营销一个很重要的环节，一方面要对客户进行细分，挖掘有潜在价值和潜在需求的客户，根据不同的会员生命周期划分层级，

实现精准化营销；另一方面细分产品，找到产品和服务的不足，来提高用户的忠诚度和购买率，从而提高利润率。客户细分的维度很多，例如，在做乘用车市场新车主研究中，按照群体特征指标、需求特征指标、品牌竞争力指标和购买使用行为分析指标来区分，通过这些特征值分析来挖掘消费者在汽车消费过程中的驱动核心因素（图13.13）。

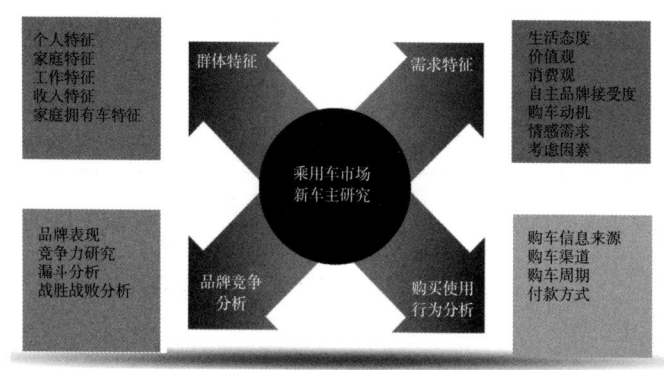

图 13.13 乘用车市场新车主研究

数据需要清洗，以保证结果的有效性（图13.14）。

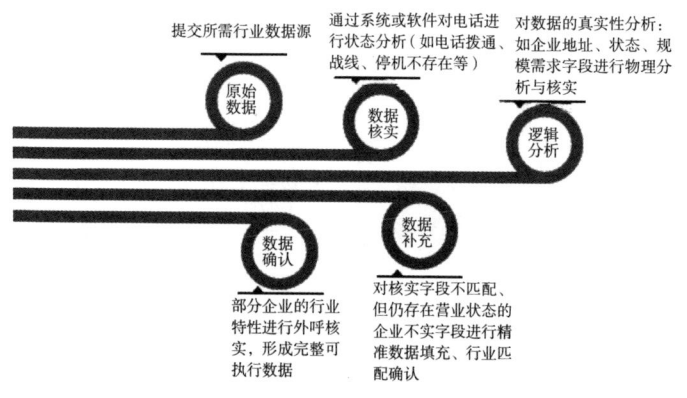

图 13.14 数据清洗流程

第五步：分析结果及结论

根据分析的结果，得出一些当前问题产生的一些结论。这里注意分析的方法及维度、结果的展示方式等。结论需要有足够的数据做支撑。这里重点关注两个方面，一是指标的呈现；二是指标如何排布。

1. 指标的呈现

根据数据建模结果和详细的数据分析，依据统计学原理可以直观地得出结论。系统进行数据分析可以应用在策略研究上，给公司精细化管理带来实质性帮助（图 13.15）。

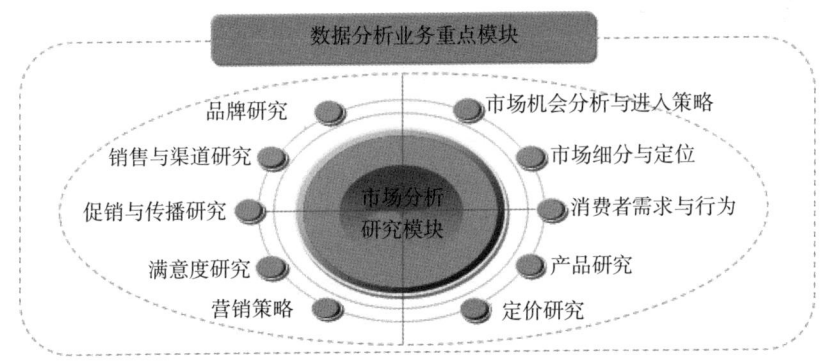

图 13.15　数据分析应用于策略

分析结果的呈现建议使用金字塔模式，给用户带来直接的数据冲击力。

（1）对于核心指标分析结果的呈现

核心指标一般是智能商务营销要关注的焦点，我们重点关注、重点体现，需要第一时间掌握它的具体数值及变化趋势，所以数值图、趋势图就是很好的结果呈现。

根据国家统计局数据，2013—2019 年随着宏观经济的发展，我国居民可支配收入持续增长，居民消费能力大大提升，2019 年人均可支配收入达到 30 733 元，同比增长 5.8%（图 13.16）。

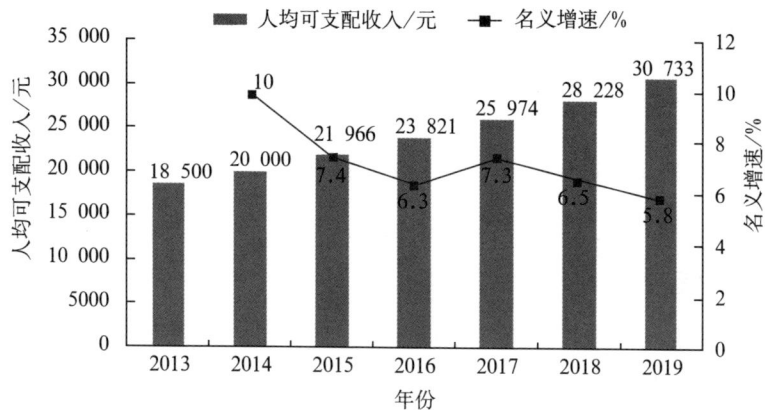

图 13.16　2013—2019 年我国居民人均可支配收入

(2) 对于拆分指标结果的呈现

基于不同维度的拆分指标,趋势图、数值图就不是最好的选择了,这时候频数图、柱状图、对比线图等才是好的呈现,可以对比不同维度下的表现。例如,拆分指标用对比图分析 SUV 汽车市场,根据 SUV 汽车车轴长短和价格区分设计了 SUV+、SUV、SUV− 三类进行对比分析(图 13.17)。图 13.18 是通过拆分指标对比得出的核心结论。

图 13.17　SUV 汽车分类

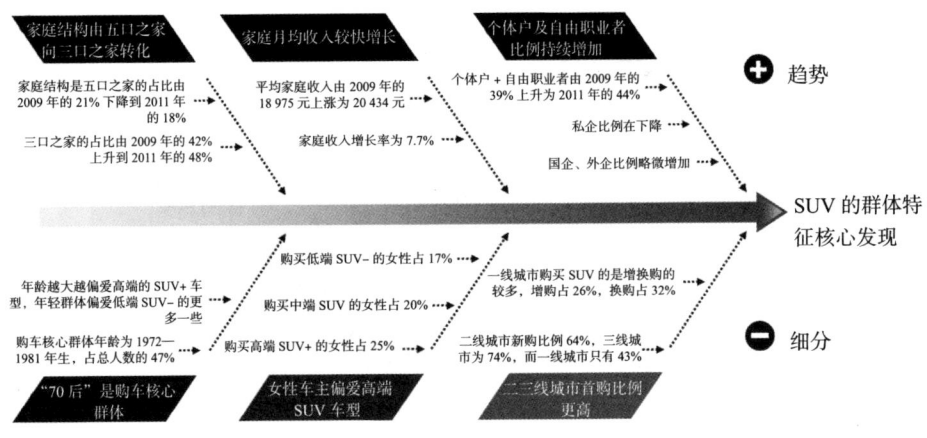

图 13.18 SUV 汽车群体特征

(3) 对于转化步骤的结果呈现

基于用户行为的每一步转化，表格是很好的选择。如图 13.19 所示，根据截至 4 月 1 日全球新冠肺炎疫情的数据统计情况，可以直观看到美国、意大利、中国的情况。

地区	病死率	排序	累计死亡	排序	累计确诊	排序
美国	2.15%	50	4,080	3	189,624	1
意大利	11.74%	1	12,428	1	105,792	2
西班牙	8.67%	4	8,189	2	94,417	3
中国	4.01%	19	3,321	5	82,631	4
德国	0.94%	76	583	10	61,913	5
法国	6.75%	9	3,523	4	52,128	6
伊朗	6.49%	10	2,898	6	44,606	7
英国	7.11%	8	1,789	7	25,150	8
瑞士	2.30%	47	373	11	16,176	9
土耳其	1.58%	61	214	12	13,531	10

图 13.19 截至 4 月 1 日全球新冠肺炎疫情的数据统计情况

2. 指标如何排布

建立一个智能营销看板是为了让信息传达得更有效率，指标库的设计至关重要，根据图 13.20 大数据分析指标设计，按照企业价值管理和企业战略管理两个系列进行指标设计，将关心的图表按照金字塔的模型进行排布。例如，将核心指标放在最上层，然后每一个 KPI 下面是其分拆指标（图 13.21），首先分析业务的整体收入，再看明细收入，再看各地目标完成度。可以清晰地找出完不成计划的部门，并分析原因。

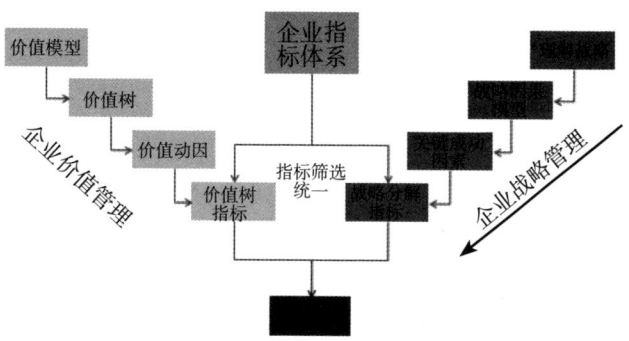

图 13.20　大数据分析指标设计

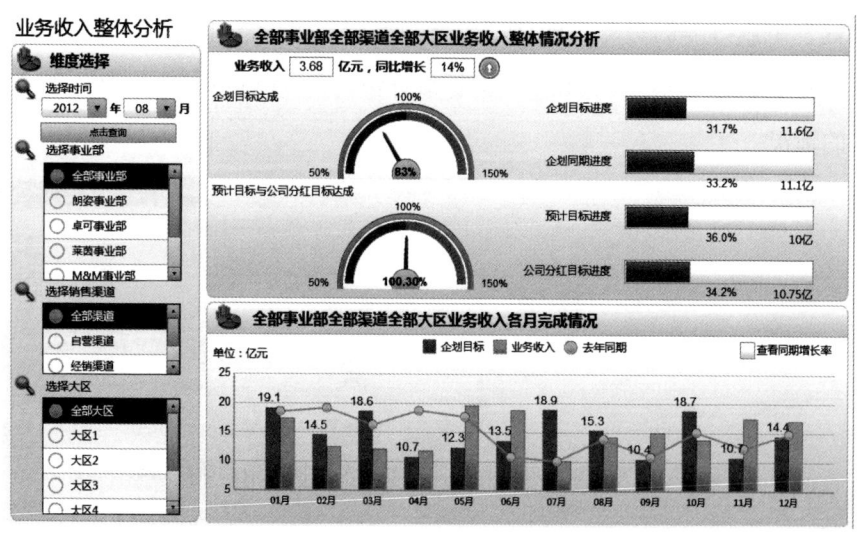

图 13.21　某公司业务整体分析的智能营销大数据看板

第六步：实施及建议措施

针对数据分析结论，给出当前问题的解决建议措施。一方面从业务层面给出建议措施;另一方面可以就问题点进行更深层次分析,给出数据挖掘层面的解决措施。

第七步:根据措施实施效果进行实际评估

将完成的分析过程、结果及评估整理成报告,为以后出现问题提供经验教训。对于本次没有完全解决的问题,进行说明。

做完前面七步,将完成的分析过程、结果及评估整理成报告,为以后出现问题提供经验教训。数据报告要保存起来,以方便阅读分析为前提,如图13.22所示。

图13.22 数据报告

注意事项:

(一)智能营销中大数据从静态图表走向动态优化,"数据赋能"才能成为现实

七步成就智能营销,只是完成了大数据的静态图表的变化,而现代智能商务要求数据分析要为商务赋能,要动态优化,如对于淘宝首页,它是千人千面的,要基于用户历史行为数据、购物偏好/频率/客单价等数据,构建出"高清"的用户画像,并根据实时的购物信息变化进行动态优化,并配合精准的优惠活动/优惠券的推送达到智能营销的目的。

早在5年前,移动互联网完成了推荐式搜索的迭代,今日头条更是将信息与内容的分发做到极致,引入AI算法,实现内容的个性化,根据用户感兴趣的内容/主题进行推荐。这是智能营销很好的开端。

（二）智能营销前要完整系统考虑分析数据来源

智能商务时代数据极大丰富的同时也给智能营销带来新的挑战，如何利用各种智能设备提取分析有用的数据是智能营销的保证。要将线上与线下打通，各个系统能够采集到或将沉淀下来的客户相关数据进行整合，基于此即可形成一个个消费者的个人画像，将每个消费者一个一个线索串联起来，这样便构建出后续落地方案的数据基础。基于针对消费者的个体画像，对整个营销环节进行了优化，为用户提供更好的体验和服务。所谓智能，"交易完成"只是企业与用户发生关系的起点，并不是"你卖完，他买走"就结束的，而是通过用户行为数据不断优化产品和服务的过程，通过建立一套生态，可实现多种模式数据交互的生态，通过持续的服务，持续挖掘用户价值。

第五节　智能营销的经典场景

在智能商务时代，由于人工智能、区块链、大数据、云平台、5G物联网的大规模商用，智能营销的场景越来越成熟，让大规模进行个性化的市场营销变得可能，数据的不断丰富、算力的不断提升、算法的不断进化、场景的不断迭代让生活变得越来越美好。

一、基于算法的实时个性化推荐

经常使用购物网站的朋友都有这种感觉，之前买过什么产品，上网一登录就会发现有相同或相近的产品推荐，甚至在一些成熟的网站里你会发现每个用户的界面都不一样，这种基于算法的个性化目的是使用机器学习技术在用户浏览窗口时的浏览会话中可以实时动态地个性化调整。在应用中，基于已经建立的概率模型，当计算出某个用户放弃购物车的概率，或者关于浏览窗口的概率达到某个阈值时，就会驱动某个规则，从而动态地向该用户提供折扣来挽留客户。

亚马逊（Amazon）、阿里巴巴（Alibaba）等电子商务网站正在竭尽全力地利用这一功能来提高用户体验。推荐系统根据我们以前的搜索和兴趣显示我们可能需要的产品。通过在同一地点获得类似的结果，用户不再需要花费数小时来搜索产品，这可以极大地增强用户体验。

基于深度学习的行人检测算法能够在各类遮挡的情况下准确找出行人并能够进一步分析行人的姿态和动作，并给出车牌号码、汽车品牌、型号、颜色等物理特征（图13.23）。

图 13.23　人脸识别原理

二、基于应用视觉信息的精准分析和精准定位

通过刷脸技术，基于全天候的摄像头，可以24小时观察商店及某家企业周围环境，利用智能营销中机器学习算法主动识别出一些和业务相关的有用关键信息。如消费者的外观穿着打扮、消费者的消费行为、消费者的车辆信息等来智能分析消费者的消费水平、消费偏好，并用来优化商店的动线设计、产品摆放位置、营销策略等。例如，某快餐店能够使用基于视觉的人工智能技术将经

过的车辆的牌照读取到就近的连锁店，然后使用公共第三方数据将牌照信息与个人信息相关联。根据这些输入和他们分析出的行为模式，优化出个性化的宣传营销策略。要注意的是，在应用这些技术时，零售商需要尊重并有意识保护客户隐私。

三、聊天界面与聊天机器人

智能营销中将聊天机器人应用在呼叫中心，能有效减少成本并能达到比较好的效果。聊天机器人是客户支持自动化的驱动力，聊天机器人现在可以实时地处理这一任务，帮助企业在不同阶段通过多个渠道与潜在客户进行互动。现在年轻一代在线的大部分时间花在基于文本信息的通信渠道中，如微信、Facebook 等APP应用中，这些平台把自身向其他各大品牌开放开发，并逐渐发展成为全面的生态系统。例如，在淘宝购物你可能不知道你的沟通对象是人还是机器，智能聊天机器人将在那里回答你的问题。手机内置的机器人将让营销人员能够预测客户的行为和偏好，它们很快将成为数字体验的组成部分，通过使用它们，营销人员可以与客户建立更强的关系。

四、智能辅助预测、决策

智能营销中基于机器学习算法可以帮助企业战胜数据混乱，确定最有利可图的营销渠道和行动，预测并应对不断变化的消费者行为、识别和获取"相似"的潜在客户、与理想的买家角色紧密匹配、发现并追踪错失的关键字和内容营销机会。

决策是任何企业的重要支柱。决策可以成就一个公司也可以将一个公司瞬间搞垮。企业必须每天做出大小决定，同时决策不是一个简单的过程，因为在做出决定之前，你必须从各个方面进行思考。人工智能以其处理海量数据和分析数据的能力，简化了决策过程。

解决程序化购买最优决策问题,因为程序化购买往往会考虑涉及哪些受众、消费者的个人信息和关键字及价格。基于行业领先的付费平台的实时竞价投标和实时销售机制,复杂媒体购买的精细的媒体程序化购买方法通常远胜于传统的媒介购买策略。因此,基于智能营销中智能辅助决策将最大化减轻决策的难度,让决策者从纷繁的数据分析中解脱出来,并达到较好的效果。

智能商务要求智能营销,智能营销的发展大大提高了我们工作的准确性和有效性。智能工具不再昂贵,也不再只适用于特定行业。企业登上人工智能创新列车变得比以往任何时候都容易,未来只有一种商务那就是智能商务,未来只能有一种企业,那就是智能企业,还没做智能化的企业是时候上车了。

第十四章

智能商务之财务创新

第一节 智能商务时代财务环境的变化

《史记》之《夏本纪》记载:"禹会诸侯江南,计功而崩,因葬焉,命曰会稽。会稽者,会计也。"禹死后下葬的山,被后人命名为"会稽山",以表彰他开创"会计"工作的贡献。大禹曾在"会稽山"召集诸侯、计功议事,开辟了会计会议的先河,而今,会计行业迎来变革,面临又一轮重大机会。

当人工智能、大数据、云计算、区块链、物联网等智能技术快速改变整个社会及商业环境的时候,财务与会计作为商业的核心元素也不可避免地被卷入其中。智能财务改变了财务对组织与认知的逻辑,改变了财务人的技术和管理实践的逻辑,而与此同时,智能时代新商业模式也触动财务发生改变,共享经济、合作经济都要求财务与其之间的协同创新。一夜之间智能财务、智慧财务话题不断出现。

对于传统财务来说,智能技术的影响是全方位的,财务报告、验资、报税、合规、风险及成本管理都要求智能技术的配套,电子发票、区块链发票的到来将掀起财务全面数字化浪潮;数据挖掘及分析要求对管理会计提出新的要求;

区块链的全体记账对复式记账全面颠覆；财务共享中心模式实现了从分散到集中标准化的转变；财务机器人的出现对财务人机协同提出了新的要求。

第二节 财务机器人的挑战

一、传统财务存在大量事务性工作

现行传统财务工作是对经济业务的事后记录，从出纳到凭证的录入、登记到凭证审核、会计账簿到管理会计分析、会计核算到财务报表编报，另外还有大量的税务发票申请、报税、凭证的装订、凭证的稽核、日常盘点、数据统计等日常工作需要大量财务的事务性工作。

二、财务机器人的原理及应用

目前市场上广泛应用的财务机器人主要是指机器人流程自动化技术（Robotic Process Automation，RPA）在财务领域的应用。RPA是基于计算机编码及规则的软件，通过执行重复的基于规则的任务来将手工活动进行自动化的一种技术。RPA是不影响原有IT基础架构的非侵入式模式，可以通过软件编程语言实现处理重复的人工任务，可以模拟用户进行基本的文件及文件夹操作、鼠标点击、键盘输入、复制、粘贴、邮件的日常处理、表格填制、数据读取和录入等一系列的日常基本操作。

目前，财务机器人主要替代重复率、高频、需要大量的时间成本且附加值不高的人工操作。常见的如增值税发票开具、银企对账、来款确认、记账核对、查伪验证等。

三、财务机器人的六大优势

财务机器人在财务工作中的优势明显，主要体现在以下 6 个方面：第一，财务机器人永不疲倦，可以做到 24 小时不间断工作；第二，财务机器人工作精准度高于人工，只要输好程序，不会犯错；第三，节约大量人力，财务机器人可以完成机械性定制的凭证录入、数据自动合并、日常汇总、简单运算、统计分析、税务开票自动生成、简单内控、银企对账、对账核销等工作；第四，在会计制度等有所改动时，升级系统即可自动进行，节约大量培训经费；第五，提高工作效率，人工处理中有很多高度重复的业务，如开发票、大量的交易核对、大量费用单据的审核等，可以在更短的时间内完成；第六，轻松处理海量数据，在人工处理的情况下，受限于时间和人力成本，所以某些合规和审计工作只能通过抽样的方式进行，而财务机器人强大的数据处理能力使得合规和审计工作由"抽查"扩展为"全查"成为可能，对整体数据进行分析处理，从而降低抽样风险。

财务机器人可以替代财务流程中的高度重复的、周而复始的基础核算等工作。在财务领域大量运用机器人，可以有效地提高工作的效率和质量，是适应现代经济社会发展的必然需求。

四、应对财务机器人的挑战

从目前的发展来看，逐步被企业管理需求和机器人自动核算系统所替代的会计人员主要有三类：一是按照成熟流程进行事务处理和业务操作的会计人员，如基础会计人员；二是根据既定业务逻辑和规则进行判断的审核人员、分析人员；三是能够通过学习形成较固定化管理规则和经验的会计领域管理人员。在信息化时代，财务机器人会消除部分会计人员的岗位，也会创造新的工作，新的工作岗位更多依赖人的思考能力、学习能力、交流能力来解决跨界融合的工作业务需求。

财务机器人很好地与人工智能技术相结合，使得财务信息化建设有了创新应用和突破，财务机器人的应用会加快企业会计信息化进程，促进财务信息化的进一步升级。在信息化大数据时代，将移动互联网、云计算、大数据、人工智能、物联网等新兴信息技术与财务领域的应用需求紧密结合，可以推进财务基础工作的智能化程度，实现企业流程的不断提升和优化。因此，企业在发展过程中，可以将财务的重心聚焦在动态、多变的管理和决策工作上，因而财务信息化建设会迎来全面升级的变革。

学习是一种思维，一种习惯，更是一种能力，活到老学到老，做会计工作更是如此。信息时代，知识淘汰速度加快，学习不再是人生某一阶段受一次性教育就一劳永逸的事情。终身学习成为社会和国民的共同目标，也是会计人员必须坚持的，只有这样才能跟上时代的步伐，适应工作发展的需要。

第三节　区块链——财务记账法的下一个颠覆者

有了社会分工就产生了商品经济，物品交换就产生了货币，财务就应运而生了，在整个财务发展过程中，前人进行了可贵的探索，其中产生了单式记账法，后来又产生了复式记账法。

单式记账法，又称为加减记账法，这种记账方法对所发生的经济业务只在一个账户进行登记，虽然简单但无法具体反映经济业务的前因后果、来龙去脉。复式记账法起源于意大利，相较于单式记账法，复式记账法可以全面地反映各项经济业务的面貌，更加精确地检验账目的准确性。复式记账法至今仍在使用。但现存财务问题依然不断，主要如下。

①造假容易，现有财务体系账账核对，账实相符，但却由于知道的人少，记账时间及内容权限极易修改，造成上市公司造假不断。主要有虚增收入、虚增利润、虚增减应收账款等，特别由于"权责发生制"并不考虑本期实际是否收到或付出资金，而是以权力或责任的发生来确定应收和应付，使得利润表成

为财报中造假的重灾区。

②基础工作量太大，无论是对账、凭证录入、数据合并、日常汇总、简单运算、统计分析、税务开票、内控、银企对账、对账核销等还是核验真伪，整个业务流程会消耗很多人力物力，成本较高。

③数据未能产生价值，现有财务体系由于保密的需求，不能共享，很难通过大数据分析和挖掘来产生价值。

从单式记账法到分布式记账法，其中难以解决的问题依旧是信任问题，而区块链作为一种分布式账本技术，具有去中心化、匿名性、不可篡改等特性，可以大大降低信任成本，可以满足传统财务行业的信任需求。信用，才是一个社会真正的基石。"自古皆有死，民无信而不立"；"大德不官，大道不器，大信不约"；"言必行，行必果"，"与国人交，止于信"。日常生活中讲的"诚信""可信""讲信用""一诺千金""答应的事一定办到""君子一言，驷马难追"皆为信用基础。所谓信用，是指依附在人之间、单位之间和商品交易之间形成的一种相互信任的生产关系和社会关系。信誉构成了人之间、单位之间、商品交易之间的双方自觉自愿的反复交往，消费者甚至愿意付出更多的钱来延续这种关系。"言不信者，行不果。""人而无信，不知其可也。"个人要有信用，企业要有信用，政府也要有信用。信用的本质，是价值储存。互联网的诞生，解决了信息的不对称，但是并没有解决价值的不对称，而区块链刚好填补了空白，完美地解决了价值不对称问题，又称为价值互联网，区块链的价值就是要让每个人的财富回报和价值创造直接等同起来。

区块链具有四大特征，即去中心化、不可篡改、交易透明、集体维护，应用于财务领域可以在六大方面促进财务变革。

①可追溯的自主审计，区块链技术包含了去中心化和分布式的数据，具有高度安全性、透明性和不可篡改性，这些都是会计行业目前最需要的功能。区块链通过多人记账共同维护，可轻易再现交易流程，自动审计。

②会计审计流程自动化，通过在云上的操作，数据进行自动追踪，实现流

程自动化。

③交易审核和认证，区块链通过区块链接，每个区块都有交易的时间戳、计算的哈希值，清楚再现交易的审核和认证。

④追踪资产所有权，区块链的基本特性是记录的不可篡改性。目前基于该技术已经开发出所有权认证工具。一旦资产在区块链上登记，只有所有人可以修改，否则将永久不变。

⑤实施智能合约，智能合约是一种程序，或者更简单地说就是代码。智能合约背后的代码包含由特定的约定事件触发时执行的特定术语。

⑥资产的注册和库存管理系统。

区块链具有去中心化、开放性、自治性、匿名性、信息不能篡改等优点，是分布式数据储存、点对点传输、共识机制、加密算法等技术的解决方案。财务管理从单式记账法到复式记账法，未来会不会成为众人记账法，区块链技术在财务领域应用具有很大的发展前景。

第五部分

智能已来,商务即至

第十五章

智能改变商务，商务连接未来

第一节　智能商务十问

　　这是一个IABCD时代，这是一个物联网＋人工智能＋区块链＋云平台＋大数据时代，这是一个第四次工业革命爆发的时代，从网上购物、移动支付的普及到智能机器人AlphaGo击败人类，再到无人超市、无人驾驶、人脸识别……我们所处的世界正在因信息技术的迅猛发展而发生巨变。

　　当智能机器人开始普及，当一个"数据"便可牵动世界，一个"信息"足以颠覆你的商务决策，你的商务是不是存在以下痛点？

　　①人脸识别、智能停车、移动支付、无人超市……每一个单点商业智能的改变固然很好，却无法形成一个完整的生态链条？

　　②从B2B、B2C到C2B，每一个商业模式都很好，如何整合运营到智能商务？S2B2C如何实现端到端的智能解决方案？

　　③从消费者画像到智能分析、数据挖掘到辅助决策，大数据如何实现商务的智能转换？区块链与人工智能如何有机整合？

　　④智能时代对场景的要求越来越高，个体消费场景、数字化消费场景、智

能消费场景中如何实现全场景切换?

⑤现在的消费者越来越个性化,越来越难以捉摸,如何结合消费者精准画像、社群运营、利用各种自媒体(抖音、今日头条、搜狐、一点资讯等)"网红"引流形成自动推荐,完成营销闭环?如何利用消费者在社交媒体上的评论、措辞、表达方式等,推测消费者的思维模式和思考方向,最终使得智能商业更精准和更有效率?

⑥线上线下教学、医疗、交易等各种融合,体验感差的问题如何通过VR、AR、MR来解决?

⑦消费互联网向产业互联网加速转移,产业互联网无数的传感器、智能摄像头、RFID如何与中控系统结合,再与MRP、ERP、OA、SCM系统在云上实现完美对接,完成从消费者到生产者的完美转换?

⑧在智能商务改造产业互联网供应链过程中,如何利用人工智能及各种传感技术通过智能算法优化以帮助企业预测设备维护时间,计算最佳产量和最佳库存量?

⑨区块链改变了生产关系,如何利用区块链进行后端供应商数据、前端消费者数据整合,通过对供应商供应商品频次、质量、消费者反馈对供应商智能评级;通过对后端消费者的消费量、消费频次、消费偏好、消费场地等数据进行智能挖掘进行前后端智能匹配,改进算法,实现智能推荐和辅助决策,实现个性化推荐和自动执行订单?

⑩如何利用大数据深度学习算法去捕捉目标客户的行为模式,然后再精准推荐与该行为模式相吻合的潜在客户,帮助企业有效提高成单率?

当前智能商务场景已经无处不在,如智慧门店、智能商场、人脸支付、VR旅游、远程医疗等。战略眼光有多远,决定了公司能够走多远,传统商务的内在逻辑还没完全弄明白,智能商务时代又飞驰而至,如何把握先机,考验着我们每一个人的智慧,对智能商务的态度将决定未来能走多远!

第二节　搭上智能商务的班车

我们正在迎来一次新的工业革命，在这场前所未有的大变革中，我们不只是旁观者、见证者，而是这场伟大实践的亲历者、参与者、实践者。从传统经济到数字经济，从传统商务到电子商务，从电子商务到数据智能，从数据智能到智能商务，从智能商务到智慧生态创新，从消费互联网到产业互联网，这场革命不仅是资源从局部优化到全局优化的演进，是业务协同从企业内部到产业链的扩展，更是竞争模式从单一企业竞争到生态体系竞争的全面升级，是产业分工从基于产品的分工到基于知识的分工的深化，这是一场伟大的革命和实践。

在这场革命中，中国已成为全球人工智能的发展中心。众多的人口和完整的产业结构给中国提供了创造海量数据和广阔市场的潜力。人工智能技术的广泛运用对中国未来的经济发展至关重要。一方面，我们要做好大量基础性工作，如企业上云，营造更为开放的数据环境和培养训练有素的数据科学人才；另一方面，合理看待人工智能环境或将引发复杂的社会及经济问题（图15.1）。

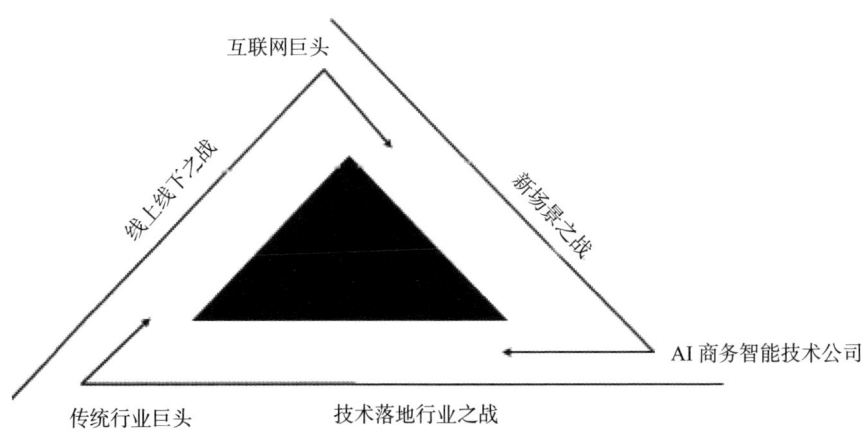

图 15.1　智能商务发展三种力量对比

在这场智能商务大战中，有3种力量值得期待，第一种是传统的互联网巨头，借助各种平台技术赋能传统商家，成为新的智能商务霸主；第二种是传统行业巨头，通过行业延展，在传统领域通过智能化的变革对生产力和生产技术进行革命；第三种是AI商务智能技术公司提供方，以智能技术作牵引，赋能传统商家。这3种力量在新场景争夺、技术落地之间进行，共同引领智能商务不断升级。

任何新事物的发展都不是一蹴而就的，智能商务的发展带来了新与旧、先进与落后、发展与保守的对立与摩擦，如大数据带来个人数据分享和保护的矛盾，跨境电商带来个人国际贸易与传统国际贸易的矛盾，自动驾驶带来与传统交规、责任认定等方面的矛盾。在面对这些权利冲突、治理困境时，我们是一棍子打死，还是秉持创新、包容、发展、普惠共享的原则，考验我们的战略智慧。

我们在谈论未来的时候，未来已来，当我们讨论将至的可能性时，将至已至。面对席卷而来的未来浪潮，我们只有以变革的姿态迎接未来，决胜未来。未来似乎很遥远，可是世界变了，现在和未来的界限变得模糊，我们一只脚踩在现在，另一只脚已经跨进未来。我们甚至还没来得及做好准备，世界发展的速度已经超过了人们的想象力，日新月异的科学技术把我们带进了不熟悉的、未来的世界里，面对汹涌而至的智能商务，应如何应对呢？

首先，唯一确定的就是不确定性，不确定性已成为大概率的现实，以客户为中心，贴近客户，通过数据分析、数据挖掘寻找用户偏好，找到用户潜在需求，引领用户需求。

其次，相信机器，相信准则，智能已来，VR智慧门店、人脸识别、自动驾驶、远程医疗、自动推荐、自动执行会成为运营的标配，数据会成为真正的流动的"石油"，数据就是资产，让数据智能时代高效运转。

再次，加快数字化改造，从战略顶层设计上考虑而不仅仅是技术，要全面变革，积极转型。

从次，接受人机协同成为现实，甚至归机器人管理也要习以为常，"AI+人类"协作成为工作的标配，要鼓励员工保持积极开放的心态，要更加信任和乐于使用各种智能商务技术代替传统的日常工作。

最后，要有更加宽广的胸怀，让信任代替害怕，让接受代替抗拒，迎接美好的智能商务大时代的到来。

智能商务是可见的未来发展大趋势，它就像一个核武器一样，是工具还是凶器取决于使用的人。如果我们能妥善利用它，并担负起一定的管理责任，那么智能商务将会最大化地帮助企业快速增长，协助人类构建一个更美好的世界。

参考文献

[1] 董欣欣，陆文婷．商务智能研究综述[J/OL]．现代营销（下旬刊），2020（1）：10-11[2020-01-29].http://kns.cnki.net/kcms/detail/22.1256.f.20200115.1647.010.html．

[2] 许成磊，赵陈芳，李美．网络协同效应视角下的众创组织研究综述与展望[J]．研究与发展管理，2018，30（5）：126-137．

[3] SIROUS PANAHI, JASON WATSON, HELEN PARTRIDGE.Towards tacit knowledge sharing over social web tools [J]. Journal of knowledge management, 2013, 17（3）：379-397.

[4] 李鹏．人机协同：人工智能发展的融合之道[J]．金融博览，2019（4）：44-45．

[5] 卢益清，李忱．云计算环境下的电子商务模式创新[J]．商业时代，2013（29）：69-70．

[6] 童莲．大数据背景下的机器学习算法应用研究[J]．电脑与电信，2018（9）：29-31．

[7] 徐宗本．数字化 网络化 智能化 把握新一代信息技术的聚焦点[J]．网信军民融合，2019（3）：25-27．

[8] 吕尚彬，戴山山．"互联网+"时代的平台战略与平台媒体构建[J]．山东社会科学，2016（4）：13-18．

[9] JORDAN M I, MITCHELL T M. Machine learning：trends, perspectives, and

prospects [J]. Science, 2015, 349 (6245): 255-260.

[10] 阿里研究院. 解构与重组: 开启智能经济 [Z].2019.

[11] 杨静. 财务机器人时代会计人员面临的挑战与应对策略 [J]. 中国市场, 2018 (1): 183-184.

[12] 郝洁. 财务机器人助推财务人员转型升级 [J]. 管理观察, 2018 (26): 166-167.

[13] 景士颖.2025 数字经济及智能制造展望 [J]. 中国电信业, 2016 (6): 62-64.